U0529235

房地产税制设计的国际比较与政策启示

刘华 黄安琪 王姣 ◎ 著

INTERNATIONAL COMPARISON AND
POLICY ENLIGHTENMENT
OF REAL ESTATE TAX SYSTEM DESIGN

中国社会科学出版社

图书在版编目（CIP）数据

房地产税制设计的国际比较与政策启示 / 刘华等著 . —北京：中国社会科学出版社，2020.12
ISBN 978-7-5203-7455-2

Ⅰ.①房… Ⅱ.①刘… Ⅲ.①房地产业—税收制度—对比研究—世界 Ⅳ.①F810.422

中国版本图书馆 CIP 数据核字（2020）第 210091 号

出 版 人	赵剑英
责任编辑	黄　晗
责任校对	夏慧萍
责任印制	王　超

出　　版	中国社会科学出版社
社　　址	北京鼓楼西大街甲 158 号
邮　　编	100720
网　　址	http://www.csspw.cn
发 行 部	010-84083685
门 市 部	010-84029450
经　　销	新华书店及其他书店
印　　刷	北京明恒达印务有限公司
装　　订	廊坊市广阳区广增装订厂
版　　次	2020 年 12 月第 1 版
印　　次	2020 年 12 月第 1 次印刷
开　　本	710×1000　1/16
印　　张	15.5
字　　数	247 千字
定　　价	88.00 元

凡购买中国社会科学出版社图书，如有质量问题请与本社营销中心联系调换
电话：010-84083683
版权所有　侵权必究

前　　言

房地产税改革是当前我国税制改革的重要任务之一，受到了国内学者和政府的密切关注。在众多专家学者的探讨和政府的推动下，我国房地产税改革和立法的进程不断加快。2011年上海市和重庆市率先开展了房产税试点工作，为在全国范围内推进房地产税改革奠定了基础。2013年11月党的十八届三中全会审议通过的《中共中央关于全面深化改革若干重大问题的决定》，明确了要加快房地产税立法并适时推进改革的任务。2018年9月《房地产税法》被列入《十三届全国人大常委会立法规划》，并被列为"条件比较成熟、任期内拟提请审议的法律草案"。2020年5月发布的《中共中央国务院关于新时代加快完善社会主义市场经济体制的意见》中再次提出，要稳妥推进房地产税立法。

在"营改增"及新冠肺炎疫情对社会经济发展产生巨大冲击的背景下，我国地方政府的财政压力进一步加大。因此，加快推进房地产税立法与实施，对于完善地方税制体系和缓解地方政府的财政压力具有重要意义。然而我国现阶段房地产税制体系还不够完善，在税收制度上还存在征税范围过窄、税率设置不合理等诸多问题。此外，我国当前还存在住房价值与居民收入水平不相称的实际问题。基于此，本书将以房地产税制构成要素为视角，具体从房地产税的纳税人与征税对象、房地产税的计税依据与评估、房地产税的税率设计、房地产税的减免政策、房地产税的纳税信息获取和税收征管、房地产税的收入规模与用途等方面，对美国、英国、德国、澳大利亚、日本和韩国六个国家的现行房地产税制度进行分析和比较，结合我国上海市和重庆市房产税改革试点的政策规定和实施效果，从我国具体国情和居民纳税能力的角度出发，提出了我国房地产税的税制设计的具体建议。

本书是国家自然科学基金项目"房屋价值与居民收入不相称条件下的房地产税纳税能力评估与税制设计研究"（项目编号：71873049）与国家自然科学基金项目"开放性背景下房产税改革对居民行为的影响研究"（项目编号：71673094）的阶段性研究成果。本书是在笔者、郑红霞副教授及陈卫华副教授共同指导下，由课题组博士研究生黄安琪、胡思妍、李佳慧、王姣以及硕士研究生栾越珺、刘婕雅、李亚琪等经过一年多努力共同完成，是课题组成员共同智慧的结晶。此外，郑州大学商学院的陈力朋讲师与江西财经大学财税与公共管理学院的徐建斌副教授多次参与了本书写作过程中的讨论，并提出了诸多宝贵的修改意见。

本书的选题、研究内容以及写作框架等由笔者、郑红霞副教授及陈卫华副教授负责制定。本书第一章导论及最后的总结与展望，由博士研究生黄安琪负责完成；第二章国内外研究综述，由博士研究生李佳慧负责完成；第三章房地产税纳税人与征税对象的国际比较与政策启示，由博士研究生胡思妍负责完成；第四章房地产税计税依据与评估的国际比较与政策启示，由博士研究生王姣、陈力朋讲师负责完成；第五章房地产税税率设计的国际比较与政策启示，由博士研究生王姣负责完成；第六章房地产税减免政策的国际比较与政策启示，由硕士研究生刘婕雅负责完成；第七章房地产税纳税信息获取与税收征管的国际比较与政策启示，由硕士研究生李亚琪负责完成；第八章房地产税收入规模与用途的国际比较与政策启示，由硕士研究生栾越珺负责完成。笔者、黄安琪和王姣负责了全书的统稿工作。

本书特别感谢国家自然科学基金委员会给予的经费资助与中国社会科学出版社王莹女士给予的支持，感谢课题组的郑红霞副教授、陈卫华副教授，博士研究生黄安琪、胡思妍、李佳慧、王姣与硕士研究生栾越珺、刘婕雅、李亚琪，以及郑州大学商学院的陈力朋讲师与江西财经大学财税与公共管理学院的徐建斌副教授在本书写作、讨论、修改和校对过程中付出的辛苦和努力。

刘　华

2020 年 6 月 25 日于武汉喻家山

目 录

第一章 导论 ………………………………………………… (1)
　第一节 写作背景 ………………………………………… (1)
　　一 中国房地产税改革的三个阶段 ……………………… (2)
　　二 住房价值与居民收入水平不相称的现实国情 ……… (4)
　　三 中国居民家庭的房地产税纳税能力问题 …………… (5)
　第二节 研究目的与研究意义 …………………………… (7)
　第三节 研究内容 ………………………………………… (8)
　　一 国内外研究动态 ……………………………………… (9)
　　二 房地产税纳税人与征税对象的国际比较与政策启示 … (10)
　　三 房地产税计税依据与评估的国际比较与政策启示 … (11)
　　四 房地产税税率的国际比较与政策启示 ……………… (11)
　　五 房地产税减免政策的国际比较与政策启示 ………… (12)
　　六 房地产税纳税信息获取与税收征管的国际
　　　　比较与政策启示 …………………………………… (13)
　　七 房地产税收入规模与用途的国际比较与政策启示 … (13)
　第四节 本书的特色之处 ………………………………… (14)
　本章小结 …………………………………………………… (16)

第二章 国内外研究综述 …………………………………… (17)
　第一节 房地产税纳税能力的研究 ……………………… (17)
　　一 房地产税纳税能力的衡量 …………………………… (18)
　　二 中国房地产税纳税能力现状 ………………………… (20)
　第二节 房地产税的税负归宿研究 ……………………… (22)

一　房地产税税负归宿的观点 …………………………………… （23）
　　二　房地产税税负归宿观点的联系与区别 …………………… （25）
第三节　房地产税的税率设计研究 ……………………………… （27）
第四节　房地产税的减免政策研究 ……………………………… （28）
　　一　房地产税减免的目的 ……………………………………… （28）
　　二　房地产税减免的政策评估 ………………………………… （29）
　　三　中国房地产税减免的方案选择 …………………………… （30）
第五节　房地产税纳税遵从的研究 ……………………………… （32）
　　一　房地产税的税收感知度研究 ……………………………… （32）
　　二　房地产税的纳税遵从研究 ………………………………… （33）
　　三　房地产税的纳税意愿研究 ………………………………… （35）
第六节　研究展望 ………………………………………………… （36）
本章小结 …………………………………………………………… （37）

第三章　房地产税纳税人与征税对象的国际比较与政策启示 ……… （39）

第一节　美国房地产税纳税人和征税对象 ……………………… （39）
　　一　美国房地产税纳税人 ……………………………………… （39）
　　二　美国房地产税征税对象 …………………………………… （40）
第二节　英国房地产税纳税人和征税对象 ……………………… （41）
　　一　英国房地产税纳税人 ……………………………………… （41）
　　二　英国房地产税征税对象 …………………………………… （42）
第三节　德国房地产税纳税人和征税对象 ……………………… （43）
　　一　德国房地产税纳税人 ……………………………………… （43）
　　二　德国房地产税征税对象 …………………………………… （44）
第四节　澳大利亚房地产税纳税人和征税对象 ………………… （45）
　　一　澳大利亚房地产税纳税人 ………………………………… （45）
　　二　澳大利亚房地产税征税对象 ……………………………… （46）
第五节　日本房地产税纳税人和征税对象 ……………………… （47）
　　一　日本房地产税纳税人 ……………………………………… （47）
　　二　日本房地产税征税对象 …………………………………… （48）
第六节　韩国房地产税纳税人和征税对象 ……………………… （49）

  一　韩国房地产税纳税人 ······················· (49)
  二　韩国房地产税征税对象 ······················· (50)
 第七节　房地产税纳税人和征税对象的国际比较 ··············· (51)
  一　房地产税纳税人的国际比较 ····················· (51)
  二　房地产税征税对象的国际比较 ···················· (52)
 第八节　沪渝试点房产税的纳税人和征税对象 ················ (54)
  一　沪渝试点房产税的纳税人 ······················ (54)
  二　沪渝试点房产税的征税对象 ····················· (55)
 第九节　房地产税纳税人与征税对象设计的政策启示 ············· (56)
  一　房地产税纳税人的政策启示 ····················· (56)
  二　房地产税征税对象的政策启示 ···················· (57)
 本章小结 ································ (59)

第四章　房地产税计税依据与评估的国际比较与政策启示 ············· (61)

 第一节　房地产税计税依据类型 ······················ (61)
  一　以房地产自身价值为计税依据 ···················· (62)
  二　以房地产收益价值为计税依据 ···················· (62)
  三　以房地产面积为计税依据 ······················ (63)
 第二节　美国房地产税计税依据与评估 ··················· (63)
  一　美国房地产税计税依据 ······················· (64)
  二　美国房地产税计税依据评估技术与方法 ················ (64)
  三　美国房地产税计税依据评估机构和程序 ················ (65)
  四　美国房地产税的计税依据评估周期和估值调整 ············· (66)
 第三节　英国房地产税计税依据与评估 ··················· (66)
  一　英国房地产税计税依据 ······················· (67)
  二　英国房地产税计税依据评估技术和方法 ················ (68)
  三　英国房地产税计税依据评估机构和程序 ················ (68)
  四　英国房地产税计税依据评估周期和估值调整 ·············· (69)
 第四节　德国房地产税计税依据与评估 ··················· (70)
  一　德国房地产税计税依据 ······················· (70)
  二　德国房地产税计税依据评估技术和方法 ················ (71)

三　德国房地产税计税依据评估机构和程序……………………(72)
　　　四　德国房地产税计税依据评估周期和估值调整……………(73)
　第五节　澳大利亚房地产税计税依据与评估……………………(74)
　　　一　澳大利亚房地产税计税依据………………………………(74)
　　　二　澳大利亚房地产税计税依据评估技术和方法……………(75)
　　　三　澳大利亚房地产税计税依据评估机构和评估程序………(75)
　　　四　澳大利亚房地产税计税依据评估周期和估值调整………(75)
　第六节　日本房地产税计税依据与评估…………………………(76)
　　　一　日本房地产税计税依据……………………………………(76)
　　　二　日本房地产税计税依据评估技术和方法…………………(77)
　　　三　日本房地产税计税依据评估机构和评估程序……………(78)
　　　四　日本房地产税计税依据评估周期和估值调整……………(78)
　第七节　韩国房地产税计税依据与评估…………………………(80)
　　　一　韩国房地产税计税依据……………………………………(81)
　　　二　韩国房地产税计税依据评估技术和方法…………………(81)
　　　三　韩国房地产税计税依据评估机构和评估程序……………(82)
　　　四　韩国房地产税计税依据评估周期和估值调整……………(83)
　第八节　房地产税计税依据的国际比较…………………………(84)
　　　一　房地产税计税依据的国际比较……………………………(84)
　　　二　房地产评估方法和技术的国际比较………………………(85)
　　　三　房地产评估机构的国际比较………………………………(86)
　　　四　房地产评估周期和估值调整的国际比较…………………(87)
　第九节　房地产税计税依据与评估的政策启示…………………(87)
　　　一　不同类型住房实行不同形式的计税依据…………………(88)
　　　二　针对不同类型房产合理采用不同评估方法………………(89)
　　　三　设定独立于征管部门的评估机构…………………………(89)
　　　四　采取适合中国房地产市场的评估周期和估值调整制度……(90)
　　　五　完善房地产评估配套措施…………………………………(90)
　本章小结………………………………………………………………(91)

第五章　房地产税税率设计的国际比较与政策启示 …………… (93)

第一节　房地产税税率设计 ……………………………………… (93)
一　房地产税税率形式 ……………………………………… (94)
二　房地产税法定税率水平以及确定依据 ………………… (96)
三　房地产税税率决定权和决定程序 ……………………… (96)

第二节　美国房地产税税率设计 ………………………………… (97)
一　美国房地产税税率形式 ………………………………… (97)
二　美国房地产税税率水平 ………………………………… (98)
三　美国房地产税税率的确定 ……………………………… (99)

第三节　英国房地产税税率设计 ………………………………… (100)
一　英国房地产税税率形式 ………………………………… (100)
二　英国房地产税税率水平 ………………………………… (101)
三　英国房地产税税率的确定 ……………………………… (101)

第四节　德国房地产税税率 ……………………………………… (102)
一　德国房地产税税率形式 ………………………………… (102)
二　德国房地产税税率水平 ………………………………… (103)
三　德国房地产税税率的确定 ……………………………… (105)

第五节　澳大利亚房地产税税率设计 …………………………… (105)
一　澳大利亚房地产税税率形式 …………………………… (105)
二　澳大利亚房地产税税率水平 …………………………… (106)

第六节　日本房地产税税率设计 ………………………………… (107)
一　日本房地产税税率形式 ………………………………… (107)
二　日本房地产税税率水平 ………………………………… (108)
三　日本房地产税税率的确定 ……………………………… (108)

第七节　韩国房地产税税率 ……………………………………… (108)
一　韩国房地产税税率形式 ………………………………… (109)
二　韩国房地产税税率水平 ………………………………… (109)
三　韩国房地产税税率的确定 ……………………………… (111)

第八节　房地产税税率设计的国际比较 ………………………… (112)
一　房地产税税率形式的国际比较 ………………………… (112)
二　房地产税税率水平的国际比较 ………………………… (113)

三　房地产税税率决定权的国际比较 …………………………（114）
　第九节　房地产税税率设计的政策启示 ……………………………（115）
　　一　不同地区和不同住房类型采用差别比例税率 ……………（115）
　　二　采取较低的名义税率水平 …………………………………（116）
　　三　中央和地方合理分配税率决定权 …………………………（116）
　　四　基于地方财政预算填补和纳税能力确定税率 ……………（116）
　本章小结 …………………………………………………………………（117）

第六章　房地产税减免政策的国际比较与政策启示 ……………（118）
　第一节　美国房地产税减免政策 ……………………………………（118）
　　一　基于纳税人特征的减免政策 ………………………………（119）
　　二　基于房地产特征的减免政策 ………………………………（121）
　　三　基于物业价值的减免政策 …………………………………（122）
　　四　基于家庭收入的减免政策 …………………………………（122）
　　五　基于所有权变更性质的减免政策 …………………………（123）
　　六　美国房地产税减免政策的评价 ……………………………（125）
　第二节　英国房地产税减免政策 ……………………………………（125）
　　一　英国市政税减免政策 ………………………………………（126）
　　二　英国营业房屋税减免政策 …………………………………（129）
　　三　英国房地产税减免政策的评价 ……………………………（133）
　第三节　德国房地产税减免政策 ……………………………………（133）
　　一　德国土地税减免政策 ………………………………………（134）
　　二　德国第二套房产税减免政策 ………………………………（135）
　　三　德国房地产税减免政策的评价 ……………………………（135）
　第四节　澳大利亚房地产税减免政策 ………………………………（136）
　　一　基于纳税人特征的减免政策 ………………………………（136）
　　二　基于房产特征的减免政策 …………………………………（137）
　　三　基于土地价值的减免政策 …………………………………（138）
　　四　澳大利亚房地产税减免政策的评价 ………………………（139）
　第五节　日本房地产税减免政策 ……………………………………（140）
　　一　日本固定资产税减免政策 …………………………………（140）

二　日本城市规划税减免政策 …………………………………（144）
　　三　日本房地产税减免政策的评价 ……………………………（145）
第六节　韩国房地产税减免政策 ……………………………………（146）
　　一　韩国财产税减免政策 ………………………………………（146）
　　二　韩国综合不动产税减免政策 ………………………………（147）
　　三　韩国房地产税减免政策的评价 ……………………………（148）
第七节　沪渝试点房产税减免政策 …………………………………（149）
　　一　上海市试点房产税的减免政策 ……………………………（149）
　　二　重庆市试点房产税的减免政策 ……………………………（150）
　　三　沪渝试点房产税减免政策的比较 …………………………（152）
第八节　房地产税减免政策的国际比较 ……………………………（154）
　　一　各国房地产税减免政策的相同点 …………………………（154）
　　二　各国房地产税减免政策的不同点 …………………………（156）
　　三　各国房地产税减免政策的评价 ……………………………（157）
第九节　房地产税减免政策的政策启示 ……………………………（158）
　　一　设置居民住宅减免额度 ……………………………………（159）
　　二　设置老年人等特殊群体的减免政策 ………………………（159）
　　三　设置不同特征住房的差异化减免政策 ……………………（160）
　　四　设置具有地域特色的减免政策 ……………………………（161）
　　五　设置特殊情形的减免政策 …………………………………（162）
本章小结 ………………………………………………………………（162）

**第七章　房地产税纳税信息获取与税收征管的国际
　　　　　比较与政策启示** ……………………………………（164）
第一节　美国房地产税纳税信息获取和税收征管 …………………（164）
　　一　美国房地产税纳税信息获取 ………………………………（165）
　　二　美国房地产税征管制度 ……………………………………（166）
第二节　英国房地产税纳税信息获取和税收征管 …………………（167）
　　一　英国房地产税纳税信息的获取 ……………………………（168）
　　二　英国房地产税征管制度 ……………………………………（169）
第三节　德国房地产税纳税信息的获取和税收征管 ………………（171）

一　德国房地产税纳税信息的获取 …………………………（171）
　　二　德国房地产税征管制度 …………………………………（172）
第四节　澳大利亚房地产税纳税信息获取和税收征管 …………（175）
　　一　澳大利亚房地产税纳税信息获取 ………………………（175）
　　二　澳大利亚房地产税征管制度 ……………………………（176）
第五节　日本房地产税纳税信息获取和税收征管 ………………（177）
　　一　日本房地产税纳税信息获取 ……………………………（177）
　　二　日本房地产税征管制度 …………………………………（179）
第六节　韩国房地产税纳税信息获取和税收征管 ………………（180）
　　一　韩国房地产税纳税信息获取 ……………………………（181）
　　二　韩国房地产税征管制度 …………………………………（182）
第七节　房地产税纳税信息获取和税收征管的国际比较 ………（184）
　　一　房地产税纳税信息获取的国际比较 ……………………（185）
　　二　房地产税税收征管的国际比较 …………………………（186）
第八节　房地产税纳税信息获取和税收征管的政策启示 ………（188）
　　一　建立数据库，便利房地产税管理 ………………………（188）
　　二　发展多样化税收申报与缴税渠道 ………………………（189）
　　三　严加监管，提高纳税遵从度 ……………………………（190）
本章小结 ……………………………………………………………（192）

第八章　房地产税收入规模与用途的国际比较与政策启示 ………（193）
第一节　美国房地产税的收入规模与用途 ………………………（193）
　　一　美国房地产税的收入规模 ………………………………（194）
　　二　美国房地产税的用途 ……………………………………（195）
　　三　美国房地产税收入规模及用途的评价 …………………（196）
第二节　英国房地产税的收入规模与用途 ………………………（197）
　　一　英国房地产税的收入规模 ………………………………（198）
　　二　英国房地产税的用途 ……………………………………（200）
　　三　英国房地产税收入规模及用途的评价 …………………（201）
第三节　德国房地产税的收入规模与用途 ………………………（202）
　　一　德国房地产税的收入规模 ………………………………（202）

二　德国房地产税的用途 …………………………………… (204)
　　三　德国房地产税收入规模及用途的评价 ………………… (204)
　第四节　澳大利亚房地产税的收入规模与用途 …………………… (205)
　　一　澳大利亚房地产税的收入规模 ………………………… (205)
　　二　澳大利亚房地产税的用途 ……………………………… (207)
　　三　澳大利亚房地产税收入及用途的评价 ………………… (207)
　第五节　日本房地产税的收入规模与用途 ………………………… (209)
　　一　日本房地产税的收入规模 ……………………………… (209)
　　二　日本房地产税的用途 …………………………………… (211)
　　三　日本房地产税收入规模及用途的评价 ………………… (212)
　第六节　韩国房地产税的收入与用途 ……………………………… (213)
　　一　韩国房地产税的收入规模 ……………………………… (213)
　　二　韩国房地产税的用途 …………………………………… (215)
　　三　韩国房地产税收入规模及用途的评价 ………………… (216)
　第七节　房地产税收入规模及用途的国际比较 …………………… (217)
　　一　房地产税收入规模的国际比较 ………………………… (217)
　　二　房地产税用途的国际比较 ……………………………… (220)
　第八节　沪渝试点房产税的收入规模及用途 ……………………… (222)
　　一　沪渝试点房产税的收入特征 …………………………… (222)
　　二　沪渝试点房地产税的用途 ……………………………… (223)
　第九节　房地产税收入规模及用途的政策启示 …………………… (224)
　　一　确定房地产税的定位及收入归属 ……………………… (224)
　　二　保证房地产税的收入规模 ……………………………… (225)
　　三　明确规定房地产税的税收用途 ………………………… (227)
　本章小结 ……………………………………………………………… (228)

第九章　总结与展望 ……………………………………………………… (229)
　第一节　全书总结 …………………………………………………… (229)
　第二节　研究展望 …………………………………………………… (231)

第一章

导　　论

自党的十八届三中全会《中共中央关于全面深化改革若干重大问题的决定》提出"加快房地产税立法并适时推进改革"以来，中国对个人或家庭征收保有环节房地产税已是势在必行，而如何征收则是房地产税改革面临的核心问题。按照国际惯例，房地产税主要依据个人住房的评估价值从价计税，而中国当前居民个人所持住房价值却往往与居民收入不相匹配。有鉴于此，本书从居民纳税能力约束视角对房地产税的税制设计进行探讨，在介绍和比较美国、英国、德国、澳大利亚、日本和韩国六个房地产税制度较为成熟的国家现行房地产税税制的基础上，分别探究房地产税的纳税义务人、征税对象、计税依据、税率、税收优惠、纳税信息获取、税收征管以及税收用途等内容，从而为中国房地产税的税制要素设计提供经验借鉴与参考。

第一节　写作背景

推行市场经济必须实行分税制，而分税制中少不了直接税，直接税里少不了住房保有环节税。[①] 房地产税作为地方财政收入的重要来源，不仅对理顺中央与地方政府关系、减少地方政府对土地财政的依赖和投资冲动、提高地方政府公共服务能力具有重要意义，也有利于优化收入再分配和财产配置、促进社会公平，还是建立健全中国房地产市场宏观调控长效机制的重要手段。

---

① 贾康：《房地产税离我们并不远》，人民出版社2015年版。

一 中国房地产税改革的三个阶段

为推进财政体制改革、完善税制体系,中国政府在21世纪初就已将房地产税制度的建立和完善提上了改革日程。房地产税改革作为中国新一轮税制改革中财产税改革的核心内容,至今已经历了以下三个阶段。

1. 改革萌芽阶段

中国现行房产税按照1986年国务院正式发布的《中华人民共和国房产税暂行条例》规定实施。由于当时住房自有率偏低,房产税的征收范围仅限于城镇经营性房产,并不对居民自住用房征税。随着1998年住房商品化改革的实行,中国居民住房自有率大幅提升,各类房屋价格指数也开始飞速上涨,居民自住用房"重交易、轻保有"的现行房地产税收体系既不利于房地产市场的宏观调控,亦不符合充当地方主要税种的普遍期望,不再适合中国当前社会经济发展的需要。为理顺房地产保有和交易环节的税费体系,2003年10月,《中共中央关于完善社会主义市场经济体制若干问题的决定》首次提出"实施城镇建设税费改革,条件具备时对不动产开征统一规范的物业税,相应取消有关税费"。自此,中国房地产税制度的建立和完善提上了改革日程。

2. 试点实施阶段

由于相较于开征一个全新税种物业税,对现行房产税进行改革更为简便,因此,2010年5月国务院批转发展改革委《关于2010年深化经济体制改革重点工作意见的通知》指出,"要深化财税体制改革,逐步推进房产税改革",即将原有仅针对商业用房的房产税扩围到居民自住用房。鉴于在全国直接推行房产税难度较大,国务院于2011年1月同意在部分城市开展对个人住房征收房产税的改革试点,具体征收办法由试点省(自治区、直辖市)人民政府从实际出发制定。据此,2011年1月27日,经国务院批准,重庆市颁布了《重庆市人民政府关于进行对部分个人住房征收房产税改革试点的暂行办法》和《重庆市个人住房房产税征收管理实施细则》,上海市也于同日颁布了《上海市开展对部分个人住房征收房产税试点的暂行办法》,均自2011年1月28日起施行,取消原有针对个人住房的房产税免征条款,开始对部分居民自用住房试点征收房产税。其中,重庆偏重于对高档房(独栋商品住宅以及房价达到当地均价两倍以上的住房）征税，同时对"三无"人员（在重庆市同时无户籍、无企业、无工作的个人）从第二套房开始征税，税率为0.5%—1.2%；上海则主要针对增量住房，规定对上海居民家庭新购第二套及以上住房和非上海居民家庭的新购住房征收房产税，且按照人均面积60平方米做起征点考虑，根据房价高低，税率分别为0.6%和0.4%。然而，沪渝试点的房产税在税制设计方面还存在许多问题。比如，当前沪渝试点的房产税均以房屋交易价格作为房产税的计税依据，相较于按财产现有价值征税的财产税更像商品税，容易产生税负不公和税负转嫁的问题；同时，沪渝两市试点征收的房产税税基窄、税率低，导致房产税收入规模很小，难以成为地方财政收入的主要支柱，也无法有效调控房价和调节收入分配。

3. 立法改革阶段

在沪渝房产税试点实施之后，中国逐步确立了将房产税和地产税合并为房地产税征收的改革方向，并决定弥补其在立法上的缺失。2013年，党的十八届三中全会将房地产税改革纳入"立法先行"轨道，明确提出"加快房地产税立法并适时推进改革"，国务院也批准了继续扩大个人住房房产税改革试点范围的意见。虽然房产税改革试点范围至今仍未扩大，房地产税法草案也未能提请全国人大常委会进行审议，但房地产税法已在2015年正式进入十二届全国人大五年立法规划，并被列入第一类立法项目，标志着房地产税改革已经开始从试点层面向立法层面转移。同时，2015年3月实施的《不动产登记暂行条例》也为未来房地产税的征收奠定了基础。2017年，时任财政部部长肖捷提出要按照"立法先行、充分授权、分步推进"的原则，推进房地产税立法和实施,[①] 中国房地产税改革的基本原则得以明确。在2018年3月第十三届全国人大一次会议上，国务院总理李克强在《政府工作报告》中提出，要"健全地方税体系，稳妥推进房地产税立法"。随后，时任财政部副部长史耀斌在财政部就"财税改革和财政工作"答问中就房地产税的征税对象、计税依据、税收用途、税收征管方式以及推进的程序和步骤作了具体说明，房地产税的

---

① 肖捷：《加快建立现代财政制度》，《人民日报》2017年12月20日第7版。

基本轮廓已经逐渐清晰。① 2018 年 9 月,《房地产税法》在公布的《十三届全国人大常委会立法规划》中被列为"条件比较成熟、任期内拟提请审议的法律草案",标志着房产税改革已经进入草案起草与完善阶段。

从 2003 年党的十六届三中全会提出开征房地产税的前身"物业税"开始,中国房地产税改革进程至今已长达 17 年。虽然中国当前的房地产税法和征收方案仍未落地,沪渝房产税试点中存在的税制设计问题也未得到改善,但 2020 年 5 月 18 日新华社发布的《中共中央国务院关于新时代加快完善社会主义市场经济体制的意见》再次明确提及要"稳妥推进房地产税立法"。这是继 2018 年和 2019 年写入政府工作报告之后房地产税再次进入中央文件,意味着房地产税必然会出台,中国推进房地产税改革的脚步不会停止。然而,由于中国房地产税牵一发而动全身,是关乎国计民生的大事,因此房地产税制度在中国落地实行还需要时间研究,并不会突然出台、贸然开征。

二 住房价值与居民收入水平不相称的现实国情

中国房地产税的制度设计不仅需要参考国际房地产税的共性制度,也应从本国国情出发合理设计。随着社会经济与城市房地产市场的快速发展,中国居民家庭持有的住房财富呈现快速增长的趋势。在住房拥有率方面,2017 年中国城镇家庭住房拥有率(拥有住房的家庭占全部家庭的比例)已达 90.2%,其中城镇家庭多套住房拥有率为 22.1%;② 在住房资产价值方面,2017 年中国城市家庭的户均资产规模为 150 万元,其中住房资产占比高达 77.7%,即中国城市家庭的户均住房资产为 116.6 万元。③ 由此可见,中国当前城镇居民家庭的住房持有量与住房价值规模巨大,为中国对个人或家庭征收保有环节房地产税提供了丰富的潜在税源。

然而,中国居民家庭收入水平的增长速度却严重滞后于房价的上涨

---

① 陈双专、郝东杰:《刍议房地产税改革》,《税务研究》2018 年第 8 期。
② 数据来源于西南财经大学中国家庭金融调查与研究中心(CHFS)2018 年 12 月发布的《2017 中国城镇住房空置分析》。
③ 数据来源于广发银行联合西南财经大学 2019 年 1 月 17 日发布的《2018 中国城市家庭财富健康报告》。

速度。据2020年1月19日上海易居房地产研究院发布的《2019年全国房价收入比报告》，2019年全国商品住宅房价收入比（家庭住房总价/居民家庭可支配收入）为8.8（见图1—1），处于较高水平。① 由此可见，当前中国大多数居民家庭所持住房的价值与其收入水平并不相称。在此现实背景下，居民能否负担房地产税必然成为中国房地产税改革进程中不可回避的问题。因此，中国政府部门在进行房地产税税制设计时，应当充分考虑居民家庭的实际纳税能力，做到量能课税，从而最大限度地降低居民的纳税痛苦，提高居民缴纳房地产税的意愿与纳税遵从度。

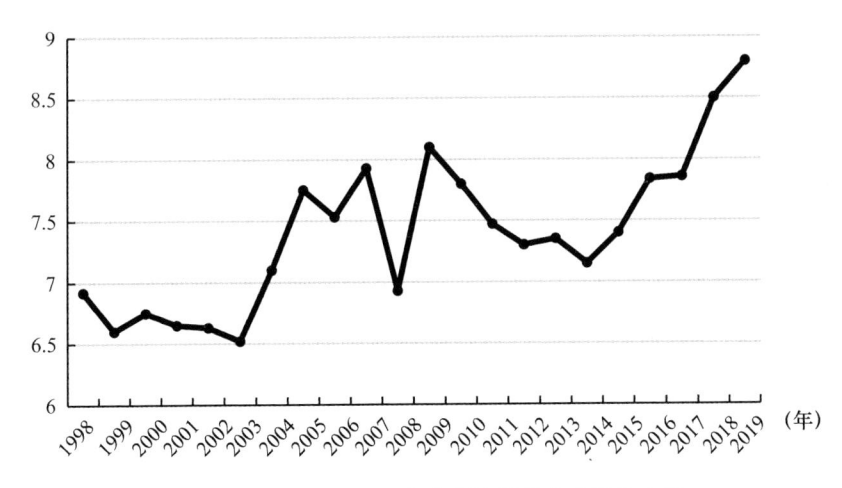

图1—1　1998—2019年全国商品住宅房价收入比

资料来源：国家统计局、易居研究院。

三　中国居民家庭的房地产税纳税能力问题

在中国住房价值与居民收入水平不相匹配的现实国情下，居民家庭的实际纳税能力是中国设计房地产税制度时应当考虑的问题。纳税能力是指纳税义务人承受税负的能力，可以用纳税人收入与税负的比例来度量，即可用个人或家庭当年的房地产税纳税额除以其年度总收入来衡量房地产税的纳税能力。② 由于房地产税通常以房地产评估价值为税基，以

---

① 根据中国的实际情况，易居研究院认为全国房价收入比保持在7.0—7.5内属于合理区间，低于7.0属于偏低区间，高于7.5属于偏高区间。
② 侯一麟、任强、马海涛：《中国房地产税税制要素设计研究》，经济科学出版社2016年版。

个人或家庭收入为税源，所以住房价值与房主收入之间的相关性往往较弱，且二者的相关性会随房主拥有住房时间的增加而递减，可能导致纳税人持有的住房价值与其现期收入不匹配，产生纳税能力问题。①②盖伊·彼得斯在《税收政治学：一种比较的视角》一书中曾详细阐述了房地产税征管思想，提出"一个特别问题是如何保护房地产所有者住在自有房子里的权利，特别是老年人的权利，他们一旦在缴纳房地产税时遇到困难，怎么保证能继续住在自家的屋子里？"③根据盖伊·彼得斯提出的税收评估标准框架，房地产税的纳税能力问题同时涉及政治标准评估和行政标准评估。从政治标准来看，纳税能力问题会在政府和民众之间制造不和谐因素，造成征纳关系紧张，从而对房地产税的政治可接受程度产生不利影响；从行政标准来看，房地产税的税收征管成本较高，且中国现行《税收征收管理法》规定的税收强制执行措施既不涉及自然人也不涉及其扶养家属维持生活的住房，导致房地产税的纳税主体和纳税客体均存在行政适用性问题。④

在当前中国房价高企的境况下，由于居民收入水平的增速远远低于房价增速，许多人选择了贷款购买住房，并基于当时的收入水平来选择住房类型和贷款数额，并未将房地产税支出纳入预算。因此，当房地产税税基采用住房评估价值时，纳税人的房地产税负担就会随房价攀升迅速增加，而中国当前过高的房价收入比可能会导致纳税人的现期收入无法负担其应缴的房地产税税额，从而出现"收不抵税"的问题，约束中国房地产税的实施。值得注意的是，由于当前中国过高的房价超出了大量收入较低的年轻人的购买能力，父母（祖父母）为子女（孙女）购房支付巨款的现象普遍存在，导致许多房主的收入与其所有的住房价值出现进一步脱节，无法负担较高的房地产税税额。此外，当前中国个人所

---

① Groves H. M. & L. , "Prober. Equity Grounds for Property Taxation Re-Examined", *Land Economics*, Vol. 27, No. 2, 1951.

② Mark J. H. & N. E. Carruthers, "Property Values as a Measure of Ability-to-pay: An Empirical Examination", *The Annals of Regional Science*, Vol. 17, No. 2, 1983.

③ 盖伊·彼得斯：《税收政治学：一种比较的视角》，郭为桂、黄宁莺译，江苏人民出版社2008年版。

④ 刘金东、高凤勤、陶然：《房地产税的支付意愿与纳税能力分析——基于130个城市的家庭调查》，《税务研究》2019年第8期。

有的住房不全是商品房，还存在大量的房改房。这类住房由房主在中国20世纪90年代推行住房制度改革时以极低成本获得，但市场价值在之后也出现了大幅攀升，导致其现期评估价格与纳税人的现期收入进一步脱节。[①] 因此，房地产税的税制设计应当从各个角度考虑居民家庭的纳税能力，从而保证居民在完成房地产税纳税后还能维持合理的生活水准。

在中国当前房屋价值与居民收入水平不相称的客观条件下，中国在设计房地产税的税制要素时，应当在居民纳税能力与政府税收收入之间找到均衡，既要尽可能满足地方政府的财政收入需要，又要充分考虑纳税人的纳税能力与纳税意愿。鉴于此，在当前加快推进房地产税改革和立法的背景下，本书将基于中国房屋价值与居民收入不相称的现实背景，借鉴房地产税制度较为成熟的代表性西方国家（美、英、德、澳）与东亚国家（日、韩）的相关实践经验来探讨和研究房地产税的税制设计问题。

第二节　研究目的与研究意义

在当前住房价值与居民收入不相称的现实国情下，本书的研究目的在于为中国房地产税的税制设计提供理论支持与经验借鉴。本书在对现有房地产税制度研究成果以及美国、英国、德国、澳大利亚、日本和韩国等房地产税制度较为成熟的国家现行房地产税制度进行梳理分析的基础上，对房地产税的纳税义务人、征税对象、计税依据、税率、税收优惠、纳税信息获取、税收征管和税收用途等内容分别进行了深入分析与比较研究，并总结了各国的房地产税制度设计中可供中国借鉴之要点。然后，本书对当前中国沪渝房产税试点税制中存在的问题与不完善之处进行了分析，并在充分考虑中国当前税制环境与居民家庭纳税能力的基础上，借鉴美英等国房地产税制度的实践经验对中国保有环节房地产税的征税对象、纳税人、计税依据、税率、税收优惠及减免、税收征管及用途等方面提出了可供参考的政策启示与建议。

在当前加快推进房地产税立法与改革的关键时期，本书的研究具有

---

① 李文：《住宅房地产税的实施约束与税制设计》，《税务研究》2019年第8期。

重要的现实意义。由于中国现行房产税对居民自住用房长期免征房产税，住房保有环节的房地产税对居民家庭而言等同于新税种，而一个新税种的开征应当考虑居民家庭的纳税能力。特别是在当前中国房屋价值与居民收入严重不相称的现实背景下，征收住房保有环节房地产税会大幅增加居民的税收负担，并直接影响居民家庭的可支配收入。若政府部门在进行房地产税的税制设计时不考虑中国居民的纳税能力，则会存在纳税人无力缴纳足额房地产税的风险，不仅妨碍税制顺利实施，也无法发挥房地产税筹集地方财政收入、调节收入分配和调控房地产市场等功能。[①]因此，政府部门在设计房地产税的相关税制要素时应当考虑中国居民家庭的纳税能力，充分借鉴国际房地产税制度设计的经验并完善沪渝房产税试点中税制设计的不足，从而提高未来房地产税的实施效果。本书的研究可为中国房地产税制要素设计提供一个可参考的框架，并为政府决策提供理论支持与政策建议。

第三节 研究内容

在中国当前房屋价值与居民收入水平不相称的客观条件下，政府部门在进行房地产税的税制设计时，既要尽可能满足地方政府的财政收入需要，又要充分考虑纳税人的纳税能力与纳税意愿。由于以美国为代表的许多国家很早就开始对保有环节的住房征收房地产税，且已经形成了较为完善的房地产税税制体系，因此，国外房地产税的税制设计及实践经验可以为中国的房地产税改革提供参考与借鉴。本书将在比较分析典型国家房地产税制度的基础上，结合中国国情对中国房地产税制度设计提出政策启示与建议，研究思路如图1—2所示。

具体而言，本书将在考虑中国居民对房地产税的纳税能力与纳税意愿的基础上，从房地产税的征税对象、纳税人、计税依据、税率、税收优惠、纳税信息获取、税收征管、税收收入特征及用途等方面分别对美国、英国、德国、澳大利亚、日本和韩国六个国家的房地产税制度进行总结梳理和对比分析，然后结合沪渝房产税试点的税制设计现状与中国

---

① 胡怡建、范桠楠：《我国房地产税功能应如何定位》，《财政研究》2016年第1期。

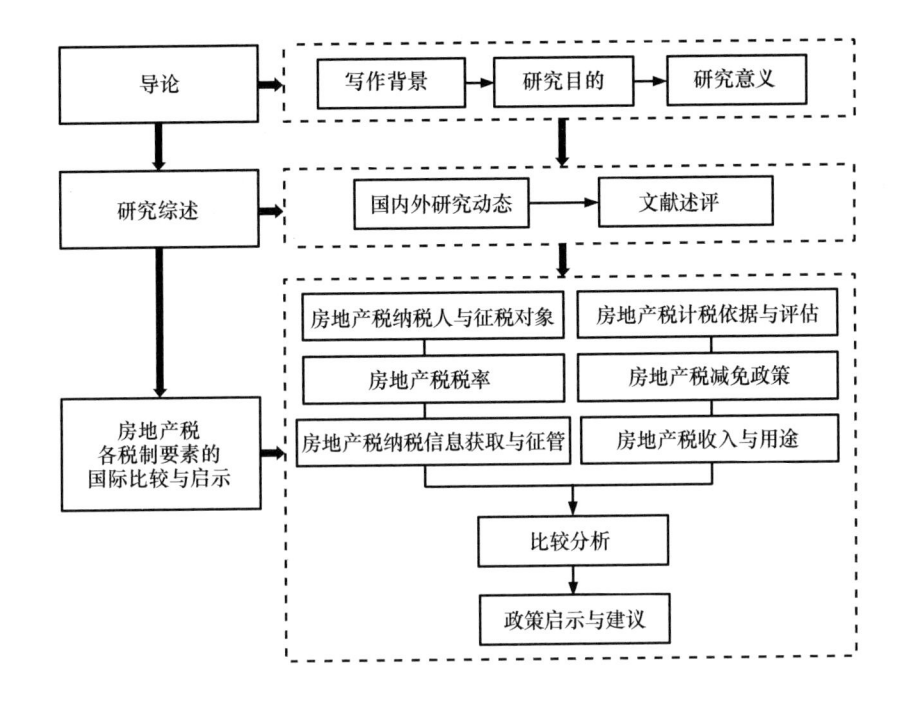

图1—2　研究思路

资料来源：笔者自制。

当前的税制环境提出可供中国房地产税制设计借鉴的政策启示与建议。本书的研究内容具体包括以下七个方面。

一　国内外研究动态

本书第二章对国内外重要经济学领域期刊中有关房地产税研究的相关成果进行了系统梳理与述评，包括房地产税纳税能力研究、房地产税税负归宿研究、房地产税税率研究、房地产税减免政策研究以及房地产税纳税遵从研究。这一章首先从房地产税纳税能力的衡量、测算与异质性分析等方面对国内外学者关于房地产税纳税能力研究的相关文献进行了总结与述评。其次，本章整理了国内外学者对房地产税税负归宿的相关研究，展示了房地产税税负归宿的三种观点——消费税观点、受益税观点和资本税观点，并探讨了三种观点之间的联系与区别。再次，本章梳理分析了近几年国内学者基于纳税能力或其他税收目的对房地产税税率设计研究的相关成果。由于税收优惠减免是解决纳税人纳税能力问题的一种有效手段，因此，本章还从三个方面对有关房地产税减免政策研究的文献进行了全面的梳理，包括房地产税减免目的、房地产税减免政策评估以及房地产税减免方案选择。最后，本章对房地产税纳税遵从和纳税意愿的相关研究成果进行了梳理和评述，并对未来中国房地产税的相关研究进行了展望。

二　房地产税纳税人与征税对象的国际比较与政策启示

房地产税纳税人和征税对象的确定是中国建立房地产税税制的首要任务。本书第三章对比分析了美、英、德、澳、日、韩六国房地产税纳税人和征税对象的相关规定，结合中国沪渝房产税改革试点税制的不足与房屋价值同居民收入水平不相适应的现实国情，在借鉴国际房地产税制度经验的基础上为中国房地产税纳税人和征税对象的设定提出了政策建议。

房地产税的纳税义务人通常指土地及其地上建筑物的所有人或使用人。以美国为代表的大多数国家和地区一般规定土地或地上建筑物的所有人为房地产税的纳税义务人，并附加规定其使用人具有连带纳税义务，从而规避一部分纳税不遵从行为；而以英国和德国为代表的一些国家则直接将土地或地上建筑物的所有人和使用人一同纳入纳税义务人范围。此外，波兰等少数国家仅规定土地或地上建筑物的使用人为房地产税的纳税人，目的是让政府也承担相应的房地产税税负。借鉴国外房地产税经验，中国现阶段开征房地产税可以将土地、房屋及其他建筑物的产权所有人、使用人和代管者均纳入纳税义务人范围，具体的纳税人则按照受益原则确定，本书第三章对此会有进一步说明。

房地产税的征税对象包括土地及地上建筑物，而不同国家和地区会根据自身国情选择不同的征税对象。例如，英、美等大多数国家和地区对土地和地上建筑物实行合并征税，日本等国家和地区则对土地和地上建筑物分别课税，而以澳大利亚为代表的一些国家则仅对土地征税。当前中国沪渝房产税改革试点方案是以房产作为征税对象，但进一步思考，中国现阶段开征房地产税是否会将存量房和增量房均纳入征税对象，是否对个人或家庭所有的房产全部课税，是否会将小产权房等产权不清晰的房产纳入征税对象，则需综合考虑国际经验与中国国情，具体论述可见本书第三章。

三 房地产税计税依据与评估的国际比较与政策启示

房地产税的计税依据有从价计征、从量计征以及从价和从量同时计征三种方式，各国通常会综合考虑自身国情以及各种计税依据的优缺点选择适合本国的计征方式。党的十九大召开之后，时任财政部部长肖捷在《党的十九大报告辅导读本》中谈及房地产税，首次明确未来中国房地产税将按房屋的评估价值征收。在这篇名为《加快建立现代财政制度》的文章中，肖捷提出"对工商业房地产和个人住房按照评估值征收房地产税，适当降低建设、交易环节税费负担，逐步建立完善的现代房地产税制度"。可见中国房地产税的计税依据早已明确为住房评估价值，但评估标准、评估方法、评估技术与周期等方面仍需借鉴国际经验。本书第四章对美、英、德、澳、日、韩这六个典型国家的计税依据以及计税依据的评估方法、评估机构和程序以及评估周期和估值调整进行了较为详细的介绍、梳理和比较研究，并在借鉴上述六个国家房地产税计税依据相关经验的同时结合中国实际国情提出了有关中国房地产税计税依据设计的政策建议。

四 房地产税税率的国际比较与政策启示

税率是指对征税对象的征税比例或者征税额度，是计算征税额的一个尺度，也是衡量税负轻重的重要标志。税率水平不仅直接影响国家税收收入，还会直接决定居民的税收负担，影响居民的纳税意愿。房地产税作为一种直接税，其税收凸显性与间接税相比更强，也更易导致纳税人因税率过高而产生纳税抵触心理。因此房地产税的税率设计在考虑财政收入和征收成本的同时应该更加关注纳税人的纳税能力，从而保证税率设计的公平合理。本书第五章从税率的形式、税率水平以及税率决定权三个方面梳理和比较了美、英、德、澳、日、韩六国房地产税的税率设计，并结合中国国情，在借鉴国际房地产税税率设计经验的基础上提出了适合中国房地产税税率设计的相关政策建议。

房地产税的税率可以分为比例税率、定额税率和超额累进税率三种，其中比例税率又可以分为单一比例税率和差别比例税率两种，而不同的税率形式有着各自的优缺点。比例税率的优点在于计算方法简单，应税数额清晰，易征管，成本低，有利于税务部门开展征税工作，提高征税效率，适合各类住房保有环节的征税。但是，比例税率并未充分体现量能课税原则，特别是单一比例税率未能根据纳税人的收入水平不同进行调节，导致具有不同纳税能力的纳税人承担的税负相同，不利于缩小贫富差距，税收公平难以体现。因此，在采用比例税率时往往会设置较多的税收优惠和减免政策，或是按不同地区和不同房地产类型采用差别比例税率，或是由中央规定税率的上限和下限，各地区根据本地区的实际情况在规定幅度内确定一个具体适用的比例税率。定额税率同样具有计征简便且征管成本较低的优点，但也无法量能课税，税收公平性较差，且一般适用于从量计征的税种，因此各国在征收房地产税时很少采用。超额累进税率则较好地体现了量能课税原则，使税收更加公平，更有利于收入再分配，且对住房市场投资和投机需求的抑制也更强；但这类税率计算复杂，需要对纳税人拥有的所有房地产价值归总计算，征管成本很高。本书第五章通过比较分析国际房地产税的税率设计，为中国房地产税税率形式的选择提供了理论支持与政策借鉴。

五 房地产税减免政策的国际比较与政策启示

房地产税的税收优惠与减免政策直接关系到纳税人的税收负担，是解决居民纳税支付能力不足的重要手段。因此，在当前中国住房价值与居民收入水平不相称的现实背景下，房地产税减免政策的设置尤为重要。本书第六章首先对美国、英国、德国、澳大利亚、日本和韩国的房地产税减免政策进行了梳理和比较分析，随后着重探究了中国沪渝试点房产税减免政策的优缺点，并最终在吸收借鉴国际房地产税制度设计经验的基础上，结合中国实际国情对中国房地产税的税收优惠和减免政策的优化设计提出了相关政策启示。

不同国家对房地产规定的税收优惠和减免政策通常适用于以下三种情形：第一，用于国家和政府公务的房地产免税。第二，用于社会公益事业的房地产免税。第三，对特殊人群（如老年人或丧失劳动能力的人）设置房地产税减免政策。与此同时，许多国家和地区也会基于本国（地区）实际情况设置特有房地产税减免政策，从而提高纳税人的税收遵从度。如美国的一些州会考虑租户较多的实际情况而设置针对租户的减免政策，而日本会依据地震多发的国情设置对房屋进行震后翻建或改造的房地产税减免等。此外，为照顾部分税款支付能力不足的家庭，美国等房地产税制度相对成熟的国家和地区均针对低收入或无收入的个人或家庭设置了减免政策，如美国的断路器机制等，值得中国借鉴并用以解决居民纳税支付能力不足的问题。然而，断路器机制的设计相当复杂。在中国特殊的住宅状况下，如何确定断路器机制的优惠资格及优惠力度，如何设置其他税收优惠及减免政策，还需借鉴国外做法并合理运用，本书第六章也将对此进行详细说明。

六 房地产税纳税信息获取与税收征管的国际比较与政策启示

科学有效的纳税信息获取手段与税收征管制度决定了房地产税的效率和公平，也在一定程度上决定了房地产税的税收收入与纳税遵从。具体而言，纳税信息的获取质量会直接影响税务部门对税源质量的把握，直接影响最终的税收收入；而税收征管则是保证税款及时、足额缴纳的基础，是实现税收效率和纳税遵从的有力保障。一般而言，明确的税收征管权限、良好的财产账簿、对房地产价值的合理评估以及高效的税收征管是构建科学合理的税收征管制度所必备的要素。目前，房地产税制较为成熟的国家（地区）大都建立了详细、完善的房地产信息数据库，也具备较为完善的纳税人反馈机制。本书第七章在比较分析了美国、英国、德国、澳大利亚、日本和韩国这些房地产税制较为完善的国家房地产税纳税信息的获取方式与税收征管实践经验后，结合中国现行沪渝两地房地产税的征管现状，对中国房地产税纳税信息的获取以及税收征管改革提出了相关政策建议。

七 房地产税收入规模与用途的国际比较与政策启示

房地产税最重要的功能之一就是为地方政府提供公共财政收入，而地方政府可以通过房地产税有效地将税收收入与当地公共服务相匹配，进而提高公共财政支出的效率。然而，地方政府是否明确房地产税的收入用途以及如何使用房地产税收入会直接影响纳税人的税收知情权和受益权，并进一步对居民的纳税意愿与申报缴纳房地产税的积极性产生影响。① 本书第八章对房地产税制较为完善的美国、英国、德国、澳大利亚、日本和韩国的房地产税的收入规模及特征进行了简要分析，并归纳总结了不同国家房地产税收入特征与税收用途的异同点，从而对中国房地产税收入用途等相关政策的制定与完善提出启示。

第四节 本书的特色之处

当前中国学者对国际房地产税的制度及经验的研究已有很多成果，为我们研究国际房地产税制度提供了许多有益的参考与借鉴，主要包括以下两类。

（1）探究国际房地产税制度的学术论文。国内学者在探究国际房地产税制度时，其研究成果往往为篇幅较短的论文形式。大多数论文往往只能简单介绍梳理一个或几个代表性国家（地区）的房地产税制度，②③④⑤ 或是侧重于探究房地产税制度的某一方面，如计税依据、⑥ 税收减免政策、⑦ 税收征管、⑧ 以及房地产税批量评估体系等。⑨ 但由于篇幅所限，现有文献对房地产税制较为成熟的典型国家（地区）的梳理总结和比较分析往往不够深入和全面。

（2）有关国际房地产税制度比较的学术专著。由于论文篇幅较短，难以详细梳理总结国际房地产税的全貌，无法深入探讨典型国家（地区）

---

① 朱为群、许建标：《构建房地产税改革收支相连决策机制的探讨》，《税务研究》2019年第4期。
② 任强：《房产税：美国实践及借鉴》，《财政研究》2015年第1期。
③ 李文、董旸：《海外房地产税比较》，《税务与经济》2015年第2期。
④ 张超：《德国不动产税改革及启示》，《国际税收》2018年第5期。
⑤ 周凌云、任宛竹：《英国住宅性房地产税制度介绍及经验借鉴》，《国际税收》2019年第11期。
⑥ 陈汉芳、梅建明：《房产税计税依据：新加坡的经验借鉴与启示》，《国际税收》2018年第11期。
⑦ 李明：《美国房产税的税收限制政策及制度变迁分析》，《税务研究》2017年第6期。
⑧ 谭军、李铃：《日本房地产税征管特色与借鉴》，《税务研究》2018年第12期。
⑨ 刘华、杜康丽、伍岳：《美国房地产税批量评估体系及借鉴》，《国际税收》2018年第1期。

的房地产税制度，因此，有些学者在研究世界各国（地区）房地产税收制度及经验时会将研究成果以学术著作的形式发表。现有的相关学术著作主要集中于对世界主要代表性国家（地区）的房地产税制度进行梳理总结和对比，如由蔡红英、范信葵主编的《房地产税国际比较研究》（2011），[①] 由胡怡建、田志伟、李长生主编的《房地产税国际比较》（2017）等。[②] 这些研究侧重于系统全面地梳理全球主要代表性国家（地区）开征房地产税的历史背景与税收制度，对房地产税制各要素的探讨还不够深入，也未结合中国国情与当前沪渝房产税试点制度的不足对房地产税的制度设计提出具体可行的政策建议，削弱了国际房地产税经验对中国房地产税制度设计的参考和借鉴意义。此外，也有一些专著研究了中国房地产税税制要素设计问题，如侯一麟、任强、马海涛主编的《中国房地产税税制要素设计研究》（2016）等，[③] 但他们侧重于阐述中国现阶段开征房地产税应当采用何种设计框架、如何设计税制要素，并对国内现有房地产税相关文献进行了整合与梳理，为中国房地产税税制要素的设计提出了理论与分析框架，却并未以国际房地产税制经验为切入点对中国房地产税税制要素设计提出建议。

本书作者（刘华等）也曾于2018年编撰出版了《国际房地产税：由来、效果评估与政策启示》一书，[④] 介绍了英国、美国、丹麦和中国香港地区房地产税制的由来、发展现状以及实施效果，阐述了上述国家（地区）房地产税制对中国房地产税改革的政策启示，并对中国房地产税制的由来、现状以及改革的方向进行了梳理总结。但是，这本著作选取的典型国家（地区）数量较少，提出的政策启示也较为简单笼统，不够全面和具体。本书从当前中国房屋价值与居民收入不相称的现实国情出发，梳理了现有房地产税相关的研究成果和查阅西方（美国、英国、德国、澳大利亚）及东亚（日本、韩国）主要代表性国家的房地产税法及相关

[①] 蔡红英、范信葵：《房地产税国际比较研究》，中国财政经济出版社2011年版。
[②] 胡怡建、田志伟、李长生：《房地产税国际比较》，中国税务出版社2017年版。
[③] 侯一麟、任强、马海涛：《中国房地产税税制要素设计研究》，经济科学出版社2016年版。
[④] 刘华、陈力朋等：《国际房地产税：由来、效果评估与政策启示》，科学出版社2018年版。

文件，并深入对比分析了各国房地产税制度的各个要素，并对值得中国房地产税制借鉴之要点进行了总结。在此基础上，本书结合中国沪渝房产税试点的税制设计中存在的问题探讨了中国房地产税制度设计的完善与优化，并基于中国居民的纳税能力针对房地产税制度的各个方面提出了具体可行的政策建议，为中国现行房地产税制度的设计提供了经验借鉴与政策启示。

本章小结

本章统领全书，阐述了本书的研究背景、研究目的与意义、研究内容与特色之处。第一，本章梳理了自 2003 年至今中国房地产税改革的进程，并将其划分为改革萌芽、试点实施、立法改革三个阶段。第二，本章指出中国当前较高水平的房价收入比导致了住房价值与居民收入水平不相称的现实国情，认为中国政府部门在设计房地产税制度时应充分考虑居民家庭的实际纳税能力，努力在居民纳税能力与政府税收收入之间找到平衡，既能尽可能满足地方政府的财政收入需要，又能保证居民在完成房地产税纳税后还能维持合理的生活水准，并对中国居民的纳税能力进行了简要分析。第三，本章列出了全书的研究思路图并阐述了各章的主要研究内容，指出本书根据地理位置、经济发展水平和房地产税制的完善程度选取美国、英国、德国、澳大利亚四个西方国家以及日本、韩国两个东亚国家作为典型国家，从房地产税的征税对象、纳税人、计税依据、税率、税收优惠、纳税信息获取、税收征管、税收收入用途等方面分别对不同国家的房地产税制进行总结梳理和比较分析；并结合当前沪渝房产税试点的税制设计现状、中国当前的税制环境、居民的纳税意愿与纳税能力情况提出可供中国房地产税制设计借鉴的政策启示与建议。第四，本章指出了现有关于国际房地产税制度及经验研究的不足之处，并阐述了本书的特色之处。

第二章

国内外研究综述

房地产税的计税依据通常为房地产价值，而在当前中国住房价值与居民收入不相匹配的现实国情下，针对保有环节住房开征房地产税可能会使部分纳税人无力承担房地产税税负，从而增加税收阻力。因此，居民纳税能力是中国进行房地产税税制设计时应当考虑的重要因素。正如 Nicholas Kaldor（1955）所言，过去一百年或更长时间，根据支付能力征税的设定不仅被政治家和经济学家群体推崇，还被广大公众群体普遍接受。① 因此，本章以房地产税纳税能力研究为出发点展示房地产税相关的研究内容，包括房地产税的税负归宿、税率设计、减免政策以及纳税遵从研究。

第一节　房地产税纳税能力的研究

纳税能力可以解释为个体税额支付能力或税负承受能力，相关研究可以归纳为纳税能力的衡量（即计算方式）和测算两个方面。由于只有利用科学合理的代理变量衡量纳税能力才能使纳税能力的测算正确而有意义，因此，本节的第一部分将梳理有关房地产税纳税能力衡量的相关研究。由于西方国家在 20 世纪早期便有学者关注房地产税纳税能力的衡量，如今已不再是研究重点，因此国外相关文献都较为陈旧；而随着中国房地产税改革的推进，房地产税纳税能力逐渐成为近五年来中国房地产税研究领域的重点话题，且国内学者更关注房地产税纳税能力的测算，

---

① Kaldor N., *An Expenditure Tax*, London: Allen & Unwin, 1955.

因此本节第二部分将归纳国内有关房地产税纳税能力测算的研究。

一 房地产税纳税能力的衡量

现有文献通常采用财富、收入、消费或其他代理变量等不同方法来衡量纳税能力,[①] 但不同方法都有其合理性和弊端。

(1) 选用财富衡量房地产税纳税能力。使用财富(即房地产价值)衡量房地产税纳税能力的合理性在于房地产是一项正常的消费品(经济条件更好的人通常会持有价值更高的房产),并且是家庭财富的重要组成部分。但是,许多学者也指出了财富作为纳税能力代理变量的弊端,如 Buehler (1945) 认为用早期的家庭财富衡量个体纳税能力存在问题,并指出纳税能力的度量应当根据个人经济状况进行调整;[②] 而 Mark 和 Carruthers (1983) 也发现,随着房屋使用年限上升,家庭收入与房屋价值之间的关联度减弱,此时房屋价值不能很好地体现家庭收入,也不再适合衡量房地产税纳税能力。[③] 本书认为,房地产税兼具消费品和投资品的特征,其价值对市场敏感度高,难以受个人控制,且纳税人持有房地产的时间越长,房地产价值和纳税人收入的匹配度越低。因此,当房价上涨过快而纳税人收入却没有明显增长时,居民的房地产税支付能力不足问题将愈加凸显。

(2) 选用消费衡量房地产税纳税能力。相较于财富,消费直接与纳税人现金流挂钩,而现金流可以反映个体在某个期间内的支付能力,也包括税额支付能力。[④] 因此,用消费衡量房地产税纳税能力可以避免用财富衡量房地产税纳税能力所产生的弊端。然而,用消费衡量纳税能力意味着不对储蓄征税,但 Andrews (1974) 指出计税依据不包含储蓄并不代表流失了部分税收,而是一种税收延迟现象,因为储蓄积累会用于将来的消费并成为将来的一部分计税依据。他阐述了对消费征税的简便性,

---

[①] Utz S. G., "Ability to Pay", *Whittier Law Review*, Vol. 23, No. 3, 2002.

[②] Buehler A. G., "Ability to Pay", *Tax Law Review*, No. 1, 1945.

[③] Mark J. H., Carruthers N. E., "Property Values as a Measure of Ability-to-pay: An Empirical Examination", *The Annals of Regional Science*, Vol. 17, No. 2, 1983.

[④] Diamond P., Mirrlees J. A., "Optimal Taxation and Public Production II: Tax Rules", *The American Economic Review*, Vol. 61, No. 3, 1971.

并认为对消费征税可以获得更有效率和更加公平的税负分配,因此他最终主张对消费征税(即认为纳税人的消费更能体现其纳税能力)。① 本书认为,采用消费衡量纳税能力可以提高效率却并不公平,尤其是考虑到边际消费倾向递减时,经济状况差距明显的人可能有同样的消费能力,此时不符合税负横向公平。

(3) 选用收入衡量房地产税纳税能力。相较财富和消费,收入同时体现了纳税人的支付能力和真实经济状况,因此收入可以更好地衡量纳税能力。同时,因为财富来自收入积累,所以如果对纳税人获得的每一笔收入都征税,那么后续就没有必要再对财富征税,此时收入比财富更能衡量纳税能力,前提是纳税人所有来源的收入都应当包含在应税收入中。② 学者们在选用收入衡量房地产税纳税能力时,往往还会对收入这一代理变量进行细分。比如,学者们在时间维度上将收入进一步分为永久性收入与暂时性收入来衡量房地产税纳税能力。考虑到个体收入可能会因其不稳定性在长期内发生改变,Ihlanfeldt(1981)认为用永久性收入衡量房地产税纳税能力优于临时性收入。③ 但是,房地产税是一项需要周期性支付的居住成本,其税额支付能力倾向于暂时性指标。因此,本书认为采用动态调整的收入衡量个体纳税能力更适合实际税收过程,而采用永久性收入作为代理变量的研究倾向税制顶层设计研究。也有学者缩小了收入涵盖的范围,由广义的家庭收入缩小为净收入。Trotman 和 Dickenson(1996)提出的净收入衡量方式为以居民收入减去基本生活支出来衡量纳税能力。④ 由于净收入的衡量方式考虑了家庭规模等更多其他影响纳税能力的因素,⑤ 因此净收入对于个体家庭支付能力的衡量更加直接。本

---

① Andrews D. W., "A Consumption-Type or Cash Flow Personal Income Tax", *Harvard Law Review*, Vol. 87, No. 6, 1974.

② Musgrave R. A., Musgrave P. B., *Public Finance in Theory and Practice*, New York: McGraw-Hill Book Company, 1989.

③ Ihlanfeldt K. R., "An Empirical Investigation of Alternative Approaches to Estimating the Equilibrium Demand for Housing", *Journal of Urban Economics*, Vol. 9, No. 1, 1981.

④ Trotman-Dickenson D. I., *Taxable Capacity, Incidence of Taxation and the Tax Burden*, Economics of the Public Sector, Macmillan Education UK, 1996.

⑤ McCluskey W. J., Cornia G. C., Walters L. C., *A Primer on Property Tax: Administration and Policy*, 2013.

书认为，用净收入衡量纳税能力与 Stone 提倡采用剩余收入法衡量住房负担能力有异曲同工之妙，因为两者都考虑了机会成本。①② 同时，Stone 延续"低成本预算标准""家庭预算标准"等对家庭基本预算标准的界定，提出并总结了"贫困标准"的概念。③④⑤⑥ 本书认为，今后研究房地产税纳税能力的衡量时可以考虑借鉴已有关于住房负担能力的研究成果，从而发展用剩余收入法来衡量房地产税纳税能力的研究。这一研究的关键在于确定收入和家庭预算标准，且相较于确定收入，预算标准是更加复杂的方面，因为"标准"通常是在社会层面定义的，每个家庭会自己定义其将多少比例的收入分配给基本生活支出是合理的。

二 中国房地产税纳税能力现状

纳税能力是纳税人税负承受能力的体现，因此，本节首先梳理了中国房地产税税负的相关研究，发现国内学者对中国房地产税的预计税负早有关注。而后，本节对房地产税纳税能力的测算及其异质性研究进行了归纳分析。

（1）房地产税预计税负的研究

目前中国学者关于房地产税预计税负研究的主要差异在于计算层面。有的学者计算了国家层面的房地产税预计税负，如吴旭东和田芳（2015）认为拥有房产的情况、房产的使用情况以及获得其他流量收入的情况会

---

① Hancock（1993）分析了英国格拉斯哥市住房负担能力，比较不同的负担能力的定义和计算方式，认为分析负担能力（affordability）不能脱离机会成本。因为个人很可能放弃很大部分的食物、医疗、交通等基本生活支出用于住房成本，福利受损但仍被认为具有负担能力。那么，类比住房成本，房地产税也可能引起机会成本。

② Stone M. E., "What Is Housing Affordability? The Case for the Residual Income Approach", *Housing Policy Debate*, Vol. 17, No. 1, 2006b.

③ Stone M. E., *Shelter Poverty: New Ideas on Housing Affordability*, Philadelphia: Temple University Press, 1993.

④ Stone M. E., *Housing Affordability: One-third of a Nation Shelter-poor*, Philadelphia: Temple University Press, 2006a.

⑤ Bradshaw J., Mitchell D., Morgan J., "Evaluating Adequacy: the Potential of Budget Standards", *Journal of Social Policy*, Vol. 16, No. 2, 1987.

⑥ Piachaud D., "Problems in the Definition and Measurement of Poverty", *Journal of Social Policy*, Vol. 16, No. 2, 1987.

影响居民的负税能力。他们结合国际房地产税税负通常维持在2.5%—5%的实践经验以及当时中国和世界的GDP平均水平之比,通过测算认为中国的房地产税负应该在1.61%—3.22%。① 也有学者在省级层面计算房地产税预计税负,如刘霞和姚玲珍(2016)基于2013年上海统计年鉴计算得到居民平均收入和当年的住房价格均值,在此基础上测算了不同人均居住面积和免税面积下居民的理论平均税负,结果表明纳税家庭的税负较重,大部分家庭的税负超过美国人均税负3%的标准。② 还有的学者注意到代表性国家的房地产税税负水平对中国的参考意义,如庞凤喜和杨雪(2018)采用实纳房地产税总额占一国或地区居民总收入的比值来衡量一个国家或地区房地产税税负的平均水平,测算并比较了美国、日本和韩国这三个代表性国家的房地产税税负,并在此基础上对中国人均房地产税税负的确定提出了建议。③ 可以看到,中国目前关于房地产税税负的研究主要利用了国家或地区层面的数据计算人均房地产税税负,这样的计算方式可以简便地预计地区整体的房地产税税负状况,同时可以让不同国家或地区的人均房地产税税负具有可比性。然而,国家或地区层面的房地产税税负无法体现地区内部不同群体或单个家庭的税负,这也从侧面印证了中国学者研究房地产税纳税能力及其异质性的必要性。

(2)房地产税纳税能力测算和异质性研究

关于房地产税纳税能力测算和异质性,中国学者对其进行了较为细致的研究。首先,一些学者比较了中国不同群体的纳税能力及其异质性,如张平(2016)运用微观调查数据测算全国不同地区家庭的房地产税缴纳能力,并进一步根据区域、住房类型、拥有套数、购房贷款和社会经济地位等因素将家庭分成若干类别,探究和验证了不同维度分组下房地产税缴纳能力的异质性。④ 然后,中国学者进一步聚焦在家庭层面,更准

---

① 吴旭东、田芳:《房产税改革与居民负税能力研究》,《东北财经大学学报》2015年第6期。
② 刘霞、姚玲珍:《房产税改革方案覆税范围、征税深度与居民税负——基于上海的数据分析》,《管理现代化》2016年第36期。
③ 庞凤喜、杨雪:《个人住房房地产税税负的衡量与比较》,《税务研究》2018年第9期。
④ 张平、侯一麟:《房地产税的纳税能力、税负分布及再分配效应》,《经济研究》2016年第51期。

确地了解了家庭房地产税纳税能力，如刘金东等（2019）基于中国 30 个省份的 130 个城市城镇家庭的调研数据研究了房地产税的纳税能力问题，结果发现受中国偏高的房价收入比影响，各种模拟征收方案下中国居民房地产税纳税能力不足的问题始终存在。此外，他们也表明尽管房地产税无法决定房价的长期走势，但在推出之后纳税能力问题可能会促使多套房持有者抛售房产，因此中国推行房地产税时需要考量如何规避纳税能力问题引起的房价短期波动风险。[1] 本书从以下两方面对上述研究进行述评：第一，从研究贡献角度而言，中国学者对房地产纳税能力测算和异质性的研究着眼于单个家庭层面的税负承受能力，从而更深入具体地展示了中国家庭房地产税纳税能力现状。这不仅补充了仅关注国家或地区层面人均房地产税负的现有研究，还体现了中国学者不断深入房地产税研究的决心。第二，从研究结论角度而言，上述研究结果说明在房地产税全面实施后中国居民的纳税能力不足问题始终无法避免，因此中国的房地产税改革必然需要考虑纳税能力。同时，现有研究也表明不同地区纳税能力存在巨大差异，这与中国当前地区发展不平衡的现状相吻合，而地区房地产税纳税能力的异质性也表明中国房地产税更适宜作为地方税。

第二节　房地产税的税负归宿研究

纳税能力体现了纳税人的税负承受度，因而房地产税的税负归宿是与纳税能力密切相关的话题。历经了半个多世纪的研究和讨论，房地产税的税负归宿依旧没有定论。[2][3] 本节将整理房地产税税负归宿的相关研究，并按历史演进的顺序将该领域研究分为两个部分：第一部分归纳相

---

[1]　刘金东、高凤勤、陶然：《房地产税的支付意愿与纳税能力分析——基于 130 个城市的家庭调查》，《税务研究》2019 年第 8 期。

[2]　尽管房地产税税负归宿尚未定论，但这并不妨碍许多国家要进行房地产税改革的决心。本书援引 Bernard Salanie《税收经济学》中的观点："从政治观点上来看，归宿不透明的赋税是比较好的，因为如果模糊到一定程度，那么广泛的抗议就会消散。"

[3]　伯纳德·萨拉尼：《税收经济学》，陈新平、王瑞泽、陈宝明、周宗华译，中国人民大学出版社 2005 年版。

对早期的文献，展示关于房地产税税负归宿问题的三种理论——消费税观点、受益税观点和资本税观点；第二部分梳理相对后期的文献，探讨三种税负归宿理论观点之间的联系与区别，并结合文献对不同的观点进行分析。

一 房地产税税负归宿的观点

（一）消费税观点

房地产税的消费税观点认为房地产税会成为纳税人支付的房地产价格一部分。Simon（1943）最早提出了房地产税消费税观点，而此观点的代表人物是 Netzer（1966），二人采用局部均衡的方法分析房地产税的税负归宿。他们认为在开放经济的假设条件下，地方间产品、资本和要素会充分流动，而全国资本收益固定，所以房地产税会形成更高的房价且最终税负由房屋消费者即房主承担。[①②③]

（二）受益税观点

房地产税受益税观点认为房地产税是个体使用地方政府提供的公共产品而自愿缴纳的费用。该观点的理论渊源是 Tiebout（1956）提出的关于公共支出决定的理论，即"用脚投票"学说。但是，Tiebout 直接假定人头税形式的福利税，并未考虑地方房地产税。[④] 后来，该观点的主要贡献者之一 Hamilton（1975；1976a）开始将房地产税修正为人头税并运用于 Tiebout 模型的分析框架，先后验证了一个给定社区的房屋价值无论是同质性还是异质性，房地产税都将发挥受益税的作用。这是由于一方面，长期均衡使得社区总可以得到同质的房屋价值，个体将支付同样的房地产税，房地产税表现为受益税；另一方面，异质性房屋价值的情况下，

---

① 通常需要将建筑物与土地区分讨论。对于出租房屋，土地承担的税负由房屋所有者承担，而建筑物承担的税负由租户承担。

② Simon H. A., "The Incidence of a Tax on Urban Real Property", *The Quarterly Journal of Economics*, Vol. 57, No. 3, 1943.

③ Netzer D., *Economics of the Property Tax*, The Brookings Institution, 1966.

④ Tiebout C. M., "A Pure Theory of Local Expenditures", *Journal of Political Economy*, Vol. 64, No. 5, 1956.

"完全资本化"（perfect capitalization）将使房地产税转变为受益税。①② 此外，Hamilton 的研究始终运用一个重要的假定——分区制约束（binding zoning constraint）。分区制下个体总是可以依据自身偏好、以最小的成本选择社区和房屋，而严格的社区划分可以排除搭便车者，从而公共经济转变为准市场，财产税可以解释为公共产品的价格（Hamilton，1976b）。③ 由此可见，受益税观点认为在一个税收辖区内，房价高的地段通常有更好的公共服务和产品，而房地产税的"税收资本化"表现为那些因高房价而支付更多房地产税的家庭同样也获得了更好的公共服务和产品，此时房地产税将不具有扭曲性，没有再分配效应。

房地产税税负归宿研究的另一个主要贡献者 Fischel（1987；1992）致力于分区制条例研究，并以此为基础验证房地产税受益税观点。④⑤ Fischel（2001）借鉴公司金融结构建立了地方政治模型——家庭选民模型（homeowner model），强调了地方（local）与州（state）或国家（nation）层面政治结构的差异，且这一模型表明地方房地产税是受益税。⑥ 本书认为，Fiscel 创新性开发了家庭选民模型，该模型认为地方政府更像是一个"企业"，这个"企业"会基于选民的需求进行成本支出决策，并且他开始意识到要在不同层面政府的背景下去讨论房地产税税负归宿。这一定程度上暗示了采用设置边界条件的方式去探究房地产税税负归宿可以降低房地产税税负归宿的不明晰性。

（三）资本税观点

房地产税资本税观点认为房地产税是从资本拥有者的税后收益中扣

---

① Hamilton B. W., "Zoning and Property Taxation in a System of Local Governments", *Urban Studies*, Vol. 12, No. 2, 1975.

② Hamilton B. W., "Capitalization of Intra Jurisdictional Differences in Local Tax Prices", *The American Economic Review*, Vol. 66, No. 5, 1976a.

③ Hamilton B. W., "The Effects of Property Taxes and Local Public Spending on Property Values: A Theoretical Comment", *Journal of Political Economy*, Vol. 84, No. 3, 1976b.

④ Fischel W. A., *The Economics of Zoning Laws: A Property Rights Approach to American Land Use Controls*, The Johns Hopkins University Press, 1987.

⑤ Fischel W. A., "Property Taxation and the Tiebout Model: Evidence for the Benefit View from Voting and Zoning", *Journal of Economic Literature*, Vol. 30, No. 1, 1992.

⑥ Fischel W. A., "Homevoters, Municipal Corporate Governance, and the Benefit View of the Property Tax", *National Tax Journal*, Vol. 54, No. 1, 2001.

除的，应由资本所有者承担。该观点最早由 *Mieszkowski*（1972）提出，[①]后来 Zodrow 和 Mieszkowski（1983，1986）对该观点进行了扩展。[②③] 资本税观点认为房地产税会产生"利润税效应"和"消费税效应"两种效应。首先，在全国层面上资本存量固定的情况下，房地产税平均税负完全由资本所有者承担；同时，地区房地产税差异会导致全国范围内地区资本错配，导致对资本使用的扭曲性税收，此即"利润税效应"。其次，房地产税会引致地区内商品和不可移动要素价格的变化，如房地产税增加会引起住房和商品价格上升以及工资和土地价格下降，此即"消费税效应"。在全国层面上，这些"消费税效应"可以互相抵消，而"利润税效应"是该观点下影响税负分布的主要因素。

二 房地产税税负归宿观点的联系与区别

虽然关于房地产税的税负归宿至今没有明确的结论，但是三种税负观点并不是完全对立的。Zodrow（2001）综合评析了三种观点之间的联系：首先，资本税观点是消费税观点的延伸。传统的消费税观点分析了资本税观点的消费税效应（excise tax effect），但却忽略了房地产税作为利得税产生的影响，因此可以认为消费税观点是资本税观点的一部分，而房地产税税负归宿的争论也主要变为受益税观点和资本税观点的竞争。其次，Zodrow 指出即使房地产税是资本税，地方政府对房地产税的使用方式还是表现出了房地产税作为受益税的特征，即地方政府获得的房地产税收入最终总是用于提供地方公共服务。最后，他总结了两种观点的差异——资本税观点下房地产税表现出扭曲性和累进性，而受益税观点下房地产税不具有扭曲性，也没有再分配效应，两种观点之间存在根本差异却又非常相似，以至于在实证中难以区分。[④] 上述归纳分析表明，早

---

① Mieszkowski P. "The Property Tax: an Excise Tax or a Profits tax?", *Journal of Public Economics*, Vol. 1, No. 1, 1972.

② Zodrow G. R., Mieszkowski P., *The Incidence of the Property Tax*, *The Benefit View vs. the New View*, New York: Academic Press, 1983.

③ Zodrow G. R., Mieszkowski P., "Pigou, Tiebout, Property Taxation and the Under-provision of Local Public Goods", *Journal of Urban Economics*, Vol. 19, No. 3, 1986.

④ Zodrow G. R., "The Property Tax as a Capital Tax: A Room with Three Views", *National Tax Journal*, Vol. 54, No. 1, 2001b.

期学者利用局部均衡分析手段得出的房地产税消费税观点是资本税观点的一个部分,因此房地产税税负观实际仅包括受益税和资本税两个观点。但是,这两个税负观点具有本质上的差异,表现为判断税负观的关键在于房地产税是否具有再分配效应。

后来,Zodrow(2014)尝试分析受益税观点的衍生理论——辖区内部"税收资本化"。他采用局部一般均衡模型并设定严格的受益税观点假设,结果发现当提高税率用于新的公共支出时,社区内部不同居民的房屋价值不同,其支付的税价(包括实际缴税和资本化效应)与其获得服务的价值之间的差异也不同。当他调整模型以适用资本税观点,发现两种观点假设下的结论一致,因此辖区内部税收资本化并不总能区分两种观点。[1] 此外,受益税观点代表人物 Oates 和 Fischel(2016)指出应当尝试将两种观点融合,可在模型中同时引入两种观点的要素并设定每一种观点都与税收辖区的特定背景相关联,从而以更广阔的视角来估计房地产税的影响。[2] 研究结果表明,资本税观点适用于相对欠发达地区,而受益税观点适用于相对更发达的地区。经过上述分析,本书发现后期两种观点的代表人物在进行房地产税税负观的研究时开始探索两种税负观点各自的适用场景,而这种转变对于制定税收政策具有实际意义,也符合当前关于竞争性理论的研究范式。

此外,受益税观点和资本税观点还衍生出判断房地产税制公平的两种原则——受益原则和纳税能力原则。受益原则认为房地产税是政府对居民使用公共服务的收费,且在一个税收辖区内这种收费是无差异的;而纳税能力原则认为应当根据居民的经济状况征收房地产税,由于经济状况更好的居民支付能力更强,因此这类居民应当承担更多的税负。同样地,两种原则的差异在于是否关注税制调节收入分配的作用。本书认为,在设计房地产税制时选择税负归宿观点假设时应结合具体需求。中国地区发展程度差异较大,不同地区对于房地产税功能的定位也有差异。

---

[1] Zodrow G. R., "Intra Jurisdictional Capitalization and the Incidence of the Property Tax", *Regional Science and Urban Economics*, Vol. 45, 2014.

[2] Oates W. E., Fischel W. A., "Are Local Property Taxes Regressive, Progressive, or What?", *National Tax Journal*, Vol. 69, No. 2, 2016.

对于各方面发展水平均较高的东部地区，税制设计可以选择相对突出房地产税的受益税特征，从而更多地发挥房地产税筹集地方财政收入的功能。而对于发展程度相对落后的西部地区，房地产税的开征可能会导致相对更多的家庭产生纳税支付能力问题，此时税制设计可以相对突出资本税特征，重视发挥房地产税的再分配作用。

第三节 房地产税的税率设计研究

房地产税的税率水平与居民房地产税纳税能力息息相关，是税制设计必须考虑的因素之一。由于中国当前处于房地产税改革的推进阶段，因此国内学者更加侧重于研究税率形式的选择和税率水平的测算。另外，由于近期涉及房地产税税率的国外研究相对较少，因此本节仅对国内的现有研究成果进行梳理分析。

一些学者研究中国房地产税的税率设计是出于对居民房地产税纳税能力的考量。如张平等（2016）认为中国房地产税税率水平应当平均为0.5%最好，但是中国明显的地区差异决定了房地产税制需要考虑地方特征。他们将每个省份的纳税能力指数设定约为全国的平均水平，初步计算了各省可行的房地产税有效税率。计算结果表明，纳税能力指数低的省份，由于房地产价值高，其可行的有效税率应该较低。①白彦锋和贾思宇（2019）则从不同角度分析了影响纳税人税款支付能力的因素。由于房地产税负对于高收入者而言完全可以承担，对于低收入者税负测量不具有实践意义，因此作者采用北京市2010—2017年城镇居民中等收入家庭的数据来测算适当税负范围内的房地产税率，研究结果表明家庭税负为2.5%—5%时，房地产税税率为0.23%—0.46%。②还有一些学者从其他视角对房地产税的税率设计进行了探讨。如何杨和林子琨（2018）以促进地方公共服务均等化为出发点，采用"以支定收"的方法通过全

---

① 张平、侯一麟：《房地产税的纳税能力、税负分布及再分配效应》，《经济研究》2016年第51期。

② 白彦锋、贾思宇：《基于纳税人纳税能力视角的房地产税率测算——以北京市为例》，《税收经济研究》2019年第24期。

国县级市数据测算了全国各个省份的房地产税税率，指出各个省份的税率均值范围应在 0.25%—1.76%，且不同经济发展水平的地区税率有所不同；① 而郭哲等（2019）则从公平角度出发研究了房地产税的税率选择问题，认为房地产税税率形式选择超额累进税率更为合适，税率水平在 0.17%—1.05% 比较合理。②

从上述分析可以看出，当前国内学者在研究中国房地产税的税率设计时主要有三种不同的出发点：第一，以居民税收负担适中为出发点；第二，以稳定地方财政收入、发挥提供公共服务支出职能为出发点；第三，以保证税负可承受性并进一步保证税负公平为出发点。本书认为，居民纳税能力始终是中国在设计房地产税制时应当考虑的重要因素。房地产税的税率设置应当充分考虑个体的纳税能力，从而避免使个体承受过重的税收负担，甚至影响其基本生活。

第四节　房地产税的减免政策研究

税收优惠与减免是解决中国居民家庭房地产税纳税能力不足的一项直接手段。本节将从三个方面归纳分析房地产税减免的文献，包括房地产税减免的目的、房地产税减免政策的评估以及房地产税减免方案的选择。其中，第一部分梳理了关于房地产税减免目的的不同观点，展示了房地产税减免政策的作用；第二部分关注了已有房地产税减免政策的效应，分析了有关房地产税减免政策的实践效果的研究；第三部分则重点关注了近期中国关于房地产税减免方案选择的研究。

一　房地产税减免的目的

不同学者对于房地产税减免计划的推出目的有不同的观点。有的学者认为减免计划是为了削弱纳税个体的抗税情绪，因为在美国房地产税

---

① 何杨、林子琨：《基于公共服务均等化目标的房地产税税率研究》，《税务研究》2018 年第 5 期。

② 郭哲、费茂清、石坚：《中国房地产税改革中的税率选择——基于公平视角》，《税务研究》2019 年第 4 期。

是广泛不受欢迎的税,而美国各州推出的税收减免政策(尤其是针对住房房主的减免政策)正是对居民反对房地产税的回应;① 也有学者认为房地产税发挥调节财富分配职能的关键在于减免制度,② 若缺乏有效的减免制度设计,房地产税不仅无法成为调节社会财富的工具,还会产生累退效应,最终导致贫富差距不断加大;③ 还有学者认为税收减免是为了维持政府财政收入,如 Campbell(1974)认为大多数税收减免计划实际上似乎都是出于维持收入目的的税收结构而采用的福利计划。④ 本书认为,不论是出于何种目的推出房地产税减免政策,都不可否认减免政策能够缓解部分纳税人纳税支付能力不足的问题,因为税收减免政策是直面个体纳税能力及其异质性的税制要素,它会最直接地作用于个体纳税能力。

二 房地产税减免的政策评估

在房地产税的相关政策实践中,房地产税减免政策并非总是可以改善纳税人的经济状况或纳税能力。范子英和刘甲炎(2015)利用2011年房产税试点政策作为自然实验估计了房产税对房价的影响并进而估计了房价对试点城市的居民储蓄率的影响,发现由于试点政策对不同类型的住房设定了不同的免税方案,导致在试点城市大面积住房价格下降的同时小面积住房的价格反而出现上升。这种结构效应对不同收入群体的储蓄行为产生了不同的影响,如低收入群体会通过压缩衣着和交通通信支出,从而提高自身的储蓄率水平。⑤ 本书认为,上述现象产生的原因有两个方面:一方面在于中国居民的住房情结,不论居民处于哪一收入阶层、购买住房用于何种用途(投资或居住),中国居民总是更偏好持有房产。

---

① Cabral M., Hoxby C., *The Hated Property Tax: Salience, Tax Rates, and Tax Revolts*, National Bureau of Economic Research, 2012.

② Bowman J. H., "Property Tax Circuit Breakers in 2007: Features, Use, and Policy Issues", *Working Paper WP08JB1*, Lincoln Institute of Land Policy, 2008.

③ Lyons K., Farkas S., Johnson N., *The Property Tax Circuit Breaker: An Introduction and Survey of Current Programs*, Washington, D. C.: Center on Budget and Policy Priorities, 2007.

④ Campbell J. G., "Property Tax Relief Reappraised", *Tax Lawyer*, Vol. 27, No. 2, 1974.

⑤ 范子英、刘甲炎:《为买房而储蓄——兼论房产税改革的收入分配效应》,《管理世界》2015年第5期。

由于低收入群体可选择的住房类型有限，因此他们愿意为了买房而放弃其他消费，最终为房产税减免政策导致的小面积房溢价付费。另一方面，沪渝房产税试点的减免政策是根据房地产特征设置的减免，并没有直接考虑纳税人的经济状况。这种没有直接根据纳税人经济状况给予减免的政策使得纳税人的经济状况不论优势或劣势都可以获得同等减免的机会，但在商品市场上那些经济状况处于优势地位的纳税人却有更多的机会。因此，这种政策下依然存在的群体间机会的不对等会导致经济地位处于劣势的群体承担大部分税收政策导致的社会福利损失。

然而，即使房地产税减免政策相对直接地考虑了纳税人的经济状况，政策结果仍然可能与预期不符。Moulton 等（2018）考察了有针对性的财产税减免中真正的受益者，他们以 2010 年弗吉尼亚州选举日通过的针对老年人和退伍军人的房地产税减税措施作为政策冲击，发现针对特定群体的税收减免导致该群体的房地产需求量急剧上升，进而导致房价上涨，说明此类政策虽然为当前房主提供了直接的收益，却抵消了目标群体中后续房主的收益。[①] 本书认为有效的减免政策应当符合纳税能力原则，即经济状况越差、收入越低的纳税人通过减免政策缴纳的房地产税越少。所以，理想的方法是基于每个纳税人的经济状况给予税收减免，但这样会极大地损失效率；折中的办法是对特定群体实施减免，即对老年人、残疾人等群体给予房地产税减免。但是，针对特殊群体的税收减免政策同样容易引起纳税人行为改变，并且目标受益群体的纳税能力改善程度存在异质性，可能导致特定群体中的有些纳税人享受到了更高比例的房地产税减免收益，而有些纳税人实际并未享受到该项减免政策的收益。因此，房地产税减免政策的制定需要在更精细地划分出减免受益群体（极端情况是了解每个纳税人经济状况并计算其对应的房地产税减免受益）和税收效率之间权衡。

三 中国房地产税减免的方案选择

近年来，中国学者也基于纳税能力的考量进行了房地产税减免方案

---

① Moulton J. G., Waller B. D., Wentland S. A., "Who Benefits from Targeted Property Tax Relief? Evidence from Virginia Elections", *Journal of Policy Analysis & Management*, Vol. 37, No. 2, 2018.

选择的研究。景明禹等（2017）基于再分配效应和家庭支付能力两个视角，对比分析了人均面积扣减、家庭面积扣减、首套房免税三种征税方案，发现扣减面积方式的再分配效应最大值依然低于首套房免税方案。当进一步结合单套房家庭的税款支付能力研究时，他们发现人均扣减面积和家庭扣减面积两种减免方案在各种征收设计下都存在无法支付房地产税的家庭，而首套房免税则能直接保证单套房家庭的基本住房需求，因此，他们认为首套房免税的征收方案是未来中国开征房地产税的最优选择。[①] 刘金东和孔培嘉（2018）也与景明禹等持相同观点，他们引入税款贴现方法模拟测算在人均面积扣减、家庭面积扣减、首套房免税和人均价值减免四种不同减免方案下的房地产税累进程度，同样认为未来房地产税改革应当优先选择首套房免税方案。[②] 然而，本书认为首套房免税方案存在不合理之处。一方面，首套房免税会将大部分应税房地产排除在房地产税征税范围之外，不利于调节财富分配；另一方面，首套房免税可能会产生"假离婚"等违反社会道德的行为以及增加资产"代持"带来的法律纠纷等问题。因此，在任何时候精准识别存在纳税支付能力问题的家庭并采取针对性减免政策改善目标群体福利，是更优的选择。

此外，在当前关于中国房地产税减免方案选择的研究中，也有部分学者强调房地产税减免应以调节收入分配、保证税制公平为目标。如尹音频和金强（2019）使用阿玛蒂亚·森的社会福利函数模，模拟了家庭面积免征、人均面积免征、首套房免征三种免征模式的社会福利效应并进行了对比分析，研究结果显示，若房地产税制的设计以社会福利最大化为目标则人均面积免征模式是最优选择；[③] 又如蒋云赟等（2017）基于基尼系数构建了一个简化的理论模型，结果发现房产税的税率超过1%、户均免征面积为40平方米时房产税缩小收入差距的效果最大；同时考虑到免征额设置过低会造成房产扩围难度加大，因此户均免征面积也不能

---

① 景明禹、高凤勤、刘金东：《房地产税不同征收方案的对比研究——基于再分配效应与家庭支付能力视角》，《公共财政研究》2017年第4期。

② 刘金东、孔培嘉：《房产税如何征收才能更公平——基于四种征收方案的对比视角》，《南方经济》2018年第3期。

③ 尹音频、金强：《房地产税免征模式：社会福利效应的测度与比较》，《税务研究》2019年第4期。

超过150平方米，否则房产税就无法起到缩小收入差距的作用。① 岳树民等（2019）则综合比较了不同免税扣除方式下房地产税的公平效应、财政收入效应和供求效应，发现单一的扣除方式各有优劣，而"面积 + 价值"的复合扣除方式是比较适合中国目前国情的一种选择。② 本书认为，税收减免的初衷是通过改善个体纳税能力以提高税制公平性，因此税收减免的设计应更直接地结合纳税人支付能力，因此更加合理的方式是基于房地产税纳税能力的异质性设置房地产税减免政策，从而使税收减免落实到真正需要的纳税人，进而同时改善居民纳税能力和社会收入分配。

第五节　房地产税纳税遵从的研究

房地产税征收环节的重要性在于提高征收率有益于保证房地产税发挥其应有的作用，如筹集地方财政收入、调节收入分配等。提高房地产税征收率与纳税人的纳税遵从（tax compliance）度息息相关，而纳税遵从又受多方面因素影响。首先是纳税人的纳税能力对其纳税遵从行为的影响。当纳税人面临支付困难时，其纳税拖欠（tax delinquency）的可能性上升，纳税遵从度相应下降。其次，有限的税收执法、房地产税的不公平感、政府没有提供好的服务等其他因素也会导致房地产税的纳税遵从度下降。③ 因此，本节将依次归纳分析有关房地产税的税收感知度、纳税遵从以及纳税意愿的研究。

一　房地产税的税收感知度研究

房地产税是直接税，与增值税等间接税相比具有很强的税收凸显性，纳税人对这一税种的税收感知度也很强。Chetty 等（2009）、Chetty 和 Saez（2013）通过研究发现税收凸显性（tax salience）会显著影响个体消

---

① 蒋云赟、郑海涛、刘子琪：《基于公平视角的中国房产税免征额研究》，《经济与管理研究》2017年第38期。

② 岳树民、杨鹏展、徐从超：《居民住房房地产税免税扣除方式的效应分析——基于中国家庭收入调查数据的微观模拟》，《财贸经济》2019年第40期。

③ Alm J., Hodge T. R., Sands G., Skidmore M., "Detroit Property Tax Delinquency-Social Contract in Crisis", *Working Papers*, Vol. 14, No. 3, 2015.

费行为、个人所得税的纳税遵从行为,这一发现挑战了基于新古典主义经济学"理性经济人"假设得到的最优税制理论。①② 延续上述"税收凸显性"思路,Cabral 和 Hoxby(2012)利用美国税收代管的地理差异分析了房地产税的凸显性对房地产税税率的影响。他们发现,税收代管的房主具有更低的房地产税凸显感,从而推断出人们会低估甚至忽略不凸显的税收,厌恶和抵触凸显的税收,因此人们选择限制房地产税税率。③ 本书认为,房地产税相较于由企业直接代扣代缴的个人所得税以及直接包含在物品价格中而具有模糊性的消费税,更容易使纳税人感受到强烈的税额支出,具有很高的税收凸显性。

二 房地产税的纳税遵从研究

利用房地产税的高税收凸显性特征,学者们发展了提高房地产税纳税遵从度的研究。Castro 和 Scartascini(2015)基于税收凸显性理论设计了一项田野实验,在已有房地产税税制范围内,通过税收账单工具传递信息提高房地产税的税收凸显性,从而改善个体纳税遵从。他们发现,更新居民关于税收执法力度(威慑)、社会纳税风尚(同伴效应)与公共产品提供效率的观念(个体与政府互惠认知)能够有效减少居民对房产税的抵制情绪,从而提高纳税遵从水平。其中,执法和罚金等威慑信息对个体纳税遵从度具有明显的提升作用。④ 之后,Chirico 等(2017)更加具体地设置了不同内容的税收执法推送信息并对比其效果,试图寻找改善美国几乎所有城市都有的房地产税收拖延问题的低成本策略。他们发现,税收执行过程缺乏凸显性和缺乏威慑是造成税收拖延的两个主要因素,得到了与前人研究相似结果,即强调拒绝遵从将接受经济制裁的推

---

① Chetty R., Looney A., Kroft K., "Salience and taxation: Theory and evidence", *American Economic Review*, Vol. 99, No. 4, 2009.

② Chetty R., Saez E., "Teaching the Tax Code: Earnings Responses to an Experiment with EITC recipients", *American Economic Journal: Applied Economics*, Vol. 5, No. 1, 2013.

③ Cabral M., Hoxby C., *The Hated Property Tax: Salience, Tax Rates, and Tax Revolts*, National Bureau of Economic Research, 2012.

④ Castro L., Scartascini C., "Tax Compliance and Enforcement in the Pampasevidence from a Field Experiment", *Journal of Economic Behavior & Organization*, Vol. 116, 2015.

送信息最有效。①

上述分析表明，房地产税在税收支付时凸显性高（纳税人厌恶直接的税额支付），而在税收执法时凸显性低（纳税人对纳税执法的认知不足），因此需要区分不同的凸显性并针对性地进行税制设计。一方面，针对税收支付的高凸显性，可以采用房地产税收代管、分期付税等方式减弱房地产税支付感。税收代管即由第三方代理缴纳房地产税，分期付税则在时间维度上分摊了个体税收负担。另外，本书认为付税的形式还可以进一步参考信贷还款方式，结合纳税信用解决特殊时期现金流约束问题。比如，根据纳税信用等级给予个体一定的纳税延期利息优惠；或是提供不同的分期计划，甚至在社会信用（包括纳税信用）高度发展的情况下允许个体调整自身的纳税计划等。另一方面，针对税收执法的低凸显性，可以通过媒体宣传、税收账单等信息媒介增强税收征管威慑力，提高税收透明度，营造纳税遵从的社会氛围，最终提高房地产税的纳税遵从度。

在中国尚未全面开征保有环节房地产税的背景下，国内也有学者对房地产税的税收遵从问题进行了研究。如姚涛和欧阳玉倩（2019）通过网络问卷调查和实地问卷调查获得样本数据，首先识别出房地产税的公平感由横向公平、支出公平和行政公平3个维度组成，其次寻找不同维度公平感的影响因素，最后得出支出公平对税收遵从态度有显著的正向影响，而横向公平和行政公平对税收遵从态度没有显著影响的结论。② 但是，该项研究采用的问卷数据具有一定的局限性，因为问卷调查得到的税收遵从度量只能部分解释实际环境中可观察到的纳税人的纳税遵从行为，且与权威数据库相比，问卷调查获得的样本容易有数据质量问题。另外，国内也有学者从房地产税拖欠角度提出改善纳税遵从的方法。如李美云和康璇（2020）从明确欠税责任主体的相关研究出发，提出针对房地产税个人欠税责任的立法建议。他们认为房地产税立法尤其需要明

---

① Chirico M., Inman R., Loeffler C., *Procrastination and Property Tax Compliance: Evidence from a Field Experiment*, National Bureau of Economic Research, 2017.

② 姚涛、欧阳玉倩：《房地产税公平感：测量维度、影响因素及对税收遵从的影响》，《税收经济研究》2019年第24期。

确欠税责任的承担主体和追究机制,最终通过提升整体的税务管理水平来提高房地产税纳税人的纳税遵从度,降低执法成本及风险。[①] 本书认为,法制环境是影响纳税遵从行为的重要因素,因此在房地产税的税制设计中,中国需要改善整体税收法制环境,政府不应仅仅以征收房地产税为目标,还需注重纳税人的权益,从而提升社会整体纳税遵从度,提高房地产税的征收率。

三 房地产税的纳税意愿研究

纳税意愿(税收道德)表现为纳税个体主动支付税额的意愿,衡量的是个体态度;纳税遵从是指纳税个体依法履行纳税义务,即纳税合规性,衡量的是个体行为。尽管经验上认为税收道德一定程度上可以预测纳税遵从,但是广泛的科学文献证明两者存在较弱的一致性,实证研究也发现个人自我报告的税收道德无法预测实际的逃税选择,因为态度和行为并不一定等同。[②] Hyo Shin Young 和 Kyu Eon Jung(2019)从不同的角度分析房地产相关特征变量与税收道德之间的关系来了解纳税人意识,其研究结果表明纳税人的税收负担与其税收道德呈负相关,其他诸如居住环境、住房大小、所有权类型都会影响其纳税道德。[③] 当前国内也有学者开始关注房地产税的纳税意愿问题,如张平和侯一麟(2019)延续先前测算房地产税缴纳能力的方法思路构建了纳税意愿的测量指标,并使用微观调查数据,根据不同因素对不同地区和收入的居民房地产税纳税意愿进行了多维度比较,其研究结果证明了地区差异化税制设计的必要性,并提供了基于纳税意愿考量的税收减免设计思路。[④] 刘金东等(2019)也基于全国范围内城镇家庭的调研数据研究了房地产税的支付意愿与纳税能力问题,发现房地产税的支付意

[①] 李美云、康璇:《房地产税个人欠税责任制度研究》,《税务研究》2020年第3期。

[②] Guerra A., Harrington B., "Attitude-behavior Consistency in Tax Compliance: a Cross-national Comparison", *Journal of Economic Behavior & Organization*, Vol. 156, No. 12, 2018.

[③] Hyo Shin Young, Kyu Eon Jung, "The Effect of Housing Status and Property Tax on Tax Morale in Korea", *Journal of taxation and accounting*, Vol. 20, No. 2, 2019.

[④] 张平、侯一麟:《中国城镇居民的房地产税纳税意愿——基于不同减免方案的模拟分析》,《公共行政评论》2019年第12期。

愿受到年龄、住房套数和地方治理关系的显著影响,且相对较大面积住房持有者和高价房持有者,多套房持有者更为抗拒房地产税,中年家庭和地方治理关系融洽的家庭支付意愿更强。① 上述研究表明,房地产税纳税意愿与纳税能力的影响因素既有区别也有联系。本书认为,房地产税的纳税意愿在一定程度上可以反映居民对房地产税的接受程度,而在中国全国范围内推行房地产税之前,了解居民的纳税意愿有助于征税机关调整税政推行的方法和速度。因此,中国房地产税的税制设计可以在关注居民纳税能力的基础上,补充考量居民纳税意愿。

第六节 研究展望

针对以上文献归纳分析,本书对未来房地产税研究进行展望。

(1) 关注纳税个体反馈

一方面,需要协同经济学理论发展更新房地产税相关研究。行为经济学冲击了新古典主义经济学框架下的许多经济理论,包括最优税制理论。现有研究表明,个体具有"有限理性",其对于房地产税的认知态度、行为决策是税制设计时必须考虑的因素。虽然国内已有学者开始将行为经济学的部分理论用于房地产税税制研究,如有关房地产税的凸显性、纳税遵从、纳税意愿等的研究,但随着行为经济学、神经经济学等非传统经济学理论的发展和完善,未来有关房地产税的研究与实践也应当进一步结合这些理论进行更新和完善。另一方面,需要进行交叉学科研究。近年人工智能领域技术大爆发,并对许多学科产生了冲击。未来可以考虑结合人工智能领域内的不同技术来捕捉和分析房地产税纳税人的纳税相关行为及其异质性,进而更新税收理论。

(2) 税改过渡研究

通过梳理现有文献我们发现,即使是发达国家也没有完全实现房地产税税制公平,因此,中国房地产税改革任重而道远。房地产税改革的

---

① 刘金东、高凤勤、陶然:《房地产税的支付意愿与纳税能力分析——基于130个城市的家庭调查》,《税务研究》2019年第8期。

过渡涉及多方利益体，但当前研究鲜少关注房地产税改革的过渡。相对各项税制均相对成熟的发达经济体，处于转型经济体的中国在推进房地产税改革时更要谨慎，不仅应当研究房地产税税改过渡方式，如协调不同利益群体、确定推行方法，还应研究房地产税政策短期福利效果和长期福利效果的权衡。

（3）收入数据库研究

准确衡量房地产税纳税能力才能确保在此基础上改善特定纳税人群的福利。通过总结现有文献，本书认为中国宜采用动态调整的净收入衡量居民家庭的房地产税纳税能力。为此，中国需要研究建立完善的收入数据库以及合理的"家庭预算标准"。虽然近年来中国大力推进关于个人所得税的改革，但是收入数据库仍然存在缺陷，如部分人群获得巨额隐秘收入逃避税收。因此，中国需要深入研究收入数据库，并链接房地产税征收。另外，在完善收入数据库的基础上，"家庭预算标准"应致力于界定真正存在纳税能力问题的个体。中国的"家庭预算标准"可以与"贫困标准"相联系，但中国目前的贫困界定机制依然存在不合理之处。因此，中国需要不断完善前述收入数据基础建设和贫困标准界定的研究，从而保证中国具有正确衡量房地产税纳税能力的基础。

本章小结

本章首先梳理了房地产税纳税能力的理论方面的文献，包括房地产税纳税能力和税负归宿两个研究话题。针对房地产税纳税能力的研究，本书围绕两个研究问题展开文献梳理："如何衡量房地产税纳税能力"，以及"测量得出的房地产税纳税能力的结果和特征"。由于纳税能力和税负的紧密关联，本书系统梳理了房地产税税负归宿的研究，即本章第二节的内容。其次，考虑到纳税能力对税制设计的重要性，本章归纳分析了当前中国学者重点关注的房地产税税率设计、减免政策和征收涉及的纳税遵从这三个方面的研究。其中，房地产税税率设计的部分主要梳理了中国近期关于房地产税税率形式选择和税率水平测算的研究。而关于房地产税减免政策的研究相对丰富，因此本章将该部分研究分为三个方面归纳，包括房地产税减免目的的研究、评估已有房地产税减免政策的研究和中国对房地产税减免方案选择的研究。最后，关于房地产税纳税遵从的文献梳理，从近年学者关注的房地产税税收感知度的文献出发，归纳关于如何提高房地产税纳税遵从度的研究，并补充归纳了同样是近期学者关注的、并与纳税遵从关联的研究话题——房地产税纳税意愿的相关文献。

第三章

房地产税纳税人与征税对象的国际比较与政策启示

纳税人和征税对象作为房地产税制的基本要素，分别阐明了房地产税的课税主体和课税对象。房地产税纳税人和征税对象的确定是建立房地产税制的首要任务，也是在健全中国房地产税收体系过程中亟待解决的问题。本章通过对比分析美国、英国、德国、澳大利亚、日本、韩国六个国家房地产税纳税人与征税对象的相关规定，结合中国房地产税制的发展现状以及沪渝房产税改革试点的实际情况，为中国房地产税纳税人和征税对象的确定提供政策参考。

第一节 美国房地产税纳税人和征税对象

财产税是美国州政府和地方政府对法人或自然人在某一时点占有或可支配财产课征的税种，通常按照不动产（Real Property）和个人财产（Personal Property）分类征收。而房地产税是财产税的重要组成部分，也称作不动产税，是对土地和建筑物直接征收的财产税。美国是一个联邦制国家，实行联邦、州、地方（包括县、市及学区等）三级政府框架和财政分权体制，州政府在美国宪法的基础上享有独立的立法权力。对于地方税体系中的房地产税，美国各州可以根据各自的财政需要或实际情况制定相应的税收政策。

一　美国房地产税纳税人

美国在房地产保有环节征收房地产税，其纳税人为拥有土地和房产所有权的自然人或法人，即房地产所有人。当出现不存在法定意义的房地产所有人或不方便向房地产所有人直接征税的情况时，可以依法选择房地产的使用者或实际控制者作为纳税义务人。各州的具体规定存在差别，本节主要以加利福尼亚州和马里兰州为例进行分析。根据《加州税收法典》（California Revenue and Taxation Code）第107条规定，房地产税的纳税人为土地或建筑物的所有人或控制人。而在马里兰州，房地产税的纳税人为房地产的所有人、实际使用人或控制人，其中包括房地产的承租人（Lessee）、保管人（Custodian）及受托人（Consignee）。与加利福尼亚州的税法相比，马里兰州对房地产税纳税人的规定更加具体，考虑到土地或建筑物可能存在租赁、托管等情况，对房地产的实际使用人和控制人进行了进一步划分。对于纳税人的详细规定可以使得房地产税的征管过程更加便利，避免因对纳税人界定不清晰导致的偷税漏税行为。

由于美国房地产税的税收收入主要用于为居民提供公共服务、改善社区周边环境，因此将房产所有人、实际使用人或控制人作为房地产税的纳税义务人，能够很好地体现美国房地产税的受益性特征。此外，美国租房市场发展成熟，相关的法律体系也较为完善，有较多的人会选择租房居住。根据美国人口普查局（US Census Bureau）发布的报告显示，2019年美国住房自有率为65.1%，而超过1/3的人口会选择进行住房租赁。因此，为扩大纳税人范围，增加财政收入，美国也将房产的承租人纳入房地产税纳税义务人的范畴。

二 美国房地产税征税对象

美国房地产税以美国境内的土地、建筑物及地上附着物作为征税对象，不同的州有不同的法律规定。同样以加利福尼亚州为例，《加州税收法典》第104条规定，房地产税的征税对象包括土地，土地上的所有矿山、采石场、未提取的矿产、未割裂的植被和木材，以及土地上的所有建筑物、构筑物、固定装置和围墙；对于用于宗教、医疗、科研或慈善目的的房地产免征房地产税。马里兰州的州法则规定房地产税的征税对象为所有的土地和建筑物；联邦、州或地方政府拥有的房地产免征房地产税；宗教、慈善或教育机构拥有及使用的房地产同样免征房地产税。①

由于美国的土地是私人所有，而土地与其建筑物又紧密相连，因此美国将土地与房屋一并列为征税对象征收房地产税。而从税收征管的角度来看，对土地和地上建筑物统一征收房产税，可以避免对土地和建筑物进行两次评估，从而降低了税收成本。此外，美国对除公共、宗教、慈善等机构之外的房地产均征收房地产税，征税对象的范围较为宽广，是美国房地产税"宽税基"原则的重要表现之一，而"宽税基"的税收政策能够保障房地产税成为支撑地方政府财政的主要收入来源之一。

第二节 英国房地产税纳税人和征税对象

作为世界上最早开始征收房产税的国家之一，英国拥有比较完备和成熟的房产税制度。目前英国在房地产保有环节征收市政税（Council Tax）和营业房屋税（Business Rates）。前者为地方税，由地方政府统一征收；后者为中央税，由地方政府征收后根据"非住宅财产税保留计划"（Retained Income from Rate Retention Scheme）自留一部分，再将剩余部分上交中央政府。市政税和营业房屋税的开征既保证了英国政府的财政收入，又较好地实现了地区间的财富再分配。

一 英国房地产税纳税人

英国市政税又称住宅房产税（Domestic Rates），其纳税义务人为年满十八周岁的房屋所有者或承租者。② 对于市政税征收过程中可能出现的情况，英国政府制定了详细的纳税人确定顺序：若房屋为自己居住，纳税人为房屋居住者；若非自用房屋，则纳税人为房屋租赁者；若居住者非房屋租赁者，但是持有成文协议或者属于房客协会的成员，则该居住者为房屋的纳税义务人；持有居住许可的个人也负有纳税义务；以上情形之外的任何使用并居住该住宅的自然人都应承担纳税义务。此外，税法

---

① Maryland Department of Assessments and Taxation, "A Homeowner's Guide to Property Taxes and Assessment", https://dat.maryland.gov/realproperty/Pages/HomeOwners-Guide.aspx.

② UK Government, "Council Tax", www.gov.uk/council-tax.

还对一些特殊情况下的纳税义务人进行了规定：对于无人居住的房屋，由房屋所有者承担纳税义务；对于房屋所有权由多人拥有或房屋有多人居住的情况，由这些共同所有者或共同居住者一同承担纳税义务；对于居住在旅馆的人员以及居住在雇主家的家庭服务人员，不承担纳税义务。

从上述规定可以看出，英国市政税针对房屋实际居住者征收。这是因为市政税是一种具有受益性质的税。作为英国唯一的地方税，市政税的税收收入主要用于地方政府提供的公共服务。英国的房产除了部分高楼公寓外，多为独栋住宅，这些住宅周边环境和设施的维护，都是由地方政府承担的。因此，房屋实际居住者（不论其是房屋所有者还是承租者）都从政府提供的这种服务中受益，自然也有义务为享受的服务纳税）。

营业房屋税也称非住宅房产税（Non-domestic Rates），依据1988年《地方政府财政法》（*Local Government Finance Act* 1988）设定，也是英国针对不动产保有环节征收的税种。英国营业房屋税的纳税人为非居住房产（营业房产）的所有人，包括自然人和法人[1]。与市政税不同的是，营业房屋税的纳税义务优先归属于房产所有人。这种做法可以通过增加房产所有人的持有成本而在一定程度上抑制投资性购房需求。

二 英国房地产税征税对象

英国市政税的征税对象是居民的住宅，包括楼房、平房、公寓，也包括其他形式的可视为"住宅"的场所，例如活动板房、可用作住宅的船只等。但此处的"住宅"不包括以下几种情形：用于经营商业的不动产；用于工业的不动产；没有建筑物的空地；用于农业、牧业、林业的用地。

营业房屋税是对非住宅房产征税的税种，其征税对象包括商店、办公室、酒馆、仓库、工厂、度假屋或旅馆等。若房产所有人将建筑物或建筑物的一部分用于非住宅用途，则也需要缴纳营业房屋税。农产建筑、工地、渔场、宗教礼拜场所及为残疾人提供服务的特定房产免征营业房屋税。

---

[1] UK Government,"Business Rates",www.gov.uk/introduction-to-business-rates.

英国在房地产保有阶段对住宅和非住宅分设税种,并设定了不同的适用税率,为地方政府提供了一定的财政收入。根据英国地方政府财政统计数据,2017—2018 年度英国市政税总额为 276.41 亿英镑,占地方政府自筹收入的 41.6%,占地方总收入的 16.8%;营业房屋税保留计划总额为 151.62 亿英镑,占地方政府自筹收入的 22.8%,占地方总收入的 9.2%。[①] 可见,英国房地产税在地方财政收入中占据重要地位,市政税和营业房屋税作为地方收入的重要来源,能够为经济社会发展提供财力保障。

第三节 德国房地产税纳税人和征税对象

德国在房地产保有环节征收土地税 (Grundsteuer),部分城市还对纳税人拥有的第二套及以上房产征收第二套房产税。德国土地税最初仅对土地征税,后来逐步将房屋纳入征税范围,但仍沿用土地税这一名称。德国土地税征管由州政府和市政府共同承担,州政府负责根据联邦法律确定计税依据及计税价值评估,市政府负责根据当地情况制定征收比率和税款征收。土地税的收入归市政府所有,不与联邦或州分享。土地税在德国地方财政体系中的作用类似于美国等其他国家的财产税,是地方财政收入的重要组成部分。

一 德国房地产税纳税人

德国土地税的法律依据是 1973 年德国联邦政府颁布的《联邦土地税法》(*Bundes grundsteuer gesetz*) 及其修正案。税法规定土地税的纳税义务人为房地产的所有者或使用者。德国土地税收入主要用于市政服务,包括基础设施的建设和管理等,因此土地税的纳税义务人除了房地产所有人之外,也包括享受基础设施和公共服务的房地产使用者,这也体现了

[①] Ministry of Housing, Communities and Local Government, "Local Government Financial Statistics England No. 29 2019", https://assets.publishing.service.gov.uk/government/uploads/system/uploads/attachment_data/file/814118/Local_government_financial_stats_number_29_2019_Web_Accessible.pdf.

土地税作为一种地方财产税，具有受益税的性质。

德国第二套房产税的开征最早源于博登湖北岸的于柏林根市。博登湖是德国著名的旅游胜地，许多居民在其周边的市镇购买房产供度假使用，因此也增加了当地政府用于基础设施建设和管理的成本。此外，这些主要用于度假的第二套房产在大多时间处于空置状态，使得政府提供的公共设施与服务长期闲置，造成了一定的资源浪费。于柏林根市最早征收第二套房产税的目的是对这类政府开支进行补偿，随后该税种开始在德国其他市镇征收。第二套房产税的纳税人为拥有第二套及以上房产的个人，对于出租的房产，由承租人或实际使用人缴纳税款。若房产被多人承租或使用，则这些人共同负有纳税义务。第二套房产税纳税人的设定也体现了其开征的初衷，房产的使用者或使用者享受了政府为其提供的基础设施和公共服务，根据受益原则，他们应该缴纳一定的税款，承担一部分的公共服务成本，从而为当地政府提高公共服务和社会福利提供资金支持。

二　德国房地产税征税对象

德国土地税的征税对象是德国境内的土地及建筑物。德国《民法大典》（*Bürgerliches Gesetzbuch*）第 94 条规定，土地上的房屋建筑是土地的组成部分，房屋建筑从属于土地，为土地所有权的拥有者所有。德国土地税分为 A、B 两类，土地税 A 对农业用地和森林征收，包括从事农业或林业活动所涉及的土地、建筑物、机械和牲畜。土地税 B 对房地产征收，包括建筑物及其附属设施，但不包括机械等固定资产。两类土地税课税价值的计算方法不同，适用不同的税率。公共土地（如公园、墓地）、联邦铁路、教堂、医院、科研教育机构以及军用设施和市政公司等享有土地税豁免。德国土地税征税对象的设定说明了对农业用地和非农业用地不同的征税力度，体现了德国土地税因地制宜的征管模式，也展现了德国财税政策的灵活性。

德国第二套房产税的征税对象为纳税人拥有的第二套房产，具体指根据房产登记法规登记的除第一套房产之外的一套或多套房产。可以看出，第二套房产税不仅是对居民财产征税，也是对居民消费支出征税，这是由于第二套及以上房产已经超出了居民的基本生活需求，是一种

"奢侈消费"。因此，对第二套及以上房产课税符合量能课税的原则，且能在一定程度上起到调节居民收入分配的作用。

第四节 澳大利亚房地产税纳税人和征税对象

澳大利亚对房地产征收的主要税种为土地税（Land Tax），土地税是根据1936年《土地税法》（*Land Tax Act* 1936）和2010年《土地税条例》（*Land Tax Regulation* 2010）征收的州税。土地税是州政府税收收入的重要组成部分，用于提供医疗服务、教育、警务、社区福利以及其他不直接收费的服务。

一 澳大利亚房地产税纳税人

澳大利亚作为一个联邦制国家，实行联邦、州、市三级政府体制，联邦和各州政府拥有立法权。因此，澳大利亚各州都有自己的土地税法案，各州土地税的税制要素也略有区别。以维多利亚州为例，土地税的纳税人为土地的所有者，可以是个人、公司或受托人，包括土地永久所有者、王室土地承租人、持有土地使用权许可证的人、终身承租人、某些信托的受益人或单位持有人，以及买卖双方土地出售协议中的土地所有者。[1] 昆士兰州则规定土地税纳税人是在自然资源、矿产及能源部（Department of Natural Resources, Mines and Energy）注册为所有者的个人或公司，此外还包括拥有土地合法权利以及有权利从土地获得租金和利润的个人。[2] 对比两个州的规定可以发现，维多利亚州在土地税纳税人的规定上更加详细，将所有可能出现情况下的纳税人都考虑在内；而昆士兰州则是将官方登记的土地所有者作为纳税人，在土地税的实际征管操作上会更加便利高效。

不同于前面提到的其他欧美国家，澳大利亚土地税仅对土地征税，不包括房产，纳税义务人为土地所有人。这一设定的理论依据是美国经

---

[1] State Revenue Office of Victoria, "Land Tax", www. sro. vic. gov. au/land-tax.
[2] Queensland Government, "Overview of Land tax", www. qld. gov. au/environment/land/tax/overview/about.

济学家亨利·乔治在1879年提出的"单一土地税"理论,认为"几乎所有土地的价值以及由此产生的任何增值,都是由公共活动而非个人劳动产生的"。按照他的观点,只有通过税收途径把公众活动带来的土地增值从土地所有者那里收回供全社会使用,才是公正和公平的。因此,将土地所有者作为土地税的纳税义务人能够发挥土地税调节社会收入分配差距的功能,体现了土地税的公平性原则。

二 澳大利亚房地产税征税对象

澳大利亚土地税以土地为主要的征税对象,各州的具体规定存在差别。表3—1列出了澳大利亚六个州对土地税征税对象的规定。以维多利亚州为例,其土地税的征税对象包括投资物业、商业物业(如零售商店、办公场所和工厂)、度假屋和空置地,对于所有者的主要居住地、主要生产用地、出租公寓住房(指房主将部分或大部分房间出租给付费客户的房屋)及慈善机构免征土地税。而在昆士兰州,土地产权分为永久产权、租赁产权或国家所有,土地税针对永久产权土地进行征收,其中包括空置地、建筑物土地(如房屋、投资物业)、度假屋以及公司所有的土地。通过这几个州的税法规定可以看出,澳大利亚的土地税主要是对投资性房产进行征收,居民的自住房产则享有税收豁免,此举也是为了抑制居民的投机性需求。

表3—1　　　　　　澳大利亚各州土地税征税对象

州名称	征税对象
维多利亚州	投资物业、商业物业(如零售商店、办公场所和工厂)、度假屋和空置地
新南威尔士州	除主要居住地和主要生产用地之外的空置地(包括农村空置地)、居住用地、度假屋、商业或工业用地(包括泊车位)以及州或地方政府租借的土地
昆士兰州	空置地、建筑物土地(如房屋、投资物业)、度假屋以及公司所有的土地
南澳大利亚州	永久业权土地、永久租赁或取得执照的王室土地、棚屋、公司

续表

州名称	征税对象
塔斯马尼亚州	空置地、棚屋、度假屋和租赁物业等，对所有者的主要居住地和主要生产用地以及用于宗教目的、医疗机构、土著文化活动、经营退休村或慈善机构拥有的用地免征土地税
西澳大利亚州	空置地、度假屋、租赁物业、商业物业（如商店、办公场所和工厂）、永久租赁或取得执照的王室土地

资料来源：澳大利亚各州政府网站土地税法规。

第五节　日本房地产税纳税人和征税对象

在众多亚洲国家中，日本房地产税制发展较早，其制度体系几经变迁，目前已经形成一套较为成熟的税收体系。日本房地产保有类课税以固定资产税（固定資産税）和城市规划税（都市計画税）两个税种名义征收，二者都属于地方税，由市町村政府征收。

一　日本房地产税纳税人

日本固定资产税的设立源于1950年美国财政学家卡尔·夏普向日本政府提交的"日本税制报告书"（俗称"夏普劝告"）。日本政府根据"夏普劝告"对税制进行了改革，重新划分了中央、都道府县、市町村三级分税制，设立了固定资产税并将其作为市町村的主要税种。固定资产税以土地和住房等不动产作为征税对象，取代了之前的房屋税、地租和对船舶、铁道等特定折旧资产征收的税种，成为市町村的主要税收来源。日本总务省发布的《固定资产税概要（固定資産税の概要）》规定，固定资产税的纳税人为土地、房屋或应折旧资产的所有者。[①]

城市规划税也属于市町村税，是一种对市区化区域内的土地和房屋的所有者征收的目的税。由于城市规划建设会相应提高该地区土地和房产的价值，为了维护社会公平，保障税收正义，日本政府对这种情况专

[①] 総務省，"固定資産税の概要"，www.soumu.go.jp/main_content/000632878.pdf.

设了城市规划税，来为市町村的城市规划或土地区划整理等公共事业提供必备的资金。《城市规划税概要（都市計画税の概要）》规定，城市规划税的纳税人为城市规划区域内土地或房屋的所有者。[1]

根据日本《地方税法》的规定，以每年1月1日在不动产登记簿上登记的产权所有者作为不动产所有者，负有缴纳固定资产税或城市规划税的义务，而不论其是否真正拥有该房产。若某项应税房产在年中出现房产所有人改变的买卖交易情况，其税收仍由当年1月1日登记的所有人缴纳。若因自然灾害等原因导致房产所有人下落不明时，则应由房产使用人承担纳税义务。考虑到在房地产税的征收过程中可能存在房屋产权不明晰等情况，为了避免引起不必要的纠纷和麻烦，日本税法直接规定不动产的登记所有人为房地产税的纳税人，这一规定也为房地产税的税收征管提供了便利。

二　日本房地产税征税对象

固定资产税是日本政府依据美国代表团的提案而设立的税种，因此在征税对象的规定上与美国房地产税有相似之处。固定资产税是地方政府对固定资产征收的财产税，征税对象是所有市町村范围内的土地、房屋和应折旧资产，不包括用于教育、宗教和社会福利事业的房地产；而城市规划税是用于地方城市规划或土地区划调整的特定目的税，其征税对象比较特殊，仅包括城市规划区域内的土地和房屋，不包括应折旧资产。

固定资产税和城市规划税征税对象的设定使日本房地产税具有税源稳定、税基宽广的特点，尤其是固定资产税，是日本地方税收的重要组成部分。日本《2020年地方公共财政白皮书（令和2年版地方財政白書）》的数据显示，2019年固定资产税收入总额为90832亿日元，占地方税总收入的22.2%。[2] 充足的税收收入使政府有能力加大对当地基础设施及公共服务的投入，有利于提高城市的建设水平和居民的生活质量。

---

[1]　総務省，"都市計画税の概要"，www.soumu.go.jp/main_content/000632887.pdf.
[2]　総務省，"令和2年版地方財政白書"，www.soumu.go.jp/main_content/000675969.pdf.

第六节 韩国房地产税纳税人和征税对象

韩国房地产税收制度起步较早,其完善和发展经历了较长的摸索过程。自1961年引进具有现代意义的财产税以来,韩国政府一直将房地产税收制度作为调控房地产价格的主要工具,并在筹集地方财政收入、调控房地产市场等方面发挥了一定的作用。目前,韩国在房地产保有阶段的税收主要包括财产税(Property Tax)和综合不动产税(Comprehensive Real Estate Holding Tax)。财产税是以市、郡及区管辖内的房地产为课税对象的一种地方税,是韩国地方财政收入的重要来源。综合不动产税的开征则旨在抑制房地产投机,由中央政府对超过一定价值的不动产征收,之后再根据各地的财政能力全额返还给地方政府。

一 韩国房地产税纳税人

依据韩国《地方税法》的规定,韩国财产税的纳税人为在课税基准日(每年6月1日)实际所有该财产的人,当不能确认所有人时将使用人视为纳税义务人。韩国在财产税纳税人的设计上与同为东亚国家的日本相类似,在房产的实际所有人不明确时以财产登记簿上记载的所有人为纳税义务人,这种做法能够在一定程度上提高房地产税征管的效率,也能够对房地产避税行为加以防范。

此外,为了抑制房价的快速上涨和调节居民间的财富差距,韩国政府于2005年1月颁布了《综合不动产税法》,在不动产保有环节新设综合不动产税。综合不动产税是指以每年6月1日为课税基准日,向超过一定价值不动产的保有人,按照其保有的不动产价格为课税标准来征收的税种。根据《综合不动产税法》的规定,综合不动产税的纳税义务人为价值超过6亿韩元的住宅的持有者,以及价值超过3亿韩元的非营业用地的持有者。可以看出,综合不动产税主要是针对高端住宅消费群体,通过增加其税负,抑制其房地产投资行为。这一设定也体现了综合不动产税量能课税的原则,即对负税能力强的较多房产或较高价值房产所有者征收较高的税负。

二 韩国房地产税征税对象

韩国《地方税法》第 105 条规定，财产税的征税对象为土地、建筑物、住宅、船舶及飞机，包括建筑物及其他构造物的休息设施、储存设施、船坞设施、泊位设施、导管设施、供水与排水设施、能源供给设施以及其他类似的设施（包括其附属设施）。《地方税法》第 109 条则单独规定了财产税的免征对象，包括国家、地方政府、外国政府和驻韩国际组织拥有的财产，国家或地方政府用于公共或公共用途超过一年的财产，以及总统令规定的财产。

图 3—1 韩国房价走势

资料来源：OECD Data, Housing Prices. https：//data.oecd.org/price/housing-prices.htm。

除了对所有土地和建筑物征收财产税外，韩国还对超过一定价值的不动产征收综合不动产税。韩国和大部分东亚经济体一样，都有着"人多地少"的人地矛盾以及"有土斯有财"的置业传统。为了打击房地产投机行为、控制房地产价格，韩国在 2005 年开征综合不动产税，对持有多套和高价值房地产的所有人征收惩罚性房地产税。依据《综合不动产税法》的规定，综合不动产的征税对象为评估价值超过 3 亿韩元的非营业用地以及评估价值超过 6 亿韩元的住宅。然而综合不动产税的设立并没有很好地起到稳定房价的作用，仅高房价的首尔江南区等地在两个月内房价回落不到2%，全国房价依旧维持加速增长的态势。由图3—1中韩国近年房价走势可以看出，综合不动产税短期内能在一定程度上抑制投机和房价上涨，但不能抑制韩国房价上涨的长期趋势。[①]

第七节 房地产税纳税人和征税对象的国际比较

本章第一节至第六节对各国房地产税法中关于纳税人和征税对象的内容进行了具体分析，本节将在此基础上将美国、英国、德国、澳大利亚、日本以及韩国的房地产税制进行综合比较，从而归纳出各国在房地产税纳税人和征税对象设定上的异同点。

一 房地产税纳税人的国际比较

房地产税纳税人又称房地产税课税主体，指法律规范中直接承担房地产纳税义务的主体，是构成房地产税法律体系的基本要素之一。对房产税纳税人的选择一方面要考虑税收征管的便利性，另一方面也体现了房地产税的定位，即房地产税是按照受益论的观点由受益者纳税，还是按照资本论的观点由所有者纳税。据此，不同类型房地产税制度在纳税人的选择上存在区别，具体规定如表3—2所示。

对于具有私有财产传统的欧美国家，大多规定房地产税的纳税人为房地产的所有者和使用者。这类国家的房地产税大多用于地方政府提供公共服务，按照受益论的观点，使用房屋或土地的人享受了公共服务，因此负有房产税的纳税义务。美国、英国和德国的房地产税制度对纳税人的规定体现了上述思想。美国税法规定，房地产税的纳税人为土地和房屋的所有人，没有所有人时，可向实际使用人或控制人征收；英国税法规定，房屋的所有者、使用者均有义务缴纳市政税；德国也将房地产的所有者和使用者作为房地产税的纳税义务人。

在单一土地税国家中，纳税人一般为土地的所有者。这类国家通常仅对土地征税，而不对地上建筑物征税，典型国家为澳大利亚。在单一土地税国家中，土地所有者可以通过支配他人在其土地上劳动从而占有

---

① 李信揆：《韩国综合不动产税收政策及其影响评估》，《国际税收》2017年第3期。

他人的劳动产品，这就成为造成财富不平等分配的主要原因。① 因此，出于税收的公平性，土地税的纳税义务人应为土地的所有者。如澳大利亚规定土地税的纳税人为土地的所有人，包括自然人和法人。

而在日本和韩国这类亚洲国家中，房地产税的纳税人既包括所有者也包括使用者，但通常以财产的登记所有人为准。这些国家的房地产税制度借鉴了西方财产税的有关规定，同时也结合了本国的税收征管实际，更加注重税收征管的便利性。日本固定资产税的纳税义务人为固定资产课税总账登记的所有人。韩国财产税的纳税义务人为征税基准日财产的实际持有者，对于无法确定实际持有者的，以财产登记簿上记载的所有人为纳税义务人。

表3—2　　　　　　　　房地产税纳税人的国际比较

国家	税种	纳税人
美国	房地产税	房地产的所有者或使用者
英国	市政税	年满十八周岁的房屋所有者或承租者
英国	营业房屋税	非居住房产的所有者
德国	土地税	房地产的所有者或使用者
澳大利亚	土地税	土地的所有者
日本	固定资产税	土地、房屋或折旧资产的所有者
日本	城市规划税	城市规划区域内的土地和房屋的所有者
韩国	财产税	财产的所有者
韩国	综合不动产税	超过一定价值不动产的保有人

资料来源：笔者根据相关资料整理。

二　房地产税征税对象的国际比较

征税对象又称课税对象，是税收制度的基本要素之一，也是区分一个税种与另一税种的重要标志与界限。房地产税的征税对象是指在房地产税收法律关系中权利义务所指向的客体或标的物，即对什么征税。表

---

① George H., *Progress and Poverty*, W. M. Hinton and Company, 1879.

3—3 列出了美国、英国、德国、澳大利亚、日本以及韩国六个国家对房地产税征税对象的规定。在对上述国家的房地产税征税对象进行比较时，可从以下三个方面分析其异同点。

首先，大部分国家都对土地和地上建筑物统一征收房地产税，这是因为房屋往往附着于土地之上，与土地密不可分。例如美国的房地产税，其征税对象是纳税人拥有的房地产，包括土地和房屋建筑物。英国、德国、日本和韩国也都将土地和房屋合并在一起征收房地产税。这些发达国家实行土地私有制，土地和房屋的所有权归属于购买者。对土地和房屋合并征税，一方面不存在权属问题的争议，另一方面也可以避免课税复杂，便于政府进行税收征管。除了上述国家之外，还有少数国家仅对土地征税。例如澳大利亚受"土地国有、征收地价税归公共所有"的思想影响，仅设土地税，对建筑物不征税。

表3—3　　　　　　　房地产税征税对象的国际比较

国家	税种	征税对象
美国	房地产税	土地、建筑物及地上附着物
英国	市政税	居民住宅
	营业房产税	非居住房产
德国	土地税	土地及建筑物
澳大利亚	土地税	土地
日本	固定资产税	土地、房屋及折旧资产
	城市规划税	城市规划区域内的土地和房屋
韩国	财产税	土地、建筑物、住宅、船舶及飞机
	综合不动产税	超过一定价值的不动产

资料来源：笔者根据相关资料整理。

其次，大部分国家没有对房产类型进行区分，而是对所有房产统一征收房地产税，如美国、日本、韩国等。但英国、德国和澳大利亚采取了不一样的做法：英国对不同类型房产分设税种，对住宅征收市政税，对商业房地产征收营业房屋税，二者适用不同的计税依据和税率；德国根据不同用途将土地税划分为不同类型,其中土地税 A 对农业和林业用地征收,土地税 B 对其他房地产征收;澳大利亚仅对除主要居住地和主要农业用地之外的土地征收土地税。英国、德国和澳大利亚通过对房地产用途的区分,对不同类型房地产实行不一样的征税力度,通常对主要居住房产或农业用地课税较轻,对商用或其他用途房地产课税较重,这种做法一方面体现了量能课税的原则,另一方面通过增加纳税人税负,在一定程度上打击了房地产投机行为。

最后,虽然各国房地产税征税范围不尽相同,但是对于非营利房地产,如政府公务、宗教事务、科研教育、慈善事业等用途的房地产都有税收豁免规定。这类非营利房地产通常由国家、政府或公益组织用来提供公共产品和服务,因此不适合作为房地产税的纳税对象。

第八节 沪渝试点房产税的纳税人和征税对象

中国目前房产税的征收依据是 1986 年颁布的《中华人民共和国房产税暂行条例》,该条例规定房产税的征税对象为城市、县城、建制镇和工矿区的营业性住房,对个人所有的非营业性用房免征房产税。2009 年,受到全球金融危机的影响,中国的财政收入增速大幅放缓,财政支出压力增大。为了缓解这种局面,国务院于 2010 年 9 月提出"加快推进房产税改革试点工作,并逐步扩大到全国"。上海市和重庆市率先响应改革号召,于 2011 年 1 月开始房产税改革试点,对个人所有非营业性住房征收房产税。

一 沪渝试点房产税的纳税人

《上海市开展对部分个人住房征收房产税试点的暂行办法》第 3 条规定,上海市房产税的纳税人为应税住房产权所有人,当产权所有人为未成年时,由其法定监护人代为纳税。《重庆市人民政府关于进行部分个人住房征收房产税改革试点的暂行办法》第 3 条规定,重庆房产税的纳税人为应税住房产权所有人。产权所有人为未成年的,由其法定监护人代为纳税;产权出典的,由承典人纳税;产权所有人、监护人、承典人不在房产所在地的,或者产权未确定及租典纠纷未解决的,由代管人或使用人纳税;应税住房产权共有的,共有人应主动约定纳税人,未约定的,由税务机关指定纳税人。

对比两地试点方案对纳税人的规定可知,沪渝房产税改革试点方案都规定了房产税纳税人是应税住房产权所有人。由于中国房屋所有权情况比较复杂,两市在试点阶段都未将产权不清的房产或房主尚未确定的房屋纳入考虑范围。目前中国的房屋产权登记制度尚不完善,除了商品房购买者具有完全产权外,中国还存在一些不具有产权或者不具有完全产权的房屋。如若不对纳税人进行详细的规定,可能导致产权不清的房屋规避房产税,从而无法实现税收的公平性。

二 沪渝试点房产税的征税对象

《上海市开展对部分个人住房征收房产税试点的暂行办法》第2条规定,上海市房产税试点范围为上海市行政区域内的个人住房,征收对象为实施日起上海户籍居民家庭在本市新购且属于该居民家庭第二套及以上的住房(包括新购的二手存量住房和新建商品住房)和非上海户籍居民家庭在本市新购的住房。《重庆市人民政府关于进行部分个人住房征收房产税改革试点的暂行办法》第2条规定,重庆市房产税的试点区域为重庆市主城九区,包括渝中区、江北区、沙坪坝区、九龙坡区、大渡口区、南岸区、北碚区、渝北区、巴南区。重庆市房产税试点采取分步实施的方式,首批纳入征收对象的住房有三类,分别为个人拥有的独栋商品住宅、个人新购的高档住房(指建筑面积交易单价达到上两年主城九区新建商品住房成交建筑面积均价两倍及以上的住房)和在重庆市同时无户籍、无企业、无工作的个人新购的第二套及以上普通住房。其中,新购住房指政策实施日起购买的住房,包括新建商品住房和存量住房。

对比而言,上海、重庆两市的房产税试点方案在征税对象上存在一定的差别。从试点范围来看,上海市的房产税改革覆盖了全市各区,而重庆市仅针对主城九区征收。这是由于重庆市山区覆盖面大,各城区之间经济发展不平衡,考虑到不同区居民纳税能力存在差异,因此仅将发展状况较好的主城中心九区纳入征税范围。从征收对象来看,上海市主要针对增量一般性住房征收房产税,而重庆市房产税则面向高档住房,且考虑存量住房的征收。不难看出,上海市进行房产税调控的目标是抑制投资投机性购房需求，而重庆市的主要目的是抑制高档住房消费。

沪渝房产税试点方案的出台都是为了缓解当时房地产市场过热的局面，但实际执行效果却并不明显，实际征收税额与两市的住房规模也不相匹配。从征收对象的角度分析，大多数国家实施的均为"宽税基"的房产税，即在征收时不区分住户类型和房屋类型统一征收，然后再按照不同的税收优惠政策给予减免。而中国沪渝房产税试点考虑到居民的纳税能力不同，在试点阶段实行的是"窄税基"方案，例如重庆市主要是针对大面积和均价较高的住宅征收房产税，对小面积且价格较低的住宅不征收房产税。但在"窄税基"的房产税政策下，居民可能会通过改变购买行为进行避税，从而使得房产税的实施不能很好地达到预期效果。①

第九节 房地产税纳税人与征税对象设计的政策启示

第八节对沪渝房产税试点的法律规定和实施效果进行了分析，本节将在借鉴美国、英国、德国、澳大利亚、日本、韩国等发达国家的房地产税制的基础上，结合中国的具体国情，为中国房地产税纳税人和征税对象的设定提供政策参考。

一 房地产税纳税人的政策启示

通过对美国、英国、德国、澳大利亚、日本、韩国六个国家房地产税纳税人与征税对象的比较发现，大多数国家以房地产所有人作为房地产税纳税人。与这些发达国家的土地私有制不同，中国的土地所有权归国家所有，土地使用人仅在规定年限内享有土地使用权；房屋所有人既拥有房屋所有权，也拥有房屋使用权。此外，中国的房屋产权情况也比较复杂，因此在对房地产税纳税人进行设计时，不能完全照搬国际做法，而是需要结合中国实际，遵循效率便利的原则，来确定房地产税的纳税义务人。

---

① 刘甲炎、范子英：《中国房产税试点的效果评估：基于合成控制法的研究》，《世界经济》2013 年第 11 期。

（一）对于完全产权的房产，将房产所有人作为纳税义务人

对于完全产权的房产，其产权结构清晰，为了便于税收征管，可以借鉴同为亚洲国家的日本和韩国的做法，将不动产权证登记的所有人作为房地产税的纳税义务人。中国在经营性房产税及沪渝试点房产税的纳税人设计上也都采用这一规定。对于产权共有的房产，共有各方都负有纳税义务，由共有各方按照各自占有的房产比例纳税。当产权人未成年时，由其法定监护人或收益所有人履行纳税义务。

（二）对于非完全产权房产，将房产使用人作为纳税义务人

除了完全产权的房产之外，中国存在许多产权不完整或产权不明确的房产，如小产权房、集资房、房改房等。由于这类房产的产权不够清晰，无法以产权人作为房产税的纳税义务人。在实际征收过程中，可以遵循受益原则，对房产的实际使用人征税。房产的实际占用者和使用者获得了该房产的相关权益，享受了政府提供的公共服务，因此也应该负有该房产的纳税义务。

（三）对于仅拥有使用权的房产，不同情况适用不同规定

中国1998年住房制度改革前，个人取得的福利分配房产均为使用权房产。在住房制度改革之后，一部分房产使用者缴纳了土地出让金，获得了房屋产权；另一部分使用者未购买房屋产权，其房产保留了使用权形式，由使用人定期向房管部门或其他管理单位缴纳房租。对于这些仅拥有房产使用权的人来说，房产实质上是以承租形式取得，因此房产使用者并不应该作为纳税人。按照受益原则，房管部门和其他管理单位取得了房租，获得了收益，理论上应该负有缴纳房地产税的义务。

此外，对于通过分期购买、尚未办理房屋产权登记的房产，在办理权属登记前，应由合同约定的购买人缴纳房地产税。因为在签订房产分期购买合同后，购买人拥有了房产的使用权，可以享受该房产带来的权益，因此也应承担该房产的纳税义务。而对于因为一些特殊原因无法取得房屋权属登记、但已实际销售并交付的房产，同样适用此项规定，即由房产的购买者缴纳房地产税。

二　房地产税征税对象的政策启示

中国房地产税征税对象的设定应遵循"宽税基"的原则，这也是世

界各国在房地产税制度设计上的通行原则。结合中国的具体国情及沪渝房产税试点的实际情况，可以在以下四个方面更好地应用"宽税基"原则。

(一) 将农村房产分步骤、分区域纳入房地产税征税范围

目前中国房地产税相关税收的征税范围仅限于城市区域内的房产，而不包括农村地区的房产。沪渝两地房产税改革试点方案也同样未将农村房产纳入房产税的征税范围。随着城镇化步伐的加速，中国城市区域不断向外围扩张，原本位于城市周边的郊区和农村范围内用于农耕的土地也逐渐划入了城市规划范围之中，农村地区的住房水平也发生了翻天覆地的变化。某些东部发达地区的农村经济生活水平甚至超过了城市，城乡之间的界限渐渐模糊，因此应当考虑将农村地区的房产纳入征收范围内。具体实施时，可以先将房地产税的征税范围扩展至小城镇，再逐步扩展到农村区域，将农村房产分步骤、分区域纳入房地产税征税范围，并且可以利用税收减免手段对农村地区的房产制定一些税收优惠政策，最终建立城乡统一的房地产税收制度。这种做法既增强了税收的调控作用，也能有效遏制地方政府侵占农业用地的行为。

(二) 将存量房纳入征税范围

中国沪渝两地房产税试点方案在征税对象的设定上存在差别。上海房产税的征税对象仅限于增量房，而不涉及存量房；重庆房产税的征税对象则既包含存量房也包含增量房，且主要针对高档住房征收。对比发达国家房地产税制中征税对象的相关规定，不难发现，仅以增量房作为征收对象，而不考虑存量房，虽然操作便利，但容易导致税制设计的不协调，也会产生实质上的税负不公。一方面，中国贫富差距过大，一些人囤积多套房产用于投机炒作，由此引发了房地产市场供求关系的不平衡。如果针对此类投机炒作的存量房免征房地产税，那么以房地产税抑制投机、防止房地产价格过快增长的初衷将无法实现，更没办法达到调节收入分配的目的。另一方面，随着时间推移，现有的增量房在未来都将转为存量房，那么对存量房免征房地产税的规定势必会在操作过程中引发争论和纠纷。因此，凡是属于城市区域内的个人住房，不论其是存量房还是增量房，都应当纳入房地产税的征税范围，只有这样才能更好发挥房地产税的调节作用，且与房地产税的公平原则相符合。

(三) 将小产权房纳入征税范围

小产权房是指在集体土地上建设并向集体组织以外的成员出售的房屋。由于中国目前尚未允许集体土地"同等入市交易",所以目前小产权房的出售和购买本身并不合法,加上其未缴纳土地出让金等费用,因此小产权房并不具有完全产权,其可税性也一直存在争议。考虑到小产权房的产权情况复杂、登记信息不完善、缺乏合理的估价机制等因素,其在征管上存在诸多的不便利性,因此在沪渝房产税试点阶段没有对其进行具体规定。然而,从可税性理论来看,小产权房虽然建设在集体土地之上,但一旦用于对外出售,就具有了收益性,因此应当被纳入房地产税的征税范围。此外,根据公共产品理论,税收是居民享用公共产品和劳务而需要支付的价格。小产权房虽然并不具有法律承认的产权,但就目前的实际情况来看,并不影响其正常的居住和使用,其使用人同样可以享受政府提供的公共服务。最后,从公平性的角度,如果不对小产权房征收房地产税,会使规避税收的投资者转投小产权房市场,这样显然违背了公平原则。对小产权房开征房地产税,不仅可以满足政府提供公共产品的需要,还能加强对小产权房的管理,防止投机小产权房行为的发生,因此,应该将小产权房纳入房地产税的征税范围。

(四) 将房改房纳入征税范围

房改房是指单位将公房以工资性货币分配方式出售给职工,职工以标准价或成本价购买,从而对购买的房屋享有部分产权或全部产权的住房。房改房虽然无法在市场上自由流通,但其使用人在居住期间仍可以享受到地方政府提供的公共服务,因此应该将房改房纳入房地产税的征税范围。另外,单位房改房的购买者一般都属于中等收入人群,随着房价的上涨,这些以较低价格购买房改房(特别是超面积房改房)的居民获益较多。因此,从税收公平原则和受益原则的视角考虑,对房改房征收房地产税是合理且必要的。

本章小结

本章选取了美国、英国、德国、澳大利亚、日本、韩国六个房地产税制较为完善的国家,对其房地产税的纳税人和征税对象进行了比较分析。大多数国家都以土地和房屋的所有者作为房地产税的纳税人,且都采取将土地和房屋合并起来征收房地产税的形式。而中国的房屋产权情况较为复杂,除了完整产权的房产外,还存在许多产权不完整或产权不明确的房产,因此在确定房地产税的纳税人时应当充分借鉴发达国家的经验,在纳税人存在争议时依照受益原则进行确定,这样不仅能实现中国房地产税税收的全面性和公平性,还能确保房地产税的顺利开征,符合中国现实具体国情。而在征税对象方面,中国现行的房地产税还存在征税范围过窄的问题。在房地产税征税对象的设计上,中国应当坚持"宽税基"的原则,尽量将所有地区、所有纳税人的土地、房屋及附属设施都囊括进来,既包括存量房,也包括增量房;既有城镇房产,也有郊区和农村房产;既对商品房征税,也对小产权房和房改房征税。

第四章

房地产税计税依据与评估的国际比较与政策启示

计税依据是计算应纳税额的根据，是征税对象量的体现，是税制设计中重要的环节之一。房地产税作为一种财产税，其计税依据的选择不仅直接影响纳税人的税负水平，也对房地产税的税负公平产生重要影响。目前，房地产税的计税依据可分为从价计税和从量计税。从价计税是指以房地产的原有价值或者收益价值作为计税依据，其优点是更加公平合理的同时可以保证税收收入弹性，但从价计税税基的计算成本相对较高，税基确定的准确性相对较弱。从量计税是以房地产的面积作为计税依据，该种方式的优点在于税基计算方法简单，准确性高，计税成本低，但难以保证税负公平和税收弹性。具体来看，房地产税计税依据的选择与各国经济的发展水平状况以及该国宏观经济政策取向有关。

第一节 房地产税计税依据类型

在经济较为发达的国家，市场环境、评估水平和税收征管相对更加规范，因而更加注重税负实质公平和收入分配的作用，大多都选择从价计税，如美国、英国、德国等多数欧美国家。具体来看，选择从价计税方式的经济体，其计税依据可分为房地产自身价值和房地产收益价值两种。由于从价计税的征收成本相对较高，少数经济较为落后或追求征收成本更低的国家往往选择按照建筑物或者土地面积为计税依据，如波兰、匈牙利。总体而言，目前国际上各个经济体的房地产税计税依据可分为房地产自身价值、房地产收益价值和房地产面积三种。

一 以房地产自身价值为计税依据

房地产自身价值又可分为房地产的评估价值和交易价格，相对于评估价值，交易价格容易受到市场影响而发生较大程度波动，不利于税基稳定。此外，房地产交易价格无法反映出增值后的房地产价值，因而以房地产的市场评估价值为计税依据更加公平合理。但是，以房地产评估价值为计税依据的程序较为复杂，征收成本相对较高，也对房地产评估技术和方法有较高要求。目前，经济较为发达和税制较为完善的国家对房地产评估技术和方法的运用已有较长时间，技术水平也较为成熟，均采用以房地产评估价值为计税依据，如美国、德国、日本等。关于房地产价值评估的方法主要有三种：一是市场比较法，即选取可以与目标房产相比较的其他房产，通过对可比房地产的测定来对目标房地产的市场价值进行预测；二是收益分析法，即评估人员估计房产每年的经营收入净值，按照相应的贴现率折算房地产的评估价值；[①] 三是重置成本法，即估计空置土地的价值，然后加上房产及其他建筑物的重置成本按照相应的折算比例来估计房产的市场价值。对房地产评估技术的突破主要是利用计算机辅助技术实现对房地产的批量评估（Mass Appraisal），即通过对一组房地产根据给定的数据进行评估，使用标准化方法进行统计检验，从而确保评估过程的一致性和公平性，也使得房地产的价值评估更加快捷、准确。[②]

二 以房地产收益价值为计税依据

以房地产收益价值为计税依据的经济体主要是以房地产的租金收益为计税依据。但需要注意的是，这个租金收益并不是实际租金收入，而是假设该房屋出租能够取得的收入，是由市场的整体租金水平来决定的，

[①] 陈汉芳、梅建明：《房产税计税依据：新加坡的经验借鉴与启示》，《国际税收》2018 年第 11 期。

[②] Arribas I., García F., Guijarro F., et al., "Mass Appraisal of Residential Real Estate Using Multilevel Modelling", *International Journal of Strategic Property Management*, Vol. 20, No. 1, 2016.

反映出一个地区的经济发展状况。以租金收入作为计税依据与以房地产的市场价值作为计税依据在本质上是相同的，因为房地产租金收益与房地产本身价值之间存在着一定正比例关系。以租金收入为计税依据等同于以当期收入作为计税基础，其本质反映的是财富流动，并非真正意义上的财富存量，这与房地产税的保有税性质存在一定的矛盾。[①] 此外，以房地产租金收益为计税依据需要房地产租赁市场较为活跃，存在大量可与其进行对比的同类型房地产，从而能较为准确地评估每一个房地产的收益价值。

三 以房地产面积为计税依据

以房地产面积为计税依据是指按照建筑物或土地面积确定相应的定额税率来从量计征房地产税。以面积计税有易测量、不变动、记录全的优点，在税收征管的实际操作中相对简便，对于房地产的评估技术和方法要求较低。因此，少数经济相对较为落后或者追求征收成本更低的经济体往往选择按照建筑物或者土地面积确定相应的定额税率来从量计征房地产税，如波兰、匈牙利、捷克等。但是，以房地产面积作为房地产税的计税依据难以体现区位和公共服务质量等对房地产价值的影响，较难保证税负公平，所以一些原本按面积征收房地产税的经济体其计税依据的选择也正由按面积向按市场价值过渡，如捷克、波兰和斯洛伐克也已经开始试点引入了按市场价值课征的房地产税。[②] 此外，中国地域面积广阔，地区发展差异大，简单地以房地产面积作为房产税计税依据的做法并不符合中国国情。因此，本书将不对以房地产面积为房地产税计税依据的国家展开讨论。

第二节 美国房地产税计税依据与评估

美国房地产税的计税方式为从价计征。为真实地反映房地产的价值，

[①] 陈汉芳、梅建明：《房产税计税依据：新加坡的经验借鉴与启示》，《国际税收》2018年第11期。

[②] 贾雁岭、苏国灿：《OECD转型国家房地产税改革及启示》，《中国房地产》2015年第24期。

美国房地产税不是直接以变化较大的房地产市场交易价格作为计税依据，而是对房地产的价值进行评估核定，依其评估核定的价值作为计税依据。以房地产评估价值为计税依据，不仅需要较为成熟的房地产评估技术和方法，而且还需要一套较为完善的评估制度。本节将介绍分析美国的房地产税计税依据、房地产评估技术与方法和评估机构、评估流程、周期等相关评估制度。

一　美国房地产税计税依据

美国房地产税的计税方式为从价计征，选择以房地产评估价值为计税依据，具体各州的计税依据确定标准则有差异。一些州是直接以房地产的市场评估价值作为计税依据计缴税款，但也有一些州采取的办法是首先确定房地产的市场评估价值，然后在此基础上乘以一个税基比率作为计税依据，其中的税基比率也由各州相关法律规定确定。如宾夕法尼亚州计税依据为房地产评估价值的32%，加利福尼亚州则是房地产评估价值的40%，而新泽西州的计税依据则是全部的房地产评估价值。此外，各州为吸引外资，往往规定房地产的评估价值要低于房地产的市场交易价值。

二　美国房地产税计税依据评估技术与方法

以房地产评估价值为计税依据相对于市场交易价格，对房地产评估技术和方法要求更高。目前，美国在评估技术方面广泛应用计算机辅助批量评估系统（CAMA）和地理信息系统（GIS）等先进技术实现对房地产的批量评估（Mass Appraisal），不仅确保了评估过程的简单、便捷，大大降低了房地产评估的成本，还使用了标准化方法并进行统计检验，从而确保了评估过程的一致性和公平性。美国现在使用的计算机辅助批量评估系统能够适用所有可比房地产的市场变化，对房地产进行评估时，需考虑过去决定其原始基值的评估方法，认证指南要求评估人使用至少两种评估方法估计所有房地产的价值。美国的房地产评估一般综合房地产评估的三种方法，即重置成本法、市场比较法和收入分析法。重置成本法一般用于评估图书馆、学校、医院等大型公共建筑物的价值；市场比较法通常用于评估住宅类的房地产的价值，是目前绝大多数州最常用的方法；而收入分析法则一般用于评估写字楼、商业等房地产的价值。

三 美国房地产税计税依据评估机构和程序

美国的房地产评估是由州政府负责制定统一的评估标准,地方政府负责建立评估委员会等评估体系来制定具体的评估细则和相应的征收管理任务,且该评估机构独立于税收征管部门,从而保证了房地产计税依据评估的客观公正。房地产评估委员会是由各级评估员(主要是县评估员,一些地区还设有市评估员)组成,评估员可以是由政府直接任命也可以是通过公开选拔的具有房地产评估资格的人员,属于公务员系统。具体的评估工作是由房地产评估委员会基于计算机批量评估系统来完成的,评估流程详见图4—1。在房地产评估完成之后,美国各州都会将房地产评估价值结果告知纳税人。如果纳税人对价值评估结果存在异议,可以在规定时间期限内向相关的评估机构或者评估机构的上级机构提出复议的申请,也可以直接向法院提起相关诉讼。

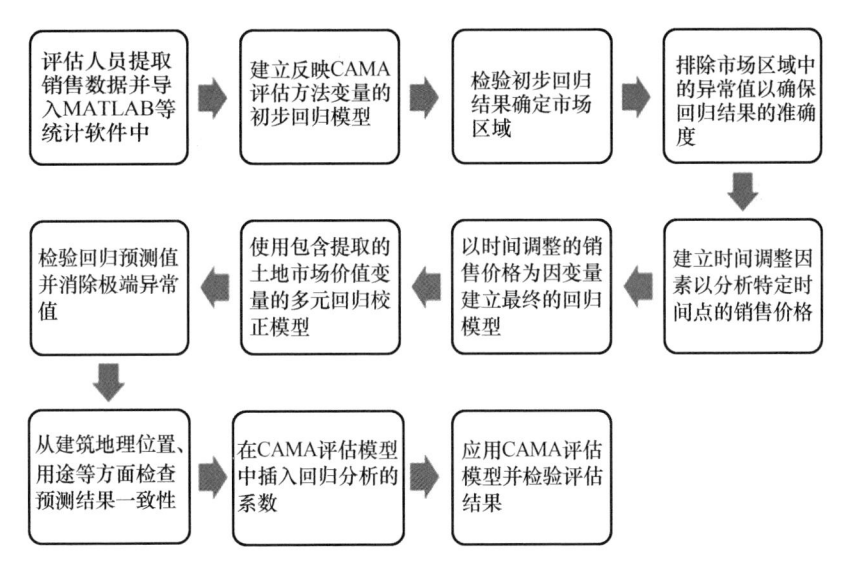

```
评估人员提取              建立反映CAMA         检验初步回归         排除市场区域中
销售数据并导     →       评估方法变量的  →    结果确定市场  →    的异常值以确保
入MATLAB等              初步回归模型         区域                回归结果的准确
统计软件中                                                       度
                                                                  ↓
检验回归预测值          使用包含提取的       以时间调整的销       建立时间调整因
并消除极端异常  ←       土地市场价值变  ←   售价格为因变量  ←   素以分析特定时
值                      量的多元回归校       建立最终的回归       间点的销售价格
                        正模型                模型
 ↓
从建筑地理位置、         在CAMA评估模型       应用CAMA评估
用途等方面检查   →      中插入回归分析的 →  模型并检验评估
预测结果一致性          系数                 结果
```

图4—1 美国房地产税计税依据批量评估流程①

资料来源:刘华、杜康丽、伍岳:《美国房地产税批量评估体系及借鉴》,《国际税收》2018年第1期。

---

① 刘华、杜康丽、伍岳:《美国房地产税批量评估体系及借鉴》,《国际税收》2018年第1期。

四　美国房地产税的计税依据评估周期和估值调整

由于同一房产的价值会受到经济环境、政策等多因素的影响，为体现税收公平、保持税收稳定，美国会定期对征税对象进行市场价值评定，以更加准确地反映房地产价值。在对房地产价值的重估周期上，各州亦采用了不同的制度。例如，艾奥瓦州的全面重估周期为 2 年，康涅狄格州的全面评估周期为 10 年，加利福尼亚州则是在房地产交易的时候估值一次，以后每年根据通货膨胀率进行调整。

在评估周期内，对于房屋的使用情况，随着房屋状况的改变，房地产所有人可提出申诉，申请对房地产估值的调整，如因房屋老化年久失修，房屋折旧贬值明显，则可以申请减少房产的价值；建筑的新建、改建、拆除使得房地产的真实价值发生改变，评估人必须调整估值以反映税基的变化，使得房地产估值反映当前公开市场价格。一旦估值调整完成，所有房地产类别内和类别间的新估值必须是公正、合理和一致的，且必须符合评估水平和一致性的批量评估标准。与此同时，评估人必须准备和保留支持新估值的文件，如收入、支出、资本化率分析、销售比率研究或其他任何支持评估人改变估值类型和范围的数据，并制作估值调整报告递交给当地评估局。另外，为了防止房地产的计税价值增长速度过快，美国的部分州规定了计税价值年增长比例的控制指标，从而对房地产税的税负进行适当的控制和稳定。

第三节　英国房地产税计税依据与评估

英国的房地产税分为中央税和地方税，前者称为营业房屋税（Business Rates），课税对象是经营性房地产；后者称为家庭财产税（Domestic Rate），又称为市政税（Council Tax），课税对象是居住性房产，是地方政府财政收入的主要来源。[①] 由于课税对象的不同，市政税的计税依据为房屋的市场评估价值，营业房屋税的计税依据则为房屋的评估租金收益。本节将介绍分析英国的市政税和营业房屋税计税依据、房地产评估技术

---

① 刘念：《英国市政税及其对我国房产税改革的启示》，《法治与社会》2019 年第 4 期。

方法和评估机构、评估流程、周期等相关评估制度。

一 英国房地产税计税依据

市政税的计税依据是房屋的市场评估价值，评估机构按照住房价值标准将住房划分为不同级别，从而不同级别设置不同的税率。英格兰地区和苏格兰地区的房产评估仍然以1991年4月1日的住房价值标准来进行，将房屋按价值高低划分为8个等级，A—H代表价值由低到高的等级；威尔士地区则在2005年4月1日之后实行新的住房价值标准，以2003年住宅的市场价值为计算基础，并将价值等级也增加了一级，共划分为A—I 9个等级，具体住房价值分级标准见表4—1。

表4—1　　　　　　英国住房价值分级标准　　　　　单位：英镑

级次	价值区域		
	英格兰	苏格兰	威尔士
A	0—40000	0—27000	0—44000
B	40001—52000	27001—35000	44001—65000
C	52001—68000	35001—45000	65001—91000
D	68001—88000	45001—58000	91001—123000
E	88001—120000	58001—80000	123001—163000
F	120001—160000	80001—106000	163001—223000
G	160001—320000	106001—212000	223001—324000
H	320001及以上部分	212001及以上部分	324001—424000
I	—	—	424001及以上部分

注："—"表示该单元格无信息；

资料来源：苏格兰评估师协会官网（https://www.saa.gov.uk/council-tax/council-tax-bands/）。

可以看到，英国不同区域住房等级的划分标准不尽相同。以D级住房的标准为例，英格兰地区的D级住房价值为68001—88000英镑，苏格兰地区的D级住房价值为45001—58000英镑，而威尔士地区的D级住房价值则为91001—123000英镑。英国营业房屋税的计税依据为房屋的年收益净值，即年度的租金收益额与修缮费用的差额，进而通过房屋的应税价值与当年的统一营业财产税税率之积,得出当年该房屋的总应纳税额。

二 英国房地产税计税依据评估技术和方法

由于英国市政税的征税对象是自住房地产,因而其计税依据的评估方法以市场比较法为主;而营业房屋税是针对营业房地产征收的税收,采用房产的评估收益价值为计税依据,因而其主要采用的评估方法为收益分析法。此外,英国市政税计税依据最为独树一帜的是其分级计量法的税级设定,税基价值分级的关键在于最低级、最高级价值标准的界定。[①] 由评估机构依据应税住宅市场价值量的统计分布情况,结合以往税收规定,将最低级 A 适用的范围定在住房价值总量的 5% 以下,最高级(H 或 I)适用对象定为住房价值总量的 95% 以上,由此确定住房价值标准的最低级和最高级,并以此类推确定从 A 到 H 或 I 每一级的价值范围。市政税的分级计量法客观具体、操作简单,减少了繁杂的评估程序,也降低了市政税计税依据的评估成本。此外,分级计量法将房地产的评估价值进行分级,将基准税级 D 的税收乘数定义为 1,其他级别则依据不同价值乘以不同乘数,实现价值标准累进分布的目的,税制设计的公平性得以体现。

三 英国房地产税计税依据评估机构和程序

英国市政税的评估工作,在英格兰和威尔士地区是由隶属于国税与海关总署(HM Revenue and Customs)的评估办公室(Valuation Office Agency)负责,其首席执行官由财政部任命的会计专员担任,负责维护其负责的公共资金以及代理机构的日常运营和管理。[②] 在苏格兰地区市政税的计税依据评估则由苏格兰评估师协会(Scottish Assessors Association)完成。虽然评估师协会属于第三方评估机构,但是为保证评估的专业性和权威性,评估办公室和评估师协会的评估员都必须具备资格证书,且

---

① 骆祖春:《英国住宅税中的分级计量法及对我国的借鉴意义》,《涉外税务》2008 年第 1 期。
② 资料来源:Valuation Office Agency, "Our Governance: The main decision-making and executive bodies at the Valuation Office Agency", https://www.gov.uk/government/organisations/valuation-office-agency/about/our-governance.

评估员属于政府公务员。在市政税计税依据的整个评估程序中，中央政府负责立法和制定政策，评估办公室负责提供税基评估服务和相关信息公开事务，公开信息包括评估摘要、评估方案、税基评估结果清单（本次及往年的税基评估结果清单）、计算，以及详细的财产信息（如可以看到建筑物每层的面积），信息公布后6个月生效；如果对于评估机构评估的房产价值有异议，可书面或电子邮件向VOA内部提出异议或者投诉。

英国营业房屋税的计税依据是房屋的年租金收入，英格兰地区和威尔士地区是由评估办公室机构（Valuation Office Agency）负责评估，苏格兰的课税价值则由地方评估官员负责。评估机构在确定租金价值时，评估官员要考虑物业的位置、大小、当地的市场条件、物业是出租还是出售等多种因素。如果物业价值改变，个人必须向评估办公室（对苏格兰而言，是地方评估官）说明，从而保证税收的准确性。[①] 营业房屋税的征收基础是房屋的年净收益（指某房屋在市场中年度的出租金额与修缮费用的差额），其税基既包括了土地，也包括了土地的上盖建筑，是对土地以及上盖建筑的现时使用价值来征税的，即对土地的表面租赁价值进行征税。

四　英国房地产税计税依据评估周期和估值调整

英国市政税和营业房屋税均由评估办公室每5年评估一次，对规定的基准日期后发生的升值现象不予考虑，后建的住宅价值以基准年的价值计价，住宅经过专门房产机构的价值评估后，短期内不能进行重估。英国房地产税之所以可以5年评估一次的重要原因在于英国的通货膨胀率和房地产市场较为稳定，房地产价值每年变化不大，因而每五年评估一次仍然能够代表房地产的真实价值。图4—2表示中国和英国1996—2018年的通货膨胀率，可以看出英国的通货膨胀率基本维持在2%左右浮动，而中国由于目前处于社会主义初级阶段，市场经济发展还在逐步完善，房地产价格也尚未实现平稳增长，5年一次的评估周期在中国并不适用。此外，在评估期内，英国的纳税人若遇到房地产扩建或者拆迁等特殊情况可申请对该房屋进行重新估价或者对于估值进行调整。此外，英国还专门设立了一个独立

---

① 刘华、陈力朋等：《国际房地产税：由来、效果评估与政策启示》，科学出版社2018年版。

的评估裁决机构处理市政税的级次和评估结果的纠纷和争议。①

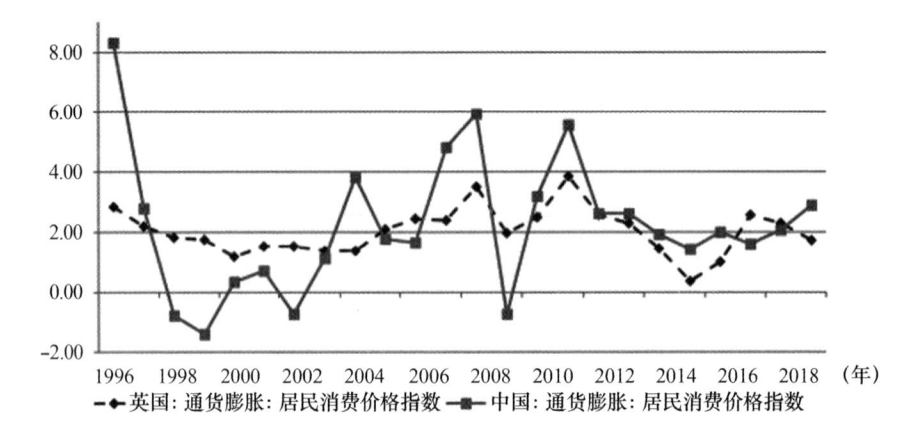

图4—2 中英居民消费价格指数

资料来源：世界银行（http：//datatopics.worldbank.org/world-development-indicators/）。

第四节 德国房地产税计税依据与评估

德国在住房保有环节开征的房地产税主要是土地税，某些地区还会征收第二套房产税。土地税以德国境内的土地及建筑物为征税对象，以征税对象的历史估值作为计税依据，是一种针对不动产原值征收的财产税；德国的第二套房产税是对居民登记使用的第二套及以上的住房征收的税，主要用于抑制居民住房投机。第二套房产税由各市镇立法决定，因此各个地方的计税依据的规定有所不同，本节主要以德国土地税以及科隆市的第二套房产税来分析德国的房地产税。

一 德国房地产税计税依据

德国的土地税计税依据是根据德国《德国评估法》确定的土地评估价值，该评估价值依据土地历史估值标准，西德地区采用的是1964年1月1日的市场评估价值，而东德地区则按照1935年1月1日的市场评估

---

① 张兴：《英国房产税征收的经验和启示》，《中国房地产》2020年第4期。

价值。① 由于土地市场价格的上涨，目前德国土地税的税基远远低于土地现在的市场价值，因此德国居民所承担的土地税实际税负并不高。此外，根据土地税法，德国政府将土地税分为 A、B 两类，土地税 A 对农林用地征收，土地税 B 对建筑用地征收，且两类土地税计税依据的具体规定不同。农林业用地的计税依据为土地产出价值，而建筑用地计税依据为土地本身的市场评估价值。可以看到，德国土地税实行较为严格的宽税基，无论是对于农业用地还是建设用地都征收土地税。同时为保证不同用地类型的差别，德国针对不同类型土地实行了不同的计税依据计算方式。

第二套房产税的计税依据是房产租赁协议规定的"冷租"（Kalte Miete）金额，即不含家具、水电气等用量的租金；若包括了家具、水电气等用量的租金则称为"暖租"（Warme Miete）。如果在房屋租赁协议中只写明了"暖租"的金额，那么将根据下面的方法扣除后计算"冷租"：若房屋内有部分家具扣 10%；若家具齐全扣 30%；若房屋没有暖气或"暖租"中不包括暖气的则扣 10%；"暖租"包括暖气则扣 20%。此外，当第二套房产属于自住、免费使用或租金明显低于当地净租金水平的情况，第二套房产税的计税依据则根据当地类似式样、面积大小、所处位置以及陈设装潢情况的房屋的"冷租"推算。

二　德国房地产税计税依据评估技术和方法

德国土地税的计税依据评估方法采用的是土地单元价值评估方法，即先确定土地的单元价值，单元价值乘以土地面积就是纳税土地的总价值。土地税计税依据具体评估方法分为农林业用地和建筑用地。农林业用地的计税依据是土地产出价值，具体单元产出价值评估是根据土地的质量将土地分为 6 个等级，一等为 100%，六等为 600%，即一等土地的单位面积的纳税单元为 1，六等土地的单位面积的纳税单元为 6，这种评估方式实际与收益分析法的原理很类似。② 建筑用地的计税依据为建筑用地的市场评估价值，由州的专家评审委员会收集成交土地的价格，根据

---

① 由于德国土地税的计税依据一直采用的是历史评估价值，即使 1990 年两德合并之后，土地税的税基仍然没有进行全面的重新评估，仍然一直采用过去的历史评估价值。

② 朱秋霞：《土地税收入在德国市镇财政中的作用》，《税务研究》2006 年第 7 期。

成交土地的价格评估非成交的同类土地的市场价值，使用的评估方法主要以市场比较法为主。

德国第二套房产税计税依据的评估方法以收益分析法为主，成本分析法为辅。具体而言，针对商业房地产、出租性房地产以及家庭住房等是以收益分析法为主，其他不能使用收益分析法的采用成本分析法。收益分析法是根据房地产租客使用该房地产一年要支付费用（包括物业管理费用，但不包括中央供暖费、水费、燃油费以及其他特殊问题）作为年度毛收益，年度毛收益乘以乘系数后结合房地产非正常税收负担和税收减免等综合得出房地产的单价。乘系数是根据房地产类型、建筑年代、建筑形式和施工方式以及在征税单价年房地产所处地区的居民数来确定的。

三 德国房地产税计税依据评估机构和程序

土地税的评估机构是遍布在德国各个地区的房地产"公共评估委员会"，每一个委员会都有委员10—20人不等，负责一个地区的物业税税基评估工作。公共评估委员会最重要的职责就是使地方房地产市场对公民、房地产专家和评估师保持透明度和公开性。[1] 根据德国《联邦建筑法》，房地产公共评估委员会的工作主要包括每年公布房地产市场报告、为纳税主体或者法院撰写已经完工或尚未完工的房地产评估报告以及根据汇总出来的"销售价格总汇"制定"地价图"的"标准价"或者"指导价"等，提出各个区域的"标准土地价格"。其中制定"地价图"的前提是由德国的不动产登记机关（地方法院内设的土地登记局）将每一块出售的土地登记在册，再经过公证人上报国家，集中起来形成"销售价格总汇"。目前房地产公共评估委员会制定的最普遍的标准价格主要有以下几个区域：农林区、农村和市区、工业和贸易区、交通区以及学校和医院等公共区，此外"地价图"还可以提供商用与否以及楼房层数等方面的信息。

---

[1] Oates W. E., "The Effects of Property Taxes and Local Public Spending on Property Values: An Empirical Study of Tax Capitalization and the Tiebout Hypothesis", *Journal of Political Economy*, Vol. 77, No. 6, 1969.

德国第二套房产税计税依据的评估由州政府或者市政府设立的房地产价格评估委员会负责,房地产价格评估委员会隶属于州政府或者市政府税务部门。德国这种评估机构隶属于税收征管部门的优势在于其提高了沟通效率,降低了房产税的税收征税成本,但是评估机构隶属于税收征管部门不利于房地产税评估和征收的相互监督,难以防止税务部门为增加地方收入而增加纳税人的税收负担。关于第二套房产税的计税依据评估,如果是租赁使用的则直接按照租赁协议的"暖租"金额;如果该房产是自用和免费被使用,或是租金明显低于该地区平均净租金水平,那么房地产价格评估委员会将按照计算期开始时与该房产具有相同或类似特征、位置和设施的房产通常所支付的租金额进行评估。

四 德国房地产税计税依据评估周期和估值调整

德国土地税的计税依据为土地历史评估价值,西德地区仍然采用的是1964年1月1日的市场评估价值,东德地区仍然按照1935年1月1日的市场评估价值。所以,德国土地税的计税依据远远低于土地目前的市场价值,一方面使得德国土地税纳税人的实际税负一直不高,另一方面德国这种实际税基与真实价值的严重背离也使得目前德国的土地税收入逐年下降,并导致税负不公的隐患。[①] 在德国,不动产登记机关是地方法院内设的土地登记局。土地登记局会将每个地块的价值及用途登记在地籍册中,一般只有当土地用途发生改变时才会对地块的计税价值进行修改。

德国的第二套房产税的计税依据是房产租赁条款中的"冷租"金额,因而其具体计税依据的变动会随着住房使用人的个人信息变动而变动,没有固定的评估周期。为及时更新第二套房产税的计税依据,德国实行了严格的第二套房产的登记制度,登记的内容主要包括第二套房产所有人的姓名(包括曾用名、艺名等)、性别、出生日期、婚姻状况、国籍、学历、地址、房屋入住或迁出时间(把在此地的房产登记为第二套房产的入住时间;把此处房产重新登记为第一套房产的迁出时间)。当以上信

---

① 张平:《房地产税的政府层级归属:作为地方税的理论依据与美国经验启示》,《中国行政管理》2016年第12期。

息发生变动时，以及任何可能导致税基变动的房屋或租赁协议的变动情况都需要及时登记，以便计税依据的估值调整。

第五节 澳大利亚房地产税计税依据与评估

澳大利亚是一个联邦制国家，设联邦、州、地方三级政府。按照法律规定，除联邦政府统一立法开征的税种之外，允许州政府开征土地税，州以下地方政府可按照州政府制定的地方政府法自行决定开征地方财产税。因此，澳大利亚房地产税包括由各个州开征的土地税和地方财产税，土地税的计税依据为土地评估价值或者评估价值的一部分，具体每个州有所不同。地方财产税由地方政府开征，其各个州征税对象均不相同，计税依据一般为征税对象的评估价值。此外，澳大利亚土地税计税依据的具体细节由各个州自行决定，各不相同，因而本节主要介绍分析澳大利亚各个州土地税的计税依据与评估，以期为中国保有环节的住房房地产税开征提供国际经验借鉴。

一 澳大利亚房地产税计税依据

澳大利亚目前除了北领地外各个州都须征收土地税，澳大利亚土地税由州政府制定和征收，以土地的市场评估价值为计税依据。土地的市场评估价值是指土地的买方与卖方在评估基准日进行的公平交易中，市场上能够合理形成的最可能的价格。在多数情况下，土地的市场价值和土地现行的最大使用价值是相等的，即土地的市场价值取决于土地的最佳用途。在澳大利亚，作为计税依据的土地市场价值为未改良的土地市场价值（土地市场价值不包括地上和地下的基础设施等附着物的价值），且一般而言评估的价值会低于房地产的市场价值。以新南威尔士州为例，每年估价总署都会根据1916年《土地估价法》确定每年7月1日在新南威尔士州所有土地的价值，每块土地的应税价值根据当年和过去两年的平均值确定。当一块土地在不到三年前被创建时（如通过细分或合并），新南威尔士州税务局只能考虑其创建后的几年。

二 澳大利亚房地产税计税依据评估技术和方法

澳大利亚对于土地价值的评估主要使用租金评估法和市场评估法。租金评估法是指按照土地上所有的居住用房或者商业用房的实际租金再做相应的折算作为土地评估价值。由于以实际租金为依据，所以租金评估法是针对出租的民用住宅和商业用房所占用的土地。市场评估法一般用于自用房地产，评估时将房产和土地分离开。具体而言，对于城镇用地，首先要假定这块地没有建房而周围已经开发建房改善了环境，导致土地无形增值；其次在评估时应剔除地上建筑物，再把土地分割成若干小块确定土地的评估价格，没有使用的土地也要进行评估；最后按照房地产总价值剔除房产建造成本、已使用的年限和折旧为土地的价值。

三 澳大利亚房地产税计税依据评估机构和评估程序

澳大利亚各州均设立专门的估价总署（Office of the Valuer-General），按照州政府颁布的《土地评估法》负责每年对土地的市场价值进行评估。估价总署土地评估人员都是持有资格证书的政府公务员，并且都要接受过5年的基本培训，一般为学校专业性学习4年，实践培训1年。具体的评估程序一般是先分析一般评估之间发生的房地产销售和市场趋势，确定评估财产的价值水平，然后再考虑每个物业的单独属性。其中每个物业的单独属性包括区位、视野等位置信息、土地面积、形状等土地详细现场信息以及建筑物、使用年限、风格等信息最终确定每个物业的价格。此外，估价总署对于土地的评估是根据土地的实际使用情况而不是这块土地的最佳使用的价值，因此土地的评估价值一般会低于房地产的市场价值。

四 澳大利亚房地产税计税依据评估周期和估值调整

为配合财政税务部门的征收工作，澳大利亚每个州都由专门设立的估价总署对土地税所有征税对象每年评估一次，但是每个州评估的时间有所差别。例如，南澳大利亚州反映的是每年1月1日的市场价值水平，新南威尔士州则反映的是每年7月1日的市场价值水平。评估价值直接关系到纳税人的税负，如果纳税人对于评估局评估的财产价值有争议，纳税人可以上诉交由仲裁委员会复议；如对复议结果仍有异议，可到最高仲裁委员会作最终裁决。当财产发生变化时，如房屋扩建或者拆除、合并或者细分以及重新分区等情况下，纳税人可申请重新评估或估值调整，估价总署会根据实际情况对该物业进行重新评估或者估值调整。

第六节　日本房地产税计税依据与评估

日本房地产保有环节的税种主要有两个，即固定资产税（固定資産税）和城市规划税（都市計画税），两者均属于市町村税。其中，固定资产税属于一般税，城市规划税则属于特定目的税，[①] 税收收入专项用来维护城市建设开发。固定资产税和城市规划税的计税依据是固定资产登录在《固定资产课税台账（固定資産課税台帳)》里的价值，该价值是征收时评估的市场价值。对于不同类型的固定资产，其固定资产税和城市规划税的计税依据并不是固定资产评估价值的全部，而是一定的比例，但是两者的比例有所不同。本节将对日本的固定资产税和城市规划税的计税依据、计税依据评估等进行探讨分析。

一　日本房地产税计税依据

固定资产税和城市规划税的计税依据均为房地产市场评估价值。为了实现对不同类型固定资产的税负调节，日本固定资产税和城市规划税均根据固定资产的类型，将计税依据设为评估价值的不同比例。对于商业用地和农业用地，其固定资产税和城市规划税的计税依据规定相同，即商业用地的计税依据为评估价值的全部，农业用地分城市内农地和生产性农地，城市内农地为评估价值的1/3，生产性农地为评估价值的全部；对于住宅用地，面积小于200平方米的小规模住宅用地，固定资产税计税依据为市场评估价值的1/6，城市规划税计税依据为市场评估价值的1/3；面积200平方米及以上的一般住宅用地，固定资产税的计税依据为市场评估价值的1/3，城市规划税为市场评估价值的2/3。

[①] 日本城市规划税是市町村以城市计划事业或土地区划整理事业所需的费用为征税目的对特定土地和房产征收的税金。

二 日本房地产税计税依据评估技术和方法

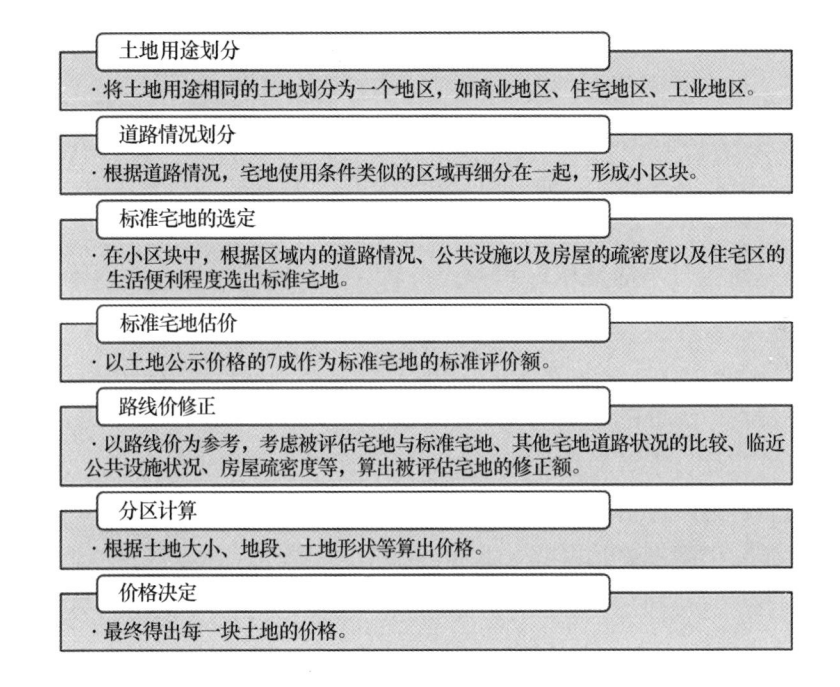

土地用途划分
· 将土地用途相同的土地划分为一个地区，如商业地区、住宅地区、工业地区。

道路情况划分
· 根据道路情况，宅地使用条件类似的区域再细分在一起，形成小区块。

标准宅地的选定
· 在小区块中，根据区域内的道路情况、公共设施以及房屋的疏密度以及住宅区的生活便利程度选出标准宅地。

标准宅地估价
· 以土地公示价格的7成作为标准宅地的标准评价额。

路线价修正
· 以路线价为参考，考虑被评估宅地与标准宅地、其他宅地道路状况的比较、临近公共设施状况、房屋疏密度等，算出被评估宅地的修正额。

分区计算
· 根据土地大小、地段、土地形状等算出价格。

价格决定
· 最终得出每一块土地的价格。

图 4—3 日本土地评估流程

资料来源：谭军、李铃：《日本房地产税征管特色与借鉴》，《税务研究》2018 年第 12 期。

日本较为突出的房地产评估方法是其对于土地的评估方法。对于土地的评估方法是先把使用用途和地区类似的土地划分到一起，选出一个标准土地，再取土地公示价格 7 折作为标准评价额（所谓的"7 成评估方式"）以防止估价与时价背离而发生过度课税问题，然后考虑土地的形状、地段、临近公共设施等进行修正后算出固定资产土地的评价额，具体评估流程如图 4—3 所示。[①] 土地的价格通过固定资产路线价确定，日本一共有约 500 万条路线价道路，其中东京有约 28 万条路线价道路，数据量庞大，因此土地价格通过批量评估完成。对于房屋的评估，日本采用"重建建筑估价法"评估价格，即在评估试点、评估对象房屋在该场

---

① 谭军、李铃：《日本房地产税征管特色与借鉴》，《税务研究》2018 年第 12 期。

所重新修建所需要花费的建筑费用，同时还需要考虑折旧等因素。根据该方法，房屋计税依据为每单位重建费用与未来发生的折旧以及房屋面积的乘积。

三　日本房地产税计税依据评估机构和评估程序

日本房地产税计税依据的评估并没有设立专门的房地产评估机构，而由总务省、总务大臣、都道府县知事、市町村长、固定资产评估员各司其职共同完成，形成了一套较为完备的房地产评估体系。其主要的原因可能是因为日本的地域面积和人口较少，相对于中国、美国等国家，其房地产评估相对更容易。其中总务大臣制定并发布《固定资产评估基准》，固定资产评估员根据《固定资产评估基准》进行评估，市町村长最后确定房地产的价格，具体的评估流程如图4—4所示。可以看出，日本固定资产税计税依据是登录在《固定资产课税台账》中的价格，评估员只是负责房地产计税依据评估的执行，房地产价格的评估标准和价格的最终决定权仍属于政府。

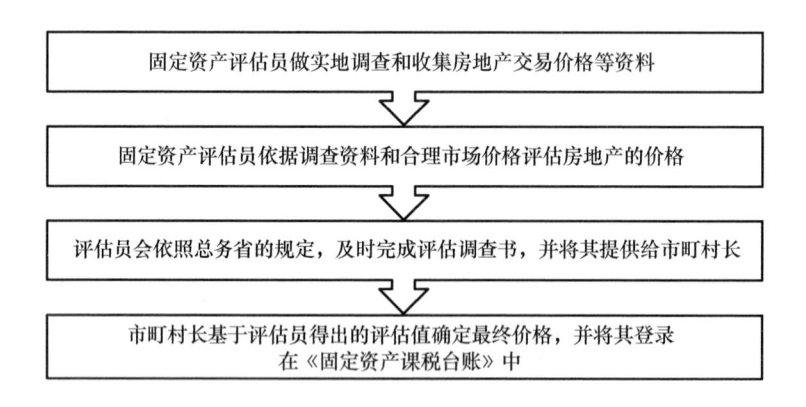

```
┌─────────────────────────────────────────────┐
│  固定资产评估员做实地调查和收集房地产交易价格等资料  │
└─────────────────────────────────────────────┘
                      ▽
┌─────────────────────────────────────────────┐
│  固定资产评估员依调查资料和合理市场价格评估房地产的价格  │
└─────────────────────────────────────────────┘
                      ▽
┌─────────────────────────────────────────────┐
│  评估员会依照总务省的规定，及时完成评估调查书，并将其提供给市町村长  │
└─────────────────────────────────────────────┘
                      ▽
┌─────────────────────────────────────────────┐
│  市町村长基于评估员得出的评估值确定最终价格，并将其登录  │
│           在《固定资产课税台账》中              │
└─────────────────────────────────────────────┘
```

图4—4　日本房地产税评估流程

资料来源：https：//www.nta.go.jp/about/introduction/torikumi/jimunenpo/68/index.htm。

四　日本房地产税计税依据评估周期和估值调整

日本规定，记载在税收登记册上的不动产（包括房屋等建筑物、土地）的价值评估以三年作为周期对房屋成本、土地市价等进行重新评估估值。在三年评估周期内实现价格固定制度，也就是以一定年度为基准年度，以基准年度赋税日期当日的市场价格来计算计税依据，且一般基准年度的第二年度、第三年度不再进行新的评估，依旧执行基准年度的价格。[①] 但如果在第二年度、第三年度赋税日期当天出现土地的使用用途变化、房屋改建或损坏、市町村行政区划调整等情形，使得市町村长认为按基准年度价格征收固定资产税会出现明显的不公平，此时在确定上述土地和房屋价格时应比照在基准年度赋税日期当日与上述土地和房屋状况类似的土地和房屋的价格来替换原先的价格。因此，日本的评估周期一定程度上既能真实地反映土地和房屋建筑物的现价，又节省了每年进行估价带来的成本，既简化了行政业务，也保证了征收便捷。

此外，虽然日本在评估周期内不会对计税依据进行重新评估，但是设置了"负担率"调节机制，[②] 以避免地价大幅波动带来额外的税收负担，负担率为上一年度税基与本年度税基的比值。[③] 负担率主要的作用是调节纳税人的税负水平，即在税负水平高时降低纳税人的税负水平，在税负水平低时按比例提高纳税人的税负水平。因此，经过负担率调整后，即使市场评估价值相同的土地也会因为上年度征税标准的不同导致本年度缴纳的税额不同，负担率的调节使得居民税负变动更加平缓。日本固定资产税根据不同用地类型计税依据的具体调整如表4—2所示。而日本之所以要设置负担率调节居民的税负水平，是因为日本在20世纪80年代后期到90年代初期泡沫经济的形成到破裂导致日本房地产价格每年均会发生巨大变化。

---

① 谭军、李铃：《日本房地产税征管特色与借鉴》，《税务研究》2018年第12期。
② "负担率"调节机制是日本泡沫经济崩溃后，日本土地价格出现显著下降，为了应对地价的不断下跌，也为了促进纳税人税收负担的更加平等化（税负平等化指全国的税负水平基本保持一致），日本于1997年在固定资产税中引入了税负调整措施。
③ 孔艺颖、黄什：《房地产税征收的国际经验》，《发展研究》2019年第9期。

表4—2　　　　　　　　　日本土地的计税依据调整

土地类型		计税基础
住宅用地	小规模住宅	当负担率不低于100%时，本年度计税依据＝规定计税依据；
	一般住宅	当负担率小于100%时，本年度计税依据＝上年度计税依据＋本年度规定计税依据×5%
商业用地		当负担率不低于70%时，本年度计税依据＝规定计税依据的70%；
		当负担率小于70%，大于60%时，则本年度计税依据＝规定计税依据；
		当负担率小于60%时，本年度计税依据＝上年度计税依据＋本年度规定计税依据×5%
农业用地	城市内农地	当负担率不低于100%时，本年度计税依据＝规定计税依据；
		当负担率小于100%时，本年度计税依据＝上年度计税依据＋本年度规定计税依据×5%
	生产性农地	当负担率不低于90%时，本年度计税依据＝上年度计税依据×1.025；
		当负担率小于90%，大于80%时，本年度计税依据＝上年度计税依据×1.05；
		当负担率小于80%，大于70%时，本年度计税依据＝上年度计税依据×1.075；
		当负担率小于70%时，则本年度计税依据＝上年度计税依据×1.1

资料来源：https://www.nta.go.jp/about/introduction/index.htm。

第七节　韩国房地产税计税依据与评估

2005年韩国中央政府引入综合不动产税 종합부동산세，形成了财产税 주택 재산세 和综合不动产税同时存在的二元化不动产保有税体系。韩国财产税的征税对象为土地、房产、船舶等实物财产，计税依据为财产评估价值的一定比例，该税种属于地方税，主要是为了保证地方财政收入。而综合不动产税的征税对象则为总价值超过6亿韩元的房产，计税依据为房地产的标准评估价值的一定比例。这一税种是在财产税之上额外征收，主要面向高端住宅征税，意在打压高房价，促进财富的再分配，其

税收收入属于中央政府。① 本节将对韩国综合不动产税和财产税的计税依据以及评估展开介绍和分析,从而为中国开征保有环节房地产税提供国际经验借鉴。

一 韩国房地产税计税依据

韩国财产税由韩国《地方税法》加以规定,综合不动产税则专门制定了《综合不动产税法》予以规制,两者均采用从价税。关于具体的计税依据,财产税采用市价标准额②시장가격 표준금액 作为税基计算的基础,综合不动产税则以住宅或土地的公示价格作为基础。事实上,韩国《地方税法》第四条第一款规定土地和住宅的市价标准额为韩国《不动产价格公示法》公示的合理价格,所以两者实质上采用同一计算标准,均为根据韩国《不动产价格公示法》公示的合理价格。一般而言,财产税中住宅的计税依据为市场标准额的 60%,而其他建筑物和土地一般为市场标准额的 70%;综合不动产税则为不动产公示价格的 100%。

二 韩国房地产税计税依据评估技术和方法

韩国的不动产评估以市场比较法为主,收益分析法和成本分析法为辅。对于住宅而言,针对公寓等联合住宅和独栋住宅的计税依据评估存在差异。联合住宅市场比较法的流程首先是登记簿调查和现场调查,其次是收集同一区域类似地区的交易案例、评估案例以及销售价格,最后在收集的资料基础上结合当前评估案例的具体情况进行联合住宅价格的算定;而独栋住宅往往由土地所有权人自行建造,其面积、建筑风格、建筑材料等各有差异,所以与公寓等联合住宅相比,对单独住宅的合理价格进行评估难度更大。③ 因此,独栋住宅价格的评估除上述流程之外还需先选取标准住宅,且对少数不能够使用市场比较法的不动产采取收益分析法和成本法。

---

① 李信揆:《韩国综合不动产税收政策及其影响评估》,《国际税收》2017 年第 3 期。
② 《市价标准额调整基准》将市价标准额定义为:市价标准额是指为了确定取得税、财产税等的税基,不是以市价本身,而是以征税机关为了征税所确定的最低的标准价值,予以确定和公示的价值。
③ 张月霞:《韩国财产税市价标准额制度分析与启示》,《国际税收》2019 年第 11 期。

三 韩国房地产税计税依据评估机构和评估程序

韩国的房地产评估是由韩国建设交通部指挥并监督,房地产评估委员会负责房地产评估等具体事宜。房地产评估委员会会长由建设交通部长官担任,评估委员则由不同专业和行业的相关权威人员构成,包括各个相关部门公务人员、在高校相关领域具有副教授以上职称的学者、具有法律从业资格的律师或法官、检察官以及拥有鉴定评估资质的估价人员。对于联合住宅①和独栋住宅②,二者的住宅合理价格评估程序有所不同,具体评估流程详见图4—5。

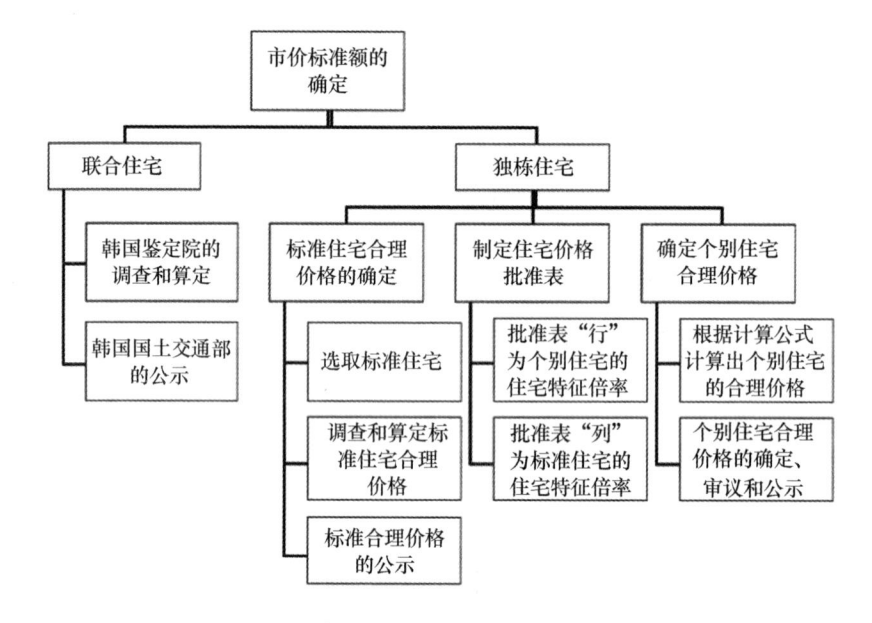

图4—5 韩国房地产合理价格确定评估流程

资料来源:张月霞:《韩国财产税市价标准额制度分析与启示》,《国际税收》2019年第11期。

---

① 根据韩国《住宅法》规定,联合住宅是指建筑物的墙壁、步道、台阶以及其他设施等部分或者全部为多户共同使用的住宅,主要包括5层以上的高层住宅、整栋层数4层以下但总建筑面积超过660平方米联排住宅、整栋层数4层以下且总建筑面积660平方米以下的多户共同居住的住宅以及学校学生宿舍等。

② 根据韩国《住宅法》第二条,韩国的独栋住宅是指一栋居住一户,且拥有独立居住设施的住宅,主要包括单纯的单独住宅、学生或职员数人长期居住的单独住宅、整栋层数3层以下且总建筑面积660平方米以下而且不超过19户共同居住的住宅、公馆等。

联合住宅的合理价格由韩国鉴定院调查算定，在韩国鉴定院向韩国建设交通部提交联合住宅合理价格调查、算定报告书之后，由韩国国土交通部依据《不动产价格公示法》规定的程序对报告书中的共同住宅合理价格（草案）进行审议后对外公示；独栋住宅价格由韩国建设交通部负责完成标准住宅的选取和合理价格的确定，标准住宅合理价格确定之后，经过中央不动产价格公示委员会审议后由韩国国土交通部予以公示，再制作住宅价格批准表。住宅价格批准表是采用多元回归分析方法分析标准住宅的价格和住宅特性后得出的各个住宅价格倍率表，再确定每个独栋住宅合理价格，个别住宅合理价格等于用于比较的标准住宅合理价格与住宅特性倍率的乘积。最后，同样最终合理价格由不动产评估委员会审议和国土交通部依照法定程序公示。《地方税法》第四条第二款规定，住宅以外建筑物的市价标准额由自治地区的长官在交易价格、收入价格、造价为基准的基础上，综合考虑种类、构造、用途、经过年数等因素后加以确定。

四　韩国房地产税计税依据评估周期和估值调整

韩国房地产税计税依据评估周期为1年。韩国安全行政部每年会发布《市价标准额调整基准》，税务部门须在每年一定课税基准日对全国所有不动产加以征收。韩国较短的评估周期与韩国房地产市场波动较大有关系，韩国经历亚洲金融危机之后经济不景气，房价大幅下跌，韩国政府为刺激房地产市场发展的政策实施了很多住房市场化的政策，导致房地产市场出现了大量投机炒房行为，导致房价快速上涨。据韩国民生银行数据显示，2006年韩国房价年涨幅达到19.2%，首尔甚至超过20%，1990—2018年房价指数走势如图4—6所示。当不动产状况发生变化时，纳税人需要提前向税务部门提交申报表，然后再由地方税务部门对掌握的房地产信息进行修改，从而根据情况对不动产进行重新估计或估值调整。

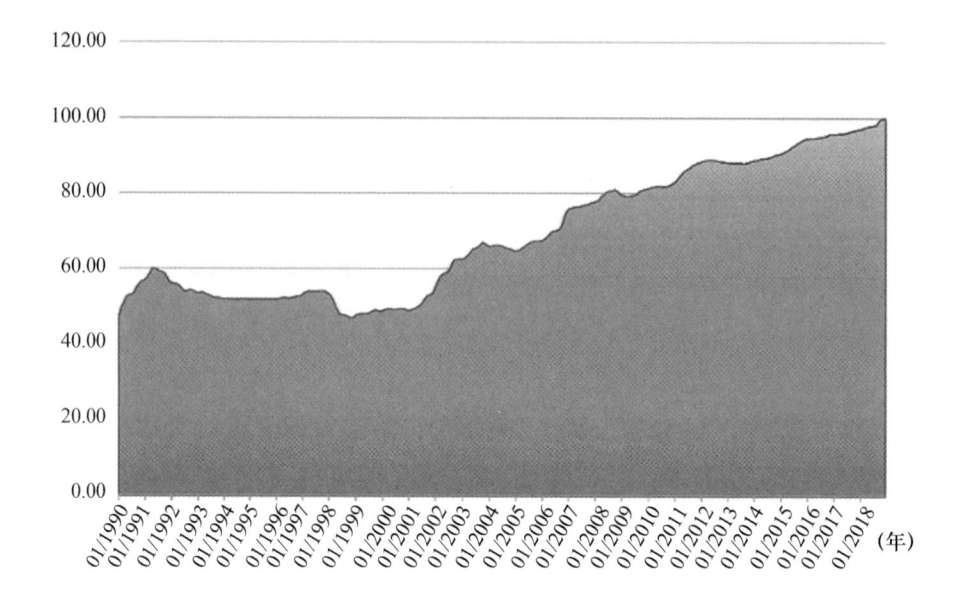

图 4—6　韩国房价指数走势

资料来源：韩国民生银行（http://www.bok.or.kr/）。

第八节　房地产税计税依据的国际比较

本章第二节至第七节对典型国家的计税依据以及计税依据的评估方法、评估机构和程序以及评估周期和估值调整作了较为详细的介绍和分析，这些国家的房地产税发展已经相对完善，可为中国全面展开房地产税的税制设计提供丰富的经验借鉴。本节主要从计税依据的选择和计税依据评估方法、评估机构与程序、评估周期等各个方面对美国、英国、德国、澳大利亚、日本、韩国六个国家的计税依据与评估进行比较分析。

一　房地产税计税依据的国际比较

整体来看，以上经济体均采取的是从价计征的方式，不同经济体根据不同税种选择以房地产的自身价值或者收益价值为计税依据。美国房地产税、英国市政税等以房地产自身价值为计税依据，英国营业房屋税、德国第二套房产税等以房地产收益价值为计税依据,具体各国房地产税计税依据可归纳为表4—3。房地产税在大部分经济体属于财产税,以房地产自身价值为计税依据更能体现财产税的属性,因而更多经济体的计税依据是房地产的自身价值。而采用房地产收益为计税依据的经济体更多的是认定房产税的当期收入,而不是针对财富存量,与房地产税财产税性质有些冲突。[①] 同时,以房地产收益价值为计税依据可能因为经营状况好坏导致税负失衡,即以可能产生的租金收入而非实际租金收入,以房地产收益价值为计税依据的设定方式大多存在于租赁市场相对发达的国家。

表4—3　　　　　　　　不同国家房地产税计税依据

经济体	税种	计税依据
美国	房地产税	房地产评估价值
英国	市政税	房地产评估价值
	营业房屋税	房屋评估租金收益
德国	土地税	土地历史评估价值
	第二套房产税	区域平均租金
澳大利亚	土地税	土地评估价值
日本	固定资产税	房地产市场评估价值
	城市企划税	房地产市场评估价值
韩国	财产税	市价标准额
	综合不动产税	《不动产价格公示法》公示的合理价格

资料来源:笔者根据相关资料整理。

二　房地产评估方法和技术的国际比较

以房地产评估价值作为房地产税的计税依据对房地产评估技术和方法都提出了更高的要求,因此,以房地产评估价值为计税依据的经济体大多拥有较为成熟的房地产评估技术和评估方法。在评估方法上,目前

[①] Tsoodle L. J., Turner T. M., "Property Taxes and Residential Rents", *Real Estate Economics*, Vol. 36, No. 1, 2008.

房地产市场价值评估方法包括市场比较法、重置成本法、收益分析法。有些经济体仅使用其中一种方法估计房地产价值，而大多数经济体一般配合使用多种方法，对不同类型建筑使用不同估计方法，如美国、英国、韩国等国家对于住宅类的房地产采用市场比较法，即以与之类似的房地产市场来估计该房地产的价值；对于写字楼、商业性房地产则采用收益分析法，即根据房屋的出租租金收入使用投资回报率来对房地产的市场价值进行测算；而对图书馆、学校、医院等大型公共建筑物的价值则采用重置成本法，即用现在的技术重建该建筑物的成本。

评估方法的具体实现和运用需要依靠房地产评估技术的发展，综合采取房地产评估值为计税依据的经济体都有较为先进的评估技术。如美国目前广泛地应用计算机辅助批量评估系统（CAMA）和地理信息系统（GIS）等先进技术对房地产的价值进行评估，从而使得房地产的价值评估更加快捷、准确；而韩国完善的土地综合电算系统不但可以按人、按世代详细地掌握全体国民土地所有情况，还可以了解房产所有以及交易情况；英国则是通过独树一帜的分级计量法将房地产价值划分为不同的级次，不同级次采用不同税收乘数。

三　房地产评估机构的国际比较

不同经济体征收房地产税的目的不同，其计税依据的管辖评估主体也有所不同，主要分为三类：一是独立于税务部门的评估机构或者评估部门；二是隶属于财政局的评估部门；三是各级政府官员和评估员组成的评估体系，具体详见表4—4。可以看出，欧美国家的主要评估主体是由地方政府专门设立的"评估机构"，同时这些机构往往独立于税务部门。这是因为欧美国家房地产税的征收目的主要是筹集地方财政收入，一方面要将评估权力和任务下放到地方政府，另一方面要防止地方政府为追求财政收入过度征收。日本、韩国等亚洲经济体征收房地产税除了筹集地方收入的目的，调控房地产市场也是其重要目标，因而其评估主体往往有中央政府参与或者监管，同时也不一定独立于税务部门。

表4—4　　　　　　　不同经济体房地产税计税依据评估主体

经济体	税种	计税依据评估主体
美国	房地产税	州和地方政府专门设立的评价系统
英国	市政税	独立于税务部门的专门"评估局"
	营业房屋税	
德国	土地税	财政局评估处
	第二套房产税	
澳大利亚	土地税	州政府价格估价总署
日本	固定资产税	各级官员和固定资产评估员
	都市企划税	
韩国	房屋财产税	隶属于建设交通部的房地产评估委员会
	综合不动产税	

资料来源：笔者根据相关资料整理。

四　房地产评估周期和估值调整的国际比较

从房地产评估周期来看，英美德等国家的评估周期较长，如美国在房地产未发生拆除、扩建等改变时一般不重新估计，仅以一定的通货膨胀率增长；英国的评估周期为5年，而德国的标准值还沿用了土地历史评估价值（东德地区是1935年，西德地区是1964年）。这些经济体的评估周期之所以较长，一方面是因为其房地产市场已经发展较为成熟，住房价格一直较为稳定；另一方面则是这些国家的大多数住宅较为分散，重新评估成本较大。相比之下，日韩澳等经济体的评估周期较短，日本评估周期为3年，而澳大利亚和韩国评估周期均为1年。这些经济体之所以要采用较短的评估周期是因为其房价增长较不稳定，导致房地产的真实价格变化较大，因此采用更短的评估周期会更加公平合理。

第九节　房地产税计税依据与评估的政策启示

本章的第二节至第八节对典型国家的计税依据以及计税依据的评估

方法、评估机构和程序以及评估周期和估值调整作了较为详细的介绍和比较分析,由于这些国家的房地产税制已经相对较为完善,因此可对中国全面展开房地产税的税制设计提供丰富的经验借鉴。沪渝试点的房产税预计将按照房产评估值作为计税依据,而在房产税改革试点期间,由于房产价值评估的条件不成熟,上海市和重庆市房产税的计税依据都是"应税住房的房产交易价格"。房地产评估价值能够更加真实地反映房地产的价值,相对于被市场价值扭曲的房地产交易价格也更加公平。本章将结合中国"沪渝"试点房产税的计税依据和中国国情,借鉴国外经验提出适合中国房地产税计税依据与评估的建议。

一 不同类型住房实行不同形式的计税依据

根据国际经验来看,房地产计税依据主要有房地产市场评估价值和房地产租金收益价值两类。而中国房产的类型复杂多样,不仅有居民拥有所有权的普通商品房,还有因为住房制度的变迁产生的众多产权不明确的房改房、棚改房等,以及一直没有被合法化的小产权房等。为保证计税依据的合理公平,应当针对不同类型住房实行不同形式的计税依据。

首先,对于产权明晰的普通商品房以房地产市场评估价值为计税依据。根据中国国情,中国居民住房自有率2018年达到90%以上,租赁市场发展并不发达,租赁制度也并不完善,尤其是租赁备案制度刚刚起步,在租赁领域并不像新加坡政府那样拥有主导权。这些均是中国房地产租金收益估算的阻碍。虽然有些国家用估算房屋的重置成本减去折旧后会再运用一个合理的贴现率去确定税金,但在中国,庞大的房地产市场在不断波动,使得重置成本法无法给出一个公平的租金,以房地产市场评估价值作为普通商品房的计税依据更符合中国国情。

其次,房改房、棚改房和小产权房则应以评估租金收益为计税依据。相对于国际大多数国家,中国还存在大量产权不明晰的房改房、棚改房以及没有被合法化的小产权房。房改房是在1998年住房市场化改革之前实行实物分房制度的产物,即国家或单位投资建设、购买住房并无偿地分配给职工,职工通常不拥有房屋的所有权,该类住房在1998年之后统称为"房改房";棚改房是指棚户区改造用来安置搬迁居民的房屋,该类房屋建筑用地属于国家划拨用地,因而居民不拥有其所有权;小产权房是指农村集体土地上建设的房屋,而村民只拥有农村宅基地的使用权,所有权属于村集体所有,因而小产权房的买卖行为不受法律认可和保护。房改房、棚改房和小产权房的使用人并不是法律规定的所有人,其入市交易条件也受到了一定限制,很少按照正规交易渠道进行交易,因而房改房、棚改房和小产权房的市场价值一般均低于同类普通商品房。此外,目前中国也未对房改房、棚改房和小产权房的交易进行备案,无法根据同类型住宅评估出每一处住宅的价值。而事实上,由于房改房、棚改房和小产权房的买卖受到限制,往往也被居民用来出租获取收益。因此,对于房改房、棚改房和小产权房,以年度租金收益为计税依据更具可行性。

二 针对不同类型房产合理采用不同评估方法

以评估价值为计税依据,势必带来税基如何确定的问题。房屋评估考虑的因素很多,例如区域地段,房屋所处小区的自身配置和周边设施,房屋的户型朝向以及成新度,房屋内部装修程度等,反映了当前纳税人房屋的真实价值。评估方法有市场比较法,成本核算法和收入分析法,不同的房产要用不同的估价方法,尤其中国住房种类多样,不仅有可以正常合法交易的商品房,还有很多没有完全产权的房改房、棚改房以及未被合法化的小产权房等。市场比较法指根据与之相类似的房地产的市场价值来评估被评估的房地产的价值,使用该方法的前提是目标房产在市场上交易活跃,存在大量可与其进行对比的同类型房产,在中国对于商品房可以使用。而没有完全产权的房改房、棚改房以及未被合法化的小产权房没有正规交易渠道,其交易数据难以获得,因而采用市场比较法评估其价值难以实现。因而,可选择收入分析法和重置成本法评估房改房、棚改房和小产权房的价值。

三 设定独立于征管部门的评估机构

中国的房地产税税基评估机构的设置应当设立独立于税务部门的评估机构,该评估机构既可以是另设的一个政府行政部门,也可以是另设独立的评估机构。一方面，独立的房地产评估机构或者部门管理会更加便利、有效；另一方面，中国地大物博的现实国情决定，若单靠一些独立的评估师完成房地产税税基评估这项工作，有可能对于工作量巨大的评估工作而言不仅不利于保证评估工作的效率，而且监管力度投入不足时也容易产生评估结果不规范甚至失当的情况。此外，为保证评估的独立性和公正性，该评估机构应独立于税务征收部门，这是因为如果评估机构隶属于征管部门，可能会导致税务部门为追求房地产税税收收入，过高评估房地产的市场价值，导致评估不公。

四　采取适合中国房地产市场的评估周期和估值调整制度

目前中国房地产市场的发展仍然不够稳定，房价的过快增长导致房地产价值变化较大，因此适合采用较短的评估周期。结合日本、韩国的经验，中国评估周期为1—3年较为合适，不同地区可采用不同周期。例如，北上广深等一线城市的房屋价值变化较大，评估技术也较为先进，可采取每年评估一次；而对于西部较为落后的城市，房价每年变化幅度不大，评估技术也较为落后，可采取2—3年为评估周期，从而节约评估成本。同时，评估周期在特殊情况下也可进行调整：一是当房产本身发生如房产扩建或者拆除等变化时可对房产进行重新估值或者估值调整；二是纳税人对于估值结果不满意的可在纳税人申请通过后进行重新估计或者估值调整。

五　完善房地产评估配套措施

以房地产评估价值为计税依据虽然更加公平，但是大大增加了征收成本。中国拥有庞大的房地产市场，住房种类多种多样，包括商品房、房改房以及小产权房等，要完成对每个房屋的评估，任务将十分巨大。因此，中国要顺利完成房地产的评估，需要完善的房地产评估相关的配套措施。综合以上六个国家的经验，要完善好房地产评估配套措施，主要包括以下两个方面。

第一，建立信息平台，采用财产登记制度。对现在保有环节的房产，要求房产所有者或使用人去相关部门登记；对于没有登记的房屋建筑物，可以委派工作人员上门登记入户，收集的信息数据要尽可能的全面。之后，工作人员将登记的信息录入数据中心并建立相应的信息平台，使得政府机关、纳税人以及房产评估机构等可以登录信息平台，根据身份识别来查看所需要的信息。① 目前，国际上对于采用房地产评估价值为计税依据的经济体的房地产登记制度已经相对较为完善，可供中国参考。

第二，建立健全的房地产评估争议机制。机制的健全是为了保证纳税人对房地产税制公平性的信任，因此，相关税务部门应定期地公布房地产价值的评估结果，并使得纳税人能够随时地对评估结果进行查询。在处理房地产评估争议时，应专门设立一个对评估争议进行受理的部门并使其独立于税收征管部门，且该部门需由一些有权威的专业人士组成，保持其独立性和透明性，以维护评估价值的公平公正。如果纳税人对价值评估结果存在质疑，纳税人有权向相关税务机关提出复议。若纳税人对复议后的结果仍不满意，则可向人民法院提起诉讼，直至最终解决争议。对纳税人申诉权利的赋予，既保证了房地产税收的公平性及公正性，也有利于改善税务机关与纳税人之间的关系。

本章小结

本章主要对国际上重要经济体的房地产税计税依据进行了比较系统的梳理比较，以期为中国房地产税制设计提供理论经验借鉴。本章首先对于房地产税计税依据进行了概述性的介绍，其次选取美国、英国、德国、澳大利亚、日本、韩国几个重要经济体为例，对其计税依据作了详细介绍。最后本章从计税依据、计税依据评估或者决定机构、评估方法、技术以及评估制度几个方面对不同经济体的计税依据进行了梳理比较，并结合中国沪渝房产税试点的不足提出了相关政策建议。总体而言，国际上房地产计税依据分为房地产原值和房地产收益价值，房地产原值又可以分为交易价格和评估价值，其中以房地产原值的评估价值为计税依据成为主流。同时，房地产评估方法包括市场比较法、重置成本法、收

---

① 董黎明、裴鸿蕾：《房产税计税依据：典型国家经验借鉴与启示》，《地方财政研究》2015年第2期。

益分析法，各个经济体均针对不同情况使用了不同的评估方法。另外，由于各地的税率决定权不同，其评估机构所属层级也有所不同。目前，国际上众多经济体的房地产登记制度以及公示系统已经较为完善，为中国将来的房地产评估实施提供了有力的基础。

第五章

房地产税税率设计的国际比较与政策启示

税率是指对计税依据的征税比例或者征税额度,是计算征税额的一个尺度,也是衡量税负轻重的重要标志,是房地产税制设计的关键部分。税率水平不仅直接影响国家税收收入,反映国家政策对经济的引导方向和宏观调控的意向,还直接决定居民的税收负担,从而影响居民的纳税意愿。尤其是房地产税作为一种直接税,其税收凸显性更强,更易使得纳税人产生纳税抵触心理。因此,房地产税的税率设计在考虑财政收入和征收成本的同时应该更加关注纳税人的纳税能力,从而保证税率设计的公平合理。[①] 本章将以美国、英国、德国、澳大利亚、日本、韩国作为典型经济体,从税率的形式、税率水平以及税率决定权三个方面介绍国际房地产税税率设计并进行比较分析,从而为中国房地产税税率设计提供经验借鉴。

第一节 房地产税税率设计

目前,各个经济体根据本国国情以及设置的房地产税类型采用不同的税率形式,一般可分为比例税率、定额税率和固定税率。尽管税率形式设定并不一致,但为保证纳税人的纳税意愿,各个经济体房地产税名义税率往往都设置得比较低。名义税率水平的具体确定与各个经济体开

---

① 庞凤喜、杨雪:《个人住房房地产税税负的衡量与比较》,《税务研究》2018年第9期。

征房地产税的目的有关，一般确定的视角有财政预算视角和纳税人的纳税能力，韩国等亚洲国家还会兼顾调控房地产价格；确定法定税率水平地方和中央权力分配一般可分为中央型、适度集权型和地方自主型。本节主要从房地产税税率形式、税率水平以及税率的确定来对房地产税的税率设计加以介绍分析。

一 房地产税税率形式

房地产税的税率形式不仅会影响纳税主体的征收效率，还会影响到税负公平问题。目前不同房地产的税率形式主要有比例税率，累进税率，定额税率三种，具体各个国家采用的税率形式与其计税依据有关，一般选择从价计税的国家其房地产税税率形式通常是比例税率和累进税率，而从量计税的国家可能会选择定额税率。此外，不同国家对于税率形式的选择除了考虑计税依据，还会综合考虑征税效率和税负公平等因素，从而选择适合自己本国国情的税率形式。

（一）比例税率

比例税率是指对于同一征税对象，不论数额大小差距都按相同的比例征收，是一种简洁高效的税率形式，也是目前大多数经济体的房地产税所采用的税率形式，如美国、德国、日本。比例税率的优点在于计算方法简单，应纳税额数额清晰，可减轻税务部门征税工作量，提高征税效率。同时，因为房地产税作为多数经济体的地方主要税种起着调节财政收入的重要功能，其每年的税率往往随经济环境和税基的变化而变动，而比例税率由于本身设计简单能够便捷地随着经济发展而变动。但是，比例税率也存在一些不足。若对同一征税对象以相同的税率征税，税收承受能力高的纳税人和税收承受能力低的纳税人承担相同的税负，不利于缩小贫富差距，会损坏房地产税的收入分配功能。[1] 因此，为弥补比例税率的不足，许多经济体往往采取差别比例税率对不同地区和类型的房地产设置不同税率，即对于相同的征税对象，针对不同的纳税人按照不同的比例征税。此外，幅度比例税率也是许多经济体常采用的税率形式，它是指对于同一征税对象，税法规定税率阈值，地方政府适用地方情况

---

[1] 伍凌云：《房地产税税率问题研究》，硕士学位论文，华中师范大学，2019年。

规定具体税率。整体而言，大多数国家（地区）都采用差别比例税率和幅度比例税率相结合的方式，既能保证税收的收入分配功能，又能保证地方政府和中央税权的平衡。

（二）累进税率

累进税率是指税率随着计税依据的增加而提高，根据征税对象的数额划分数个等级，不同的等级适用不同的税率，与比例税率相比更能体现税收量能课税原则。累进税率一方面可以充分依据纳税人的纳税能力纳税，能够有效地发挥税收的收入分配功能，有利于实现税收的纵向公平；另一方面，累进税率拥有更高的弹性，能够使税收收入的增长快于经济水平的增长。[1] 累进税率又分为全额累进税率、超额累进税率和超率累进税率等不同的形式。全额累进税率实际上也被一些学者认为是一种差别比例税率，是根据征税对象的数额划分不同的等级，每个等级适用不同的税率，征税对象数额直接乘以税率就是应纳税额。[2] 超额累进税率也是将征税对象依据数额划分不同的等级，每个等级适用不同的税率，将征税对象数额按每个等级数额乘以该等级的税率，但各级税额相加之和才是应纳税额。超额累进税率计算方法则更为复杂，但累进幅度比较缓和。超率累进税率是按照征税对象数额的相对率划分为数个级距，每个级距分别规定相应的差别税率。

（三）定额税率

定额税率也称固定税率，即按照对征税对象确定的计算单位，每单位直接规定一个固定的税额。一般采用定额税率的税种其计税依据为从量计税，即根据征税对象的数量决定具体的税率，而比例税率、累进税率通常是根据征税对象的价值数额确定税率。在采用定额税率的情况下，纳税人往往会提高每单位征税对象的附加值来减少所缴纳的税收，无须对附加值征收更多的税款，因而可以促使纳税人着力于提高每个单位内产生的经济效益，提高资源利用率。但是，定额税率无法考虑到纳税人的纳税能力，且税收收入无法跟随经济变化，所以存在着公平性不足和税收弹性较差的问题。因此，定额税率通常适用于征税对象价格稳定、

---

[1] 胡洪曙：《财产税的税率设计研究》，《财贸经济》2010年第10期。
[2] 伍凌云：《房地产税税率问题研究》，硕士学位论文，华中师范大学，2019年。

质量与规格规范的税种。

二 房地产税法定税率水平以及确定依据

房地产税税率水平是决定纳税人税负水平和财政收入的关键，因而各个经济体在确定房地产税税率水平时往往会考虑财政预算和纳税人的纳税支付能力。① 从财政预算的视角来看，大多数国家的房地产税都是地方主体税种，是地方财政收入的主要来源，因而房地产税税率水平往往对地方财政税收收入起着关键的作用，因而在确定房地产税税率水平时，很多国家会基于财政预算和房地产税税基来确定税率水平，如美国、英国等。从纳税人视角，由于房地产税属于直接税，纳税人的税收痛苦感强烈，民众对房地产税率非常敏感，税率过高会降低居民的纳税意愿和纳税遵从度。因此，房地产税的税率水平往往偏低，设定的具体税率水平在保证财政收入的同时还需综合考虑民众税收负担能力，防止中低收入群体因房地产税住无所居。② 一般而言，中央政府大多数会基于纳税人的纳税能力设置税率管制或者设置基准税率和限制税率，地方政府则基于地方财政预算收入在中央政府的管控下自行调整。

三 房地产税税率决定权和决定程序

国际上大多数开征房地产税的经济体都将房地产税作为地方主体税种，因而对于房地产税税率的决定权，往往会面临中央的管控权和地方的自由裁量权之间的权衡问题。由于房地产税在大多数国家（地区）是地方财政收入的主要来源，地方政府可能会因追求财政收入而将房地产税的税率水平定得过高，因此中央政府以照顾纳税人纳税能力为目的对地方的税率水平作一定程序的限制。③ 总体而言，中央对于地方税率的管控既不能过于严苛而导致各个地方政府因地制宜的自

---

① 何杨、林子琨：《基于公共服务均等化目标的房地产税税率研究》，《税务研究》2018 年第 5 期。

② 安体富、葛静：《关于房地产税立法的几个相关问题研究》，《财贸经济》2014 年第 8 期。

③ Mark J. H., Carruthers N. E., "Property Values as a Measure of Ability-to-pay: An Empirical Examination", *Annals of Regional Science*, Vol. 17, No. 2, 1983.

主权被损坏，也不能过于放松而导致有些地方政府一味追求财政收入。① 目前，国际房地产税的税率决定权按照中央的集权程度可分为三类：一是中央集权型，房地产税税率的设计、制定都由中央政府负责，地方政府无权参与干涉，只需接受且依照中央政府决定的税率去征税即可；二是适度集权型，即中央政府根据本国国情设置全国统一的税率范围，地方政府则在中央政府规定的税率范围内，结合本地区的发展状况决定适合本地区的房地产税税率；三是中央政府不设基准税率，地方政府自主决定税率。

第二节　美国房地产税税率设计

目前美国的房地产税为地方税，由地方政府征收和支配，是地方政府财政收入的主要来源。美国各地税率差异较大，总体分布在0.2%—2.5%的区间之内。此外，为保证税收弹性，从税率形式上美国采取的是简单易操作的比例税率。本节将从美国房地产税税率形式、税率水平以及税率水平的确定三个方面对美国的房地产税税率设计展开分析。

一　美国房地产税税率形式

在税率形式上，美国房地产税税率采用的是相对简单易操作的比例税率，简化了房地产税的征收管理过程。同时，房地产税作为美国地方主要税种起着调节财政收入的作用，其每年的税率往往随着经济环境和税基的变化而变动，而设置比例税率可以使税率能够便捷地随着经济发展而变动。但是，单一比例税率是针对所有价值类型的房地产征收同一税率，不符合量能课税原则，会损害税收的收入分配功能，加上美国本身地域面积广阔且地区发展不均衡，因此，美国并未采用单一比例税率，而是采用差别比例税率。美国的差别比例税率一方面是区域的差别性，即税率因地区不同和地理位置而有所不同，如郡、城市和学区之间的税率比例为1∶1∶5；另一方面则是对不同类型的房地产的差别性，如同等

---

① 胡洪曙：《财产税的税率设计研究》，《财贸经济》2010年第10期。

价值的商业用房比自住用房和工业用房的比例都要高。

二 美国房地产税税率水平

根据税率形式和税率的确定方法可知，美国的房地产税税率不仅每年浮动变化，且各个州之间、同一个州内各个地区之间也有差异。根据美国数据网站 WalletHub 的统计，美国各地税率差异较大，总体分布在 0.2%—2.5% 的区间，年税率中值为 1% 左右。2019 年美国 51 个州（特区）财产税中位数比例税率最高的三个州为新泽西州、新罕布什尔州和得克萨斯州；最低的三个州为夏威夷州、阿拉巴马州和路易斯安那州。在最高的新泽西州，房地产税税率为 1.89%，与最低的路易斯安那州 0.18% 的差距达到 10 倍之高，也就是说，对于一栋 100 万美元的房屋，如果在路易斯安那州则每年只需要交纳房地产税 1800 美元，而在新泽西州却需要交纳每年 18900 美元的房地产税。表 5—1 统计了 2019 年美国 50 个州及哥伦比亚特区的房地产税税率的中位数。

表 5—1　　　　2019 年美国房地产税税率中位数　　　　单位：%

新泽西（New Jersey）	1.89	印第安纳（Indiana）	0.85
新罕布什尔（New Hampshire）	1.86	内华达（Nevada）	0.84
得克萨斯（Texas）	1.81	佐治亚（Georgia）	0.83
内布拉斯加（Nebraska）	1.76	蒙大拿（Montana）	0.83
威斯康星（Wisconsin）	1.76	北卡罗来纳（North Carolina）	0.78
伊利诺伊（Illinois）	1.73	加利福尼亚（California）	0.74
康涅狄格（Connecticut）	1.63	俄克拉荷马（Oklahoma）	0.74
密歇根（Michigan）	1.62	弗吉尼亚（Virginia）	0.74
佛蒙特（Vermont）	1.59	亚利桑那（Arizona）	0.72
北达科他（North Dakota）	1.42	肯塔基（Kentucky）	0.72
俄亥俄（Ohio）	1.36	爱达荷（Idaho）	0.69
罗得岛（Rhode Island）	1.35	田纳西（Tennessee）	0.68
宾夕法尼亚（Pennsylvania）	1.35	科罗拉多（Colorado）	0.6
衣阿华（Iowa）	1.29	犹他（Utah）	0.6
堪萨斯（Kansas）	1.29	怀俄明（Wyoming）	0.58
南达科他（South Dakota）	1.28	新墨西哥（New Mexico）	0.55

续表

纽约（New York）	1.23	密西西比（Mississippi）	0.52
缅因（Maine）	1.09	阿肯色（Arkansas）	0.52
明尼苏达（Minnesota）	1.05	南卡罗来纳（South Carolina）	0.5
马萨诸塞（Massachusetts）	1.04	西弗吉尼亚（West Virginia）	0.49
阿拉斯加（Alaska）	1.04	特拉华（Delaware）	0.43
佛罗里达（Florida）	0.97	阿拉巴马（Alabama）	0.33
华盛顿（Washington）	0.92	夏威夷（Hawaii）	0.26
密苏里（Missouri）	0.91	路易斯安那（Louisiana）	0.18
马里兰（Maryland）	0.87	哥伦比亚特区（District of Columbia）	0.46
俄勒冈（Oregon）	0.87		

资料来源：Tax-Rates.org, The Federal & State Tax Information Portal. http://www.tax-rates.org/taxtables/property-tax-by-state。

三 美国房地产税税率的确定

在美国，房地产税属于地方主体税种，税率水平的确定由地方政府根据"以支定收"法确定。地方政府每年会根据当年当地经济和社会发展情况，将当年财政预算要求和非房地产税来源的其他收入相减得出房地产税税收收入，再结合税基评估机构确定的房地产税基价值总额，经过计算确定该年度的房地产税名义税率，再提交议会审查通过后定为法定税率。这样的法定税率由地方政府结合本地区年度财政支出预算水平和房产及土地的市场评估价值进行确定，一方面保证了地方政府年度支出的财政收入，另一方面各州和各地区之间不同的税率及其浮动变化不仅反映出地区社会经济发展的差异和情况，也体现了税收的公平性原则，很大程度地提高了房地产税的税收效用。

除此之外，为限制地方政府任意增加房地产税负，大多数州政府都对房地产税税率制定了上限。有的只限制市、部分县或学区的税率；有的则采取锁定税率、规定税率增长限制的办法；有的结合使用两三种限制办法。例如，亚拉巴马州的税率限制条款规定，县政府用于一般用途的房地产税税率不得超过0.5%，用于债务还本付息用途的房地产税税率不得超过0.25%；市政府用于债务还本付息用途的房地产税税率不得超过1.0%，用于债务还本付息以外用途的房地产税税率不得超过0.5%；

学区的房地产税税率不得低于 1.0%，税率增长率不得超过 0.3%。① 对房地产税税率水平的上限规定，不仅贯彻了美国对房屋保有环节征收的房地产税低税率政策的实施，而且也在一定程度上保障了居民的税负处于合理水平。

第三节　英国房地产税税率设计

目前英国在住房保有环节开征的房地产税主要有市政税（Council Tax）和营业房屋税（Business Rates）两种，其中市政税面向年满十八周岁的住宅房产所有者或承租者征收，而营业房屋税则针对非住宅房产的所有人征收。由于两者的纳税人与征税对象不同，其税率设计也有所不同，因此，本节将从英国房地产税税率形式、税率水平以及税率水平的确定三个方面对英国的市政税和营业房屋税的税率设计展开介绍分析。

一　英国房地产税税率形式

英国房地产税税率同计税依据一样，亦是分为市政税和营业房屋税，其中市政税采用的是累进税率模式。英国政府根据 A 至 H 的不同房屋价值级次，将 D 级定为基准税级，其他级次的应纳税额等于基准税级乘以税收乘数。其中税收乘数的规定，由中央政府先给出最高级是最低级 N 倍的税收乘数结构，将基准税级 D 的税收乘数定义为 1，然后运用近似等差数列分别人为给出 A 级到 D 级、D 级到 H 级或 I 级之间各级的税收乘数。在英格兰和苏格兰地区，税收乘数的数值设立由最低的 6/9 到最高的 18/9，百分比由最低的 67% 到最高的 200%，威尔士地区税收乘数的数值设立则由最低的 6/9 到最高的 21/9，百分比由最低的 67% 到最高的 233%，具体如表 5—2 所示。与市政税不同，英国的营业房屋税采用的是比例税率形式。

---

① 唐在富、冯利红、张耀文：《美国房地产税制对中国的启示与借鉴——基于 50 个州房地产税制运行及税负结构分析》，《地方财政研究》2016 年第 4 期。

表 5—2　　　　　　英国不同级次税收乘数和百分比

级次	英格兰		苏格兰		威尔士	
	税收乘数	百分比（%）	税收乘数	百分比（%）	税收乘数	百分比（%）
A	6/9	67	6/9	67	6/9	67
B	7/9	78	7/9	78	7/9	78
C	8/9	89	8/9	89	8/9	89
D	9/9	100	9/9	100	9/9	100
E	11/9	122	11/9	122	11/9	122
F	13/9	144	13/9	144	13/9	144
G	15/9	167	15/9	167	15/9	167
H	18/9	200	18/9	200	18/9	200
I	—	—	—	—	21/9	233

注："—"表示该单元格无信息。
资料来源：英国税务局官网（https://www.gov.uk/council-tax）。

二　英国房地产税税率水平

由于税级的划分和税收乘数基本不变，因而英国税率水平的高低主要由 D 级基准税级确定，具体的 D 级则由地方政府根据当地经济社会发展水平、地区支出预算以及公共服务供给规模来确定。基准税级纳税额的确定一般通过以下三个步骤完成：首先，地方政府确定需由住宅税筹集的税收收入总额；其次，不同税级应纳税住宅数量乘以相应的税收乘数换成基准税级 D 数量额，加总得出基准税级 D 数量总额；最后，以税收总额除基准税级 D 总数量得出基准税级 D 纳税额。整体来看，D 级基准税级应纳税额在 2005—2018 年呈持续增长趋势，且增长率高于物价增长率，2005 年英格兰 D 级基准税额为 1214 英镑，2015 年 D 级基准税额上涨到 1468 英镑。

三　英国房地产税税率的确定

英国市政税的税率由 D 级基准税级的税额和税收乘数确定，其中税收乘数由中央政府统一规定，地方政府无权更改。同时，D 级基准税级的应纳税额在全国并没有统一的税率标准，不同地区每年各不相同，具体由地方政府根据当地经济社会发展水平、地区支出预算以及公共服务供给规模来确定，具有一定的自主性。为了有效遏制地方政府对市政税税收收入欲望的过度膨胀，主管英格兰地方事务的中央政府社区与地方事务部、威尔士联合政府与苏格兰政府根据《1992年地方政府财政法》和《1999年地方政府法的修正案》在地方年度预算编制之前发布对地方预算及市政税增长幅度的"封顶"（capping）标准。

关于营业房屋税税率，英格兰和威尔士地区的营业房屋税税率由中央政府每年统一变更和决定。每年4月1日，中央政府财政部根据上一财政年度的税率以及通货膨胀率的变化来确定下一年度的新税率，最终的应纳税额为评估租金收益的一定税率比例与免税额的差额，但伦敦的营业房屋税税率由地方政府在一定范围内自行设定。苏格兰地区的营业房屋税税率也是由苏格兰政府决定，税率的涨幅不得超过通货膨胀的涨幅（由零售物价指数变动来衡量）。在对营业房屋税重估时，税率的设定会使得全国范围内营业房屋税的增长与通货膨胀增幅一致。

第四节　德国房地产税税率

目前德国征收的房地产税主要有土地税与第二套房产税。土地税的征税对象是土地及地上的建筑物，而第二套房产税的征税对象是被纳税人所使用的第二套房产，仅在德国少部分地区征收。德国是一个议会制与联邦制的民主国家，土地税基准税率由联邦政府规定，地方政府自行确定稽征率调节税率。在税率形式上，德国的土地税和第二套房产税税率均采用比例税率；在税率水平上，德国的名义税率远高于其他国家，这与其计税依据的设定有关。本节将从税率形式，税率水平以及税率的确定三个方面展开对德国土地税的介绍与分析。

一　德国房地产税税率形式

德国土地税和第二套房产税均采用比例税率形式。其中，土地税采取的是差别比例税率，即不同用途土地和不同地区的土地采用差别税率。具体而言，土地税对农林业用地和建筑用地采用了差别很大的税率，且农林业用地的税率通常低于建筑用地。农林业用地全德统一基准税率，而建筑用地基准税率东德西德、各个市乃至各个乡镇都有差别，主要原因在于建筑用地的税率决定权下放到了各个地方政府。这种做法不仅有利于地方政府调节财政收入，也有利于地方政府进行招商引资等。德国第二套房产税同样采用差别比例税率，各市镇之间的税率有一定差距。

二 德国房地产税税率水平

德国土地税税率由基准税率和稽征率构成，其中基准税率水平和稽征率水平因地区和土地类型而有所差异。总体而言，农林业用地的基准税率高于建筑用地等其他用地，但是农林业用地的稽征率低于建筑用地。而第二套房产税的税率具体到各个市镇有一定的差距，名义税率在5%—20%不等，由于其税基为区域平均租金，税基较小，所以纳税人的实际税负并不高。

对于农林业用地基准税率全德统一为0.6%，稽征率各地区自行确定，不同地区差距较大，导致名义税率地区差别也较大，根据德国联邦统计局数据，2016年各地区农林业用地的稽征率和名义税率具体如表5—3所示。可以看出，慕尼黑地区和斯图加特地区的农林业用地名义税率均超过3%，而柏林市、科隆市以及杜塞尔多夫不到1%，地区之间差距达到3倍之余。这既与不同城市之间的产业定位不同有关，也和土地税本身计税依据地区之间差异有关。

表5—3　　　　　　德国农林业用地稽征率和名义税率[1]

城市	柏林	慕尼黑	汉堡	法兰克福	斯图加特	科隆	杜塞尔多夫	不莱梅
稽征率	150%	535%	225%	175%	520%	165%	156%	250%
税率	0.9%	3.21%	1.35%	1.05%	3.12%	0.99%	0.94%	1.5%

资料来源：德国联邦统计局（http://www.destatis.de）。

对于非农林业用地，东西德地区适用不同的基准税率，[2] 但是均根据

---

[1] 德国土地税的名义税率虽然较高，但是由于其计税依据一直采用的是土地历史评估值，远远低于土地的市场价值，因此德国纳税人的实际税负其实并不高。

[2] 德国虽然在1990年完成了东西德的合并，但是由于土地税的计税依据一直沿用的是过去的评估值，所以两个地区的税率设计也同计税依据一致，东西德适用不同税率水平。

用地类型不同设置了不同的基准税率，西部地区的基准税率一般在0.26%—0.35%，其中用于独栋住宅的建设用地基准税率为0.26%和0.35%（38346.89欧元以下的部分为0.26%，38346.89欧元以上的部分为0.35%），两户联排的建设用地基准税率为0.31%，其他土地为0.35%。相对于西德，东德对基准税率的规定根据新旧建筑用地以及城市人口数作了更加详细的划分，其基准税率为0.5%—1%不等，具体见表5—4。此外，德国各城市建筑用地具体的稽征率普遍高于农林业用地，柏林地区2016年住宅建筑用地的稽征率达到810%，远高于农林业用地，只有斯图加特的农林业用地和建筑用地的稽征率相同，都是520%。总体而言，建筑用地的名义税率高于农林业用地。不过需要说明的是，相对于其他国家，德国的名义税率更加不能代表居民的实际税负，因为德国土地税的计税依据远远低于土地的真实市场价值。

表5—4　　　　　　　　　　东德土地税基准税率

用地类型		所在市人口数（万人）	基准税率（%）
旧建筑物用地	独栋旧住宅的土地价值超过15338.76欧元的部分	—	1.0
	独栋旧住宅的土地价值不超过15338.76欧元的部分	<2.5	1.0
		2.5—100	0.8
		>100	0.6
新建筑物用地	独栋新住宅的土地价值超过15338.76欧元的部分	<2.5	0.8
		2.5—100	0.7
		>100	0.6
	独栋新住宅的土地价值不超过15338.76欧元的部分	<2.5	0.8
		2.5—100	0.6
		>100	0.5
其他未开发的土地		—	1.0

注："—"表示无数据。

资料来源：德国联邦统计局（http://www.destatis.de）。

三 德国房地产税税率的确定

德国的土地税由联邦政府规定基准税率，地方政府自行确定稽征率调节税率，税率的确定权属于适度集权型，税率的最终确定为联邦政府确定的基准税率和地方政府自行确定的稽征率的乘积。德国具体而言，土地税的基准税率由联邦政府根据土地的不同用途规定不同基准税率，而稽征率则由各市政府自行确定。各市镇在每年年初确定下一年度的税率，联邦政府不规定稽征率的上限，各市可根据自身支出情况来确定，同时兼顾招商引资的吸引力，也可将税率制定权限下放乡镇。但是，一般州政府对市镇的土地税税率设置了上限控制，土地税在各个市镇之间变动幅度相当大，市镇对土地税率决策权相当大。同时，不同类型土地的市稽征率不同，农业用地和林地的稽征率通常低于其他类型建设用地。

第五节 澳大利亚房地产税税率设计

澳大利亚是一个联邦制国家，由六个州及若干领地（内陆领地与海外领地）组成，各个州拥有自主立法权。目前除北领地外，各个州都需要征收土地税。澳大利亚的土地税由州政府制定和征收，因此每个州的税率设计有所差异。本节将从房地产税税率形式，税率水平以及税率的确定三个方面对澳大利亚的土地税税率设计进行介绍分析。

一 澳大利亚房地产税税率形式

澳大利亚各州在土地税税率形式上均采用超额累进税率。首先，根据土地价值将土地划分为不同等级，由低到高规定相应税率，征税对象数额越大，适用的税率越高，反之则相反。其次，将计算出来的各段税额相加得到应纳税额的税率，具体通过一般起征点和补加阈值设置不同税率并累加。[①] 例如，新南威尔士州低于一般起征点免征土地税，高于一般起

---

① Fariba R., Charles H., Amir A., "Emissions Pricing Policies and Business Cycles: Fixed vs. Variable Tax Regimes", *Australian Economic Review*, Vol. 53, No. 1, 2020.

征点的土地则征收超出起征点的土地价值的 1.6% 并附加 100 美元，且对于超过补加阈值的部分会再加上超出阈值的土地价值的 2%；而根据《土地税法》第 8 条规定，2019 年南澳大利亚州的土地税税率依照土地价值 5 档累进，具体见表 5—5。

表 5—5　　　　　　　　　南澳大利亚州土地税超额累进表

土地价值	税额
不超过 $391000	0
超过 $391000，不超过 $716000	每超过 $100，加 $0.50
超过 $716000，不超过 $1042000	$1625.00，每超过 $100 加 $1.65
超过 $1042000，不超过 $1302000	$7004.00，每超过 $100 加 $2.40
超过 $1302000	$13244.00，每超过 $100 加 $3.70

注：不足 $100 的部分按照 $100 计算。

资料来源：Department of Treasury and Finance,"Land Tax Rate and Threshold", http://www.revenuesa.sa.gov.au/taxes-and-duties/land-tax/rates-and-thresholds。

二　澳大利亚房地产税税率水平

澳大利亚的土地税采用超额累进税率，所以其税率水平取决于土地价值的起征点和阈值。以新南威尔士州为例，其土地税的阈值每年都会变化，通常于每年 10 月在《政府公报》上发布，并于每年 12 月 31 日应用于土地所有权，土地税适用于征税日期 12 月 31 日之后的全年且不按比例计算，其 2013—2020 年的一般起征点和阈值由表 5—6 所示。可以看出，2013—2020 年新南威尔士州土地税的一般起征点和补加阈值逐年增加，到 2020 年一般起征点增加到 $734000，补加阈值增加到 $4488000，即在新南威尔士州 2020 年，土地价值低于 $734000 则免交土地税，高出 $734000 土地征收超出部分的 1.6%，并附加 100 美元，对于超过 $4488000 的部分，再加上超出阈值的土地价值的 2%。但综合来看，新南威尔士州纳税人土地税的实际税负不超过 2%。

表 5—6　　　　　　澳大利亚新南威尔士州土地税阈值

年份	一般起征点	补加阈值
2020	$734000	$4488000
2019	$692000	$4231000
2018	$629000	$3846000
2017	$549000	$3357000
2016	$482000	$2947000
2015	$432000	$2641000
2014	$412000	$2519000
2013	$406000	$2482000

资料来源：https://www.revenue.nsw.gov.au/taxes-duties-levies-royalties/land-tax。

第六节　日本房地产税税率设计

日本实行中央、都道府县、市町村三级征税体制，在房地产保有阶段，具有财产税性质的税种主要有固定资产税和城市规划税，其中固定资产税的征税对象为土地、房屋以及折旧资产等各类固定资产，城市规划税的征税对象为市区的土地和房屋，两者均属于市町村税。本节将从税率形式、税率水平以及税率的确定三个方面对固定资产税和城市规划税的税率设计进行介绍分析。

一　日本房地产税税率形式

日本固定资产税和城市规划税均采用的是比例税率，其优势在于计算方法简单，应纳税额数额清晰，可以减轻税务部门征税工作量，提高征税效率，但难以实现量能课税原则和收入再分配功能。为避免比例税率导致的税负不公问题，日本一方面在税率设计上对不同地理位置的房地产在规定范围内实行了差别税率；另一方面则在固定资产税和城市规划税的计税依据规定上，根据不同类型的住房和土地设置了不同的征收比例。

二 日本房地产税税率水平

日本固定资产税是由中央政府设置的1.4%的标准税率,[①] 地方政府可自行调节,没有限制税率。但是,若市町村决定采取1.7%以上的税率,则必须听从纳税人的意见并向上级府县政府汇报。固定资产税的税率是由地方政府依据房产的地理位置决定的,不同位置采用不同的税率,地理位置一般的房产适用的标准税率为1.4%,地理位置更好的采用更高的税率,最高税率达到2.1%。2015年,日本80%以上的市町村采取1.4%的基准税率,小部分市町村实际税率略高于基准税率,但均不超过1.75%。日本都市规划税实行的是0.3%的限制税率,即市町村政府可在不超过0.3%的限制下依照程序确定税率。

三 日本房地产税税率的确定

日本固定资产税和城市规划税税率的确定由中央政府集中立法,地方政府可根据中央政府制定的标准行使一定的自由裁量权。具体而言,中央政府对固定资产税设定1.4%的标准税率,对都市企划税规定0.3%的限制税率。地方政府可在标准税率的基础上根据房地产的不同地理位置设定不同的固定资产税率水平,但当市町村决定采取1.7%以上的税率时,必须在市町村议会上听取相关纳税人的意见,并事先报上级府县政府备案,而府县政府有权对1.7%以上的税率作出下调的指示。地方政府可在0.3%的限制税率下综合考虑财政年度的城市规划和来自上级政府的转移支付,从而确定该地区的城市规划税的具体税率水平。

第七节 韩国房地产税税率

韩国在保有环节征收的房地产税包括财产税和综合不动产税。财产

[①] 标准税率是指地方税法中规定的地方政府在征税时通常应该遵守的税率。除了标准税率,日本针对不同税种还分别设置了固定税率、限制税率和自由税率,从而兼顾地方自治和中央政府对于地方的约束。相对于固定税率,标准税率的不同在于当有财政或其他特殊需要时,依照政府规定可以有调动。

税属于地方税，是地方政府财政收入的重要来源；综合不动产税是在2005年韩国为了抑制房价过快上涨而对住宅征收的税种，属于国税。在税率方面，两者均采用的是超额累进税率，且不同类型房产的税率水平差别较大。本节将从税率形式，税率水平以及税率的确定三个方面展开对韩国财产税和综合不动产税的介绍。

一 韩国房地产税税率形式

韩国财产税实行的是超额累进税率，其中对别墅、别墅以外其他住宅和非住宅建筑物实行不同的累进制度，这与韩国人多地少的国情和限制奢侈娱乐消费的政策导向有关。综合不动产税是韩国政府在2005年为抑制房价过快上涨而实施的税种，针对评估价值超过3亿韩元的非营业用地以及评估价值超过6亿韩元的住宅征收，同样采用超额累进税率。其中税率在2005年采用的是分房屋、在用土地和单独土地的3档累进，2006年、2009年分别改为4档累进和5档累进。2019年韩国企划财政部将综合不动产税房屋改为6档累进，并且针对持有3套以上住房者和在首尔等房产管制地区内拥有2套以上住房者和一般房屋持有者实行不同累进制。

二 韩国房地产税税率水平

韩国不同类型的房地产财产税和综合不动产税的税率水平差别很大。对于财产税而言，针对所有独栋别墅，无论价格高低，统一征收4%的房屋财产税；针对别墅以外的其他住宅分4档累进，0.6亿韩元以下的住宅税率为0.10%，0.6亿—1.5亿韩元的住宅税率为0.15；1.5亿—3亿韩元的住宅税率为0.26%，3亿韩元以上的住宅税率为0.40%，具体如表5—7所示。可以看到，韩国对于别墅征收的财产税的税率远远高于其他类型的房屋，这与韩国人多地少的基本国情是分不开的。由于别墅往往比其他联合住房的每户占地面积要大得多，所以在韩国人多地少的国情下别墅是属于相对奢侈的行为，因此对别墅征收了较高的财产税。而对于别墅以外的其他住宅，韩国征收的财产税税率均不超过0.4%，相对于其他国家处于较低税率水平。

表 5—7　　　　　　　韩国财产税超额累进税率

税种	房地产类型	计税依据（韩元）	超额累进税率（%）
财产税	别墅	全额	4.00
	别墅以外的其他住宅	0.6 亿以下	0.10
		0.6 亿—1.5 亿	0.15
		1.5 亿—3 亿	0.26
		3 亿以上	0.40
	非住宅建筑物	普通非住宅建筑	0.25
		住宅区工厂建筑	0.50
		奢侈娱乐场所建筑	4.00

资料来源：종합부동산세세율（https://www.nts.go.kr/support/support）。

对于综合不动产税而言，不同房地产类型的划分更为精细。一般房屋分级标准均为 3 亿韩元以下、3 亿—6 亿韩元、6 亿—12 亿韩元、12 亿—50 亿韩元、50 亿—94 亿韩元以及 94 亿韩元以上。其中，持有 3 套以上住房者和在首尔等房产管制地区内拥有 2 套以上住房者的每一档税率均高于一般房屋持有者，最高税率可达 3.2%，具体超额累进税率详见表 5—8。从韩国房地产税率可以看出，韩国对于境内 3 套以上住房和首尔两套以上住房的房地产税税率明显高于其他住宅，因此韩国的综合不动产税有较为明显的抑制炒房的作用，尤其是对首尔炒房现象的抑制。

表 5—8　　　　　　　韩国综合不动产税超额累进税率

税种	房地产类型	计税依据（韩元）	超额累进税率（%）
综合不动产税	联合土地（별도합산토지분）	200 亿以下	0.5
		200 亿—400 亿	0.6
		400 亿以上	0.7
	单一分割土地（종합합산토지분）	15 亿以下	1.0
		15 亿—45 亿	2.0
		45 亿以上	3.0

续表

税种	房地产类型	计税依据（韩元）	超额累进税率（％）
综合不动产税	3套以上住房和首尔拥有2套	3亿以下	0.6
		3亿—6亿	0.9
		6亿—12亿	1.3
		12亿—50亿	1.8
		50亿—94亿	2.5
		94亿以上	3.2
	一般房屋	3亿以下	0.5
		3亿—6亿	0.7
		6亿—12亿	1.0
		12亿—50亿	1.4
		50亿—94亿	2.0
		94亿以上	2.7

资料来源：종합부동산세세율（https：//www.nts.go.kr/support/support）。

三　韩国房地产税税率的确定

韩国在房地产税税率的确定上完全集权于中央，这是因为韩国政府自独立以来地方自治的水平一直很低，大多税种都由中央政府征管，其地方财政的主要来源也是中央依据各地发展情况下放的财政拨款。在韩国，地方议会不仅不能增加新的地方税种，也无权调整地方税的税率。然而，综合不动产税的引入影响了中央和地方间的原有征税权，原先实行的财产税为地方税，2005年以后分离成综合不动产税和财产税两部分，其中综合不动产税为国税，财产税为地方税。考虑到地方财政收入不足，中央政府向地方政府全额支付所征收的综合不动产税，从而实现了财产税作为地方税的税种属性，也缓和了中央和地方间的税源矛盾。[①] 虽然综合不动产税和财产税的收入属于地方，但是对于综合不动产税和财产税的税率的确定完全由中央立法决定，因而其具体确定依据也未从地方财政收入的视角出发，主要是以调节财富差距和抑制不动产投机为目的确定税率。

---

① 李信揆：《韩国综合不动产税收政策及其影响评估》，《国际税收》2017年第3期。

第八节 房地产税税率设计的国际比较

本章的第二节至第七节从税率形式,税率决定权以及税率水平等多方面对典型国家的税率设计作了较为详细的介绍和分析,其税率设计的实践经验也为中国全面展开房地产税的税制设计提供了借鉴。因此,本节将从税率形式、税率水平以及税率确定权三个维度对以上六个典型国家的税率设计及其相关规定进行比较与分析。

一 房地产税率形式的国际比较

从税率形式看,以上六个国家的房地产税税率形式主要有比例税率和累进税率,各个国家各税种的税率形式如表5—9所示。具体而言,美国房地产税、英国营业房屋税等采用的是比例税率。比例税率最大特点是不论征税对象数额高低,适用的税率不变,税收收入会随经济发展而增加。比例税率的优点在于计算方法简单,应纳税额数额清晰,可以减轻税务部门征税工作量,提高征税效率,能更快地适应经济发展需求;但比例税率对同一征税对象以相同的税率征税,纳税人税收承受能力高的和税收承受能力低的承担相同的税负,不利于缩小贫富差距,也不能根据纳税人的收入水平不同进行调节,难以体现税收公平。因此,采取比例税率的国家为增加房产税的收入分配功能、实现税负实质公平,往往设置较为多的税收优惠和减免政策,或是采用差别比例税率和幅度比例税率。差别比例税率包括不同地区、不同类型建筑物差别税率,同时税率一般每年都有浮动;幅度比例税率则具有一定的弹性,由国家规定税率的上限和下限,各地区根据本地区的实际情况,在规定的幅度内确定一个具体适用的比例税率。

英国市政税、澳大利亚土地税等采用的则是累进税率。英国市政税根据A至H的不同房屋价值级次将D级定为基准税级,其他级次的应纳税额分别是基准税级对应的百分比或者一定的倍数;韩国的房屋财产税和综合不动税分别根据不同类型的房产设置不同累进制度。累进税率形式的优势在于更能体现量能负税,税收负担较公平;对住房价值调节、减少贫富差距有一定作用。但是其计算工作量大,征管成本高;容易影响纳税人对持有住房的信心。

表 5—9　　　　　　不同国家房地产税税率形式比较分析

税率形式	税种
比例税率	美国房地产税、英国营业房屋税、德国土地税、德国第二套房产税、日本固定资产税、日本城市规划税
累进税率	英国市政税、韩国财产税、综合不动产税、澳大利亚土地税

资料来源：笔者根据相关资料整理。

二　房地产税税率水平的国际比较

从税率水平看，各个经济体的居民房地产税实际税率都比较低，计税依据一般也是评估价值的一定比例，实际税收负担都在居民家庭的承受范围以内，所以公众对税收没有太大的抵触心理，偷税、漏税的现象少有发生，税源较为稳定。其中，日本固定资产税统一基准税率1.4%，最高不超过2.1%，城市规划税税率上限0.3%且市町村政府可自行调节；德国联邦政府统一规定土地税基准税率，西德为0.31%—0.6%，东德为0.5%—1%，各市政府自行确定稽征率以调节实际税率；美国地方政府则通过"以支定收"自主确定房地产税税率，2018年各州实际税率为0.27%—2.40%；而韩国除了对别墅和各种娱乐设施的税率为4%外，其他各类建筑物税率水平不超过2%。各国的法定税率水平比较如表5—10所示。

表 5—10　　　　　　不同国家法定税率水平比较分析

经济体	税种	税率形式	税率水平
美国	房地产税	比例税率	地方政府"以支定收"自主税率，2018年各州实际税率介于0.27%—2.4%；
英国	市政税	累进税率	D级基准税在1500英镑左右，以6/9—9/21税收乘数累计
	营业房屋税	比例税率	标准税率41.4%—48.2%；小企业税率40.7%—47.1%

续表

经济体	税种	税率形式	税率水平
德国	土地税	比例税率	0.26%—1%
	第二套房产税	比例税率	区域租金的5%—20%
澳大利亚	土地税	累进税率	超额累进,超过一般起征点1.6%附加100美元,超过补加阈值部分按照2%
日本	固定资产税	比例税率	基准税率1.4%
	城市规划税	比例税率	不超过0.3%
韩国	房屋财产税	累进税率	普通住宅0.15%—0.5%、土地0.2%—5%超额累进制
	综合不动产税	累进税率	1%—4%超额累进制

资料来源:笔者根据相关资料整理。

三 房地产税税率决定权的国际比较

从房地产税税率的决定权来看,由于房产税一般为地方税收,普遍被认为应由地方政府自行决定税率而不是采用全国统一的税率,其税率既可以由法律规定,也可以根据地方政府的支出水平来确定。房地产税的税率决定权根据地方自主权可分为以下三种类型:一是中央集权型,中央政府决定房地产税税率的设计与制定,地方政府无权参与干涉,只需接受且依照中央政府决定的税率去征税即可,一般用于面积较小或中央政府和地方政府的权限分配有所限制的经济体,如韩国。这种做法减少了地方政府对于房地产税的权限,可以防止地方政府官员决定税率过高而以权谋私,同时也可避免地方政府为推进本地区经济发展而不顾税收目的采取过低税率,致使房地产税流于形式。二是适度集权型,即中央政府根据本国总体国情,设置全国统一的税率最高与最低范围限制,地方政府在国家最高税率限度内结合本地区的发展状况决定适合本地区的房地产税税率。税率上限可控制地方政府税收规模,在地方政府财政收入充足的情况下采用低税率减轻纳税人负担,在政府财政支出过大时又可防止纳税人税负过重,如日本、德国。三是中央政府不设基准税率,由地方政府自主决定税率,如美国按照"以支定收"确定地方房地产税税率、英国中央政府只设置税税率形式而具体各级房地产税税率水平仍由地方政府确定。

第九节 房地产税税率设计的政策启示

本章的第二节至第八节从税率形式，税率决定权以及税率水平等多个视角对典型国家的税率设计作了较为详细的介绍和比较分析，对中国全面展开房地产税的税制设计提供了丰富的经验借鉴。上海市房产税改革试点适用的基本税率是 0.6%，但是应税住房每平方米市场交易价格低于上海市上年度新建商品住房平均销售价格 2 倍（含 2 倍）的，适用 0.4% 的低税率。重庆市房产税改革试点对于"独栋商品住宅和高档住房"，根据其房价相较于重庆市主城区上两年新建商品房均价的具体情况分别适用 0.5%、1% 和 1.2% 的税率，对于在重庆市同时无户籍、无企业、无工作的个人新购首套及以上的普通住房，则适用 0.5% 的税率。由此可见，沪渝保有环节房产税改革试点整体税率水平较低，而且均采用了简单易操作的比例税率。本节借鉴以上国家税率设计的相关经验，同时结合沪渝房产税改革试点和中国国情，提出适合中国房地产税税率设计的建议。

一 不同地区和不同住房类型采用差别比例税率

从房地产税立法的国际经验来看，有调控房产价格、鼓励房产长期持有或抑制房产数量持有过多的要求的国家，通常会采用累进税率形式；而为简化征税程序、降低征税成本的国家则通常采用比例税率。中国房地产征税对象种类多样，房地产市场庞大，同时对于财产税的征收技术仍处于尝试阶段，因此，简单的比例税率更适合中国国情。同时，考虑到中国房价水平以及房地产市场发展程度地区差异较大，使用同一税率不符合量能课税原则，所以为兼顾对房地产税的价格调控作用和收入分配作用，中国应配套使用差别比例税率和幅度比例税率，即对于不同房产类型，如别墅高档住宅、普通住宅、经济适用房以及小产权房分别适用不同登记税率；对不同地区也同样实行差别税率。此外，中国对于具体地域的差异还可采用幅度比例税率，即由中央政府或者省级政府规定税率浮动范围，地方政府结合地方房地产发展程度和财政支出水平决定具体税率。①

二 采取较低的名义税率水平

综合国际经验来看，各个国家的税率设计普遍采用的是低税率，居民税负不重，大多数经济体的房地产税税率在0.5%—3%。房地产税相对于其他税种税收凸显性较高，过高的税率会影响居民的纳税意愿与纳税遵从，导致纳税人产生抵触情绪，提高税收征管难度，不利于社会稳定。而中国房地产本身价值就很高，占家庭财产的绝大部分份额，同时间接税负又较重，过高的房地产税税率可能导致纳税人难以承担税负，尤其是对一些低收入家庭而言。因此，中国的税率水平参考国际水平，居民的实际税负应在0.5%—1.5%左右较为合理。

三 中央和地方合理分配税率决定权

从国际经验来看，房地产税税率决定权主要有中央集权型、中央适度集权型和地方完全自主型。从中国国情来看，中国地域面积广阔，人口众多，地区发展差异较大，房产税税率也应因地制宜。由于中央对地方发展情况掌握有限，所以税率完全交由中央决定是不可行的，但房地产税税率也不可完全由地方决定，因为中国立法权由全国人民代表大会及其常委会行使，税收属于法定事项，必须由全国人大及其常委会立法决定。因此，为保证中央对于地方的管辖和地方自主权，可参考德国和日本的形式，由中央统一立法决定税率范围，各省、自治区、直辖市政府根据本地的实际情况确定具体的法定税率水平。

四 基于地方财政预算填补和纳税能力确定税率

房地产税的税率设计是税制建设的重要环节，确定合理的税率范围和变动税率制度是税制建设的基础。国际上比较成熟的房地产税税率确定方法一般是根据地方政府预算与当地住房价值总和相除所得的单一税

---

① 吴旭东、田芳：《房地产税税率：影响因素、税率测算和方案选择》，《地方财政研究》2016年第4期。

率。当前中国的房地产税不可能弥补财政缺口，但是考虑到中国地方政府面临严重财政赤字以及事权和财权的不匹配，从地方政府的财政预算缺口去考虑房地产税的税率也是非常必要的。此外，近十年来随着房地产市场的快速发展和房价的快速上涨，中国居民家庭房产的价值也发生了巨大的变化，特别是"北上广深"一线城市居民家庭的房产价值在数十年内上涨了数倍，如北京和上海商品住宅的平均销售价格在2003—2016年分别上涨了5.39倍和4.19倍。然而，中国居民家庭收入水平的增长速度却严重滞后房价的上涨速度，如北京和上海的居民人均可支配收入在2003—2016年分别上涨了3.13倍和2.88倍，因此，大多数居民家庭的住房价值与其收入水平是不相称的。那么，在住房价值与居民收入不相称的条件下，若按照房产评估价值征收房地产税，可能会出现居民纳税能力不足的问题。因此，房地产税税率的确定还应考虑居民家庭的纳税能力。总之，既要实现房地产税的功能又要保证纳税人的纳税遵从，在税率设计上就应同时考虑财政预算和纳税人的纳税能力。

本章小结

本章主要对国际上重要经济体的房地产税税率设计进行了详细的介绍和比较系统的梳理比较，以期为中国房地产税制设计提供理论经验借鉴。本章首先从税率形式、税率水平以及税率决定权对房地产税税率作以概述性介绍，其次选取美国、英国、德国、澳大利亚、日本、韩国等重要经济体对其税率设计作了详细介绍。从税率形式看，以上经济体主要采用比例税率和累进税率，美国、日本、德国均采用的是比例税率；英国、澳大利亚和韩国采用是的累进税率。从税率水平看，各个经济体的居民房地产税实际税率都比较低，实际税收负担都在居民家庭的承受范围以内。从房地产税税率的决定权来看，由于房产税一般为地方税收，普遍被认为应由地方政府自行决定税率而不是采用全国统一的税率。税率既可以由法律规定，也可以根据地方政府的支出水平来确定。其次，本章从税率结构、税率水平以及税率决定权和确定方式各方面对不同经济体的税率设计进行梳理比较。最后，本章结合中国国情，提出了适合中国房地产税税率设计的政策建议。

第六章

房地产税减免政策的国际比较与政策启示

古人云,"安得广厦千万间,大庇天下寒士俱欢颜",房地产作为一种不动产,自古以来对社会和个人影响重大。纵观世界各国房地产税收体系,其计税依据大都为个人住房的评估价值,而当评估价值与居民收入不匹配时,会设置多样化的减免政策以减轻纳税人的税收负担,从而提高纳税遵从度。中国作为住房价值与居民收入严重不相称的国家之一,在探究房地产税立法的过程中,减免政策的设置尤其重要。美、英、德、澳、日、韩等国作为房地产税制已较为完善的国家,其减免政策的设置对于中国具有重要的参考价值。本章将对房地产税减免政策进行国际比较,并结合中国沪渝两地房产税改革试点的发展现状提出建议。

第一节 美国房地产税减免政策

美国作为西方国家中房地产税制最完善的国家之一,其房地产税最早设于1787年,当时是为了满足独立战争中巨额经费支出的需要。20世纪初,随着美国房屋价格的一路飙升,房地产税的征收总额越来越高,美国公民房地产税的税收负担也越来越重,各州政府开始出台税收优惠政策,且这一时期的房地产税减免政策主要针对贫困家庭和低收入家庭。[①] 第二次世界大战结束之后,美国迎来了经济"滞胀"时期,房产价格继续飞速上

---

① 李明:《美国房产税的税收限制政策及制度变迁分析》,《税务研究》2017年第6期。

涨，房地产税的税收负担愈发沉重，美国各州纷纷对现有的房地产税收体系进行改进，实行新的房地产税减免政策。其中，最具代表性的是加利福尼亚州在1978年通过的《第13号法案》。该提案涉及计税房价的调整、重复征税的减免等，对其他州重构房地产税制度具有重要的参考意义。随着房地产税减免政策的细化，各州政府逐步出台了面向老年人的减免政策和税收抵免机制，其中税收抵免机制指如果经过计算需要缴纳的房地产税高于设定的数值则可以获得一定数额的减免。美国在保有环节开征的房地产税又叫财产税（Property Tax）。本节将总结并分析美国各州现行房地产税减免政策的主要类型，从减免性质来看，大致可分为基于纳税人特征、房地产特征、物业价值、家庭收入、所有权变更性质五类。

一 基于纳税人特征的减免政策

基于纳税人特征的房地产税减免政策主要是考虑到老年人、残疾人、退伍军人等特殊群体，以及需要社会特殊关照的人群，这类减免标准众多。表6—1将美国全部50个州的房地产税减免政策从年龄、职业、身体状况、业主或租户四个方面进行分类。

表6—1　　　　　基于纳税人特征的减免政策

减免依据	规定	使用范围	代表案例
年龄	针对老年人的税收减免	24个州规定了类似条款	纽约州财产税法规定年龄超过65岁且家庭收入低于58399美元的业主，房地产税免税额最高可达50%
职业	是否为退伍军人	30个州对退伍军人的自用住宅提供一定免税额	加利福尼亚州财产税法规定退伍军人主要居住地财产可免除最高额为15万美元的房地产税
身体状况	是否为残疾人	19个州规定了类似条款，其中4个州对申请人无年龄限制	加利福尼亚州和宾夕法尼亚州对残疾人的定义为失去工作能力的人
业主或租户	部分租金支出视同纳税	28个州规定了租户减免，其中18个州限制为老年人或残疾人	新泽西州规定老年人或残疾人租房支付租金的18%视同纳税额，当租户纳税额超过收入的4%时，超过部分的20%予以减免

资料来源：美国各州税务局网站（www.taxadmin.org/state-tax-agencies）。

老年人和残疾人作为社会弱势群体普遍收入较低,需要社会关照,因此,美国各州政府从医疗补助到住房补贴均设置了广泛的社会福利和税收优惠,覆盖了老年人和残疾人生活的方方面面,而且针对老年人设置房地产税减免政策还能减轻房屋净值抵押贷款参与者的税收负担,降低违约风险,提高纳税遵从度。[①] 纽约州等24个州针对老年人的房地产减免政策将减免年龄限制为65岁以上(65岁为美国正常的退休年龄);加利福尼亚州等19个州针对残疾人的房地产减免政策也大多对减免年龄进行了限制,且加利福尼亚州和宾夕法尼亚州将残疾人定义为失去工作能力的人。除了老年人和残疾人,各国政策常常会向退伍军人有一定的倾斜,因为国家的安全离不开军人,而退役后的生活是参军人员较为关心的方面,美国也不例外。美国针对退伍军人设置了不少福利,房地产税的免税额就是其中之一。目前,加利福尼亚州等30个州的政府在对退伍军人自用住房财产进行估值时提供一定金额的免税额,且根据是否在服役期间受残等条件有一定范围的浮动。

此外,美国的租房市场比较成熟,具有较完善的租房体系和法律法规,租户可享受与住户同等的权利,因此美国的人均租房率也比中国要高。美国2019年第四季度人口普查数据显示,65.1%的美国人拥有自己的住房,而中国的家庭住房拥有率据央行"2019年中国城镇居民家庭资产负债情况调查"披露为96%。基于此社会背景,美国政府在建设大量廉租屋的同时还对租户设置了一些房地产税减免措施来鼓励居民租房,其中新泽西州等18个州对这一减免政策设置了年龄条件,仅限于老年人。

通过以上分析可以看到,美国基于纳税人特征的房地产税减免政策是为不同类型纳税人"量身定制"的,与纳税人社会背景相符并考虑了社会各个群体的税负情况,从而针对性地对特定人群进行减免税以减轻纳税人的税收负担,使得纳税人的纳税遵从度大大提高。但是,基于纳税人特征的房地产税减免政策也存在一定缺陷,如分类繁杂、实际操作成本高等。

[①] Nikaj Silda, Miller Joshua J., "HECM and Property Tax Relief for Seniors", *Cityscape*, Vol. 19, No. 1, 2017.

二 基于房地产特征的减免政策

英国经济学家 Kolebe 曾说："税收这种技术，就是拔最多的鹅毛，听最少的鹅叫。"房地产税也是一样。大量学者的研究表明，房地产税要想充分发挥效用，一定要遵循"宽税基，低税率"的原则。美国对居民的住宅用房一律征收房地产税，做到了"宽税基"。但是，这种对存量房和增量房都征税的做法在一定程度上不利于调节贫富差距，也不符合税负水平与税负能力相适应的原则，所以基于房地产特征的减免政策诞生了。基于房地产特征的减免政策主要是针对纳税人持有房地产的用途、社区性质等进行分类，从而设置不同的减免政策。房地产的用途包括是否为自用住宅，是否为首套住宅等。

1971 年纽约州政府在基于人口流失严重、房地产市场萎靡的背景下推出了 421—A 免税条款，该条款规定开发商在纽约市五个行政区内建造房屋时只需支付土地的税收。这一免税条款促进了纽约州的发展，但随着纽约房地产市场的回暖，该减免条款的适用标准逐渐提高，更正为只有在特定区域（起初为曼哈顿昂贵的地段，后来扩大到纽约区的多个行政区）建造的"经济适用房"才能获得免税。此外，出于保障居民基本生存权利的目的，各州几乎均有针对首套住宅的减免政策，但减免方式与数额根据各州情况有所差异：加利福尼亚州现行税法物业税第一条 218 项规定，纳税人的主要自用住宅（非闲置、出租、正在建造）每年可以免除 7000 美元的房屋评估价值（按照 2020 年 6 月 4 日现钞汇率相当于人民币 49889 元）；佛罗里达州的《拯救我们的家园》（*Save Our Homes*）和 1 号补充案将住宅分为自用、出租和度假三类，其中自用基本住宅每年可以享受 50000 美元（按照 2020 年 6 月 4 日现钞汇率相当于人民币 356350 元）的免税税基。此类减免政策解决了"一刀切"做法的不足，在保障居民基本生存权利的条件下尽力做到"宽税基"。同时，此项减免政策由于进行分类的特征较为明显、数据易于获取，有利于数据核查且能缩减税收征管成本，得到了广泛应用。但是，此类政策也有一定的不足之处，如需要有完备的房地产特征数据库予以支持，而且需要每年更新纳税人的房产用途和社区性质等，否则将无法准确落实减免政策。

三 基于物业价值的减免政策

基于物业价值的减免政策指对低于一定价值的房产给予房地产税减免。例如，华盛顿州财产税法减免政策第六条规定，房产价值不超过15000美元（按照2020年6月4日现钞汇率相当于人民币106905元）的家庭可以申请房地产税免税。

美国房地产税的税基为房屋评估价值，该评估价值以政府定期估计的房屋公允市场价值乘以评估比例来确定，评估比例根据地区、年份、类型、用途有所不同，而美国的加利福尼亚州、堪萨斯州和北达科他州等18个州的州政府则针对物业价值低于一定金额的纳税人规定了房地产税的减免政策。此类减免政策是为了缓解低收入人群的税收负担，因为物业价值作为财产的衡量标准可以反映出一个住户的经济情况与纳税能力。从"量能赋税"角度来看，物业价值低于一定金额的纳税人往往经济条件相对较差，因而对其进行房地产税减免可以维持他们的基本生活水准，符合"能"的要求。

此项减免政策的优点在于根据物业价值来进行分类，而物业价值大体上体现了纳税人的财富与纳税能力，因此具有一定的调节贫富差距的功能；而且进行减免的标准为物业价值，此项数据可以参考税基的数据源，因而简单可行、无须收集其他信息，在实践过程中备受青睐。但它的缺点在于以物业价值作为居民支付能力的衡量标准并不是最科学合理的方式，因为物业价值与个人收入水平即纳税能力并不是完全对应的。

四 基于家庭收入的减免政策

基于家庭收入的减免政策是指对收入较低的家庭给予房地产税减免，其代表措施是"断路器"机制（Circuit Breaker），即当税负占家庭收入的比例超过一定值时，减免措施发挥作用，对税收负担过重的家庭进行一定的房地产税减免。目前，这一机制在美国的缅因州、密歇根州等33个州和哥伦比亚特区实行。

税收的一大原则是税负水平与纳税能力相适应，据第6章的分析可知，基于物业价值的减免政策即基于此原则设立，以减轻低收入人群的税收负担。但是相对于物业价值，家庭收入在大多数情况下能够更加准确的衡量居民的纳税能力，因此各州政府又设置了基于家庭收入的减免政策。然而，此项减免政策并不是给出一个"起征点"，而是希望在减免额和家庭收入之间构建一种反向联系机制，达到家庭收入越低、减免额越高，进而对税收负担过重的家庭进行减免的目的。① 具体实施时，纳税人根据自己的纳税申报表来申报自己在本年度所需缴纳的房地产税。如果纳税人缴纳的房地产税与其收入之间的比例超过了"断路器"机制规定的限额，州政府将会将超过限额的一部分归还给纳税人，具体的返还方式有直接支票返还、个人所得税抵扣和下期房地产税抵扣三种，各州在应用时侧重的方式不同。例如，迈阿密州采取直接支票返还的方式，马萨诸塞州采取个人所得税抵扣的方式，而马里兰州则采取下期房地产税抵免的方式。无论采用何种方式，此项减免制度的初衷都是希望更精准地将税负水平与税负能力相匹配，减轻纳税人的税收负担，实现税收公平。

基于家庭收入的减免政策优点在于可以更直接更精准地定位于最需要减轻纳税负担的纳税人，从而减轻其生存压力、提升生活水平；缺点则在于其需要准确地获取家庭收入等较为私密的信息，可能会耗费大量的人力物力财力，而且容易出现虚报、漏报或错报的情形，因此此类政策在中国实施还存在一定的局限，需要考虑配套征管措施的建立。

五 基于所有权变更性质的减免政策

基于所有权变更性质的减免制度主要是依照交易价值量的增值额、所有权变更的范围和变更对象等进行分类，从而设置不同的减免政策。美国加利福尼亚州在不同时期制定了不同的关于住宅所有权变更的房地产税减免政策规定，3号提案最早指出若变更房屋所有权是出于国家征用的原因，则无须重新计算评估价值，此后逐年将条件放宽，如直系亲属间变更房屋产权、老年人和残疾人变更房屋产权、房屋因自然灾害或环境问题而无法使用导致的变更房屋产权，详见表6—2。

---

① Cho Seong-Hoon, Kim Seung Gyu, Lambert Dayton M., Roberts Roland K., "Impact of a Two-Rate Property Tax on Residential Densities", *American Journal of Agricultural Economics*, Vol. 95, No. 3, 2013.

基于所有权变更性质的减免制度考虑到了家庭因素、人口老龄化因素和人口流动因素，具体包含了直系亲属间的房产所有权转移减免、老龄换房性变更减免以及流动性变更减免。在父母和子女、配偶间变更产权的房地产税减免主要考虑到家庭因素，降低直系亲属间变更房屋所有权的成本；年长业主换房的房地产税减免主要是考虑到人口老龄化因素，因为对于年老业主来说在退休时常常会有将房产从靠近工作地点的区域转移到适合养老的区域的需求；公民的流动性变更房地产税减免在加利福尼亚州并未得到充分体现，流动性变更减免主要是为了促进人口流动与人口调控。这类减免政策从优化市场资源配置的角度出发，有利于消除征收房地产税对房地产流动性带来的消极影响，在一定程度上也考虑到了税收公平的因素。

表6—2 加州住宅所有权变更的房地产税减免政策

法案名称	年份	无须重新计算评估价值的情形
Proposition 3	1982	房屋被国家征用的纳税人换至规模和功能相似的新住宅时
Proposition 50	1986	房屋因自然灾害毁损的纳税人换至同郡县内的相似替代住宅时
Proposition 58	1986	配偶间、父母和子女间变更房屋产权时
Proposition 60	1986	55岁以上公民在同一郡县内换至同等价值或以下的新住宅时
Proposition 90	1988	将Proposition 60的情形放宽至不同郡县内
Proposition 110	1990	残疾人将现有住宅换至同等价值或以下的新住宅时
Proposition 171	1993	将Proposition 50的情形放宽至不同郡县内
Proposition 193	1996	祖父母和孙辈（父母已去世）之间变更房屋产权时
Proposition 1	1998	房屋因环境问题无法使用的纳税人换至相似替代住宅时

资料来源：加利福尼亚州立法机关（lao.ca.gov/reports/2012/tax/property-tax-primer-112912.pdf）。

纳税人在一生中可能会因为各种因素需要变更房屋的产权，如喜新厌旧、工作原因变动、被国家因城市规划等原因征用、被自然灾害毁损、转移给亲属或亲属给予等。美国各州立法机关对于这些情形导致房屋所有权变更的房地产税减免保障了居民的养老、安定等需求，也促进了不同州之间的人口流动，有利于协调各州的经济发展与提高纳税人的纳税遵从度。

六 美国房地产税减免政策的评价

通过本节对美国现行房地产税减免政策的分析，可以看到较为全面的税收优惠是美国房地产税制度的亮点之一。除了围绕纳税人特征、房地产特征、物业价值、家庭收入和所有权变更性质五个方面设置的房地产税减免政策外，在不同的时期美国各州政府也会出台临时的房地产税减免政策。比如2008年国际金融危机时期，美国实施的《住房援助法案》规定，在2008年和2009年低于免税标准的有房户每年可从应纳税收入中扣除一定数额的房地产税，从而获得相应的税收减免；2020年新冠肺炎疫情期间，纽约州第202.22号行政命令规定免除由于感染新冠肺炎病毒造成的困难而迟交财产税的城市和市区的罚款，在任何情况下不得要求任何城镇支付超过60%的财产税税款等。美国房地产税制度的另一大亮点是"断路器"机制的设置，"断路器"机制在家庭收入与应纳税额之间构建了一种联系，以科学的方式来控制税收占家庭收入的比例，有利于保障低收入群体的生活以及平衡广大居民的税收负担。

第二节 英国房地产税减免政策

在第一节中本书对美国的房地产税减免政策进行了分析，但其实房地产税作为国际通用税种之一，最早是由英国在1601年提出的。[①] 该时期英国的圈地运动导致了严重的社会动乱，为了不让突出的贫困问题影响统治阶级，伊丽莎白女王签署了《贫困救济法案》，开征强制性的炉灶税[②]（Domestic Rate），按家中炉灶数目课税，后来又被"窗户税"（Window Tax）所取代——以每个家庭居住房屋的窗户数量决定纳税金额。但是，由于这两个税种均未将低收入群体和高收入群体区分开来，不符合税收公平原则且未设置减免政策，故而不久就被针对居住性住房与经营性住房开征的房屋税所取代，不过房屋税也在1989年的地方税收体系改

---

① 沈新凤：《落地破局：房地产税历史沿革与国际经验》，http://www.ctax.org.cn/csyw/201805/t20180509_1075984.shtml.

② 也有学者译为家庭税，本书认为按征税对象炉灶来命名更直观。

革中被改为营业房屋税和社区税（人头税）。① 这一时期，减免政策主要针对无力承担全部税款的人设立（如低收入者、领取养老金者、残疾人等），但是形式较为单一、仍然存在不公平性的问题，因而英国政府于1993年在保留营业房屋税的同时引入了新的地方税——市政税（Council Tax）并沿用至今。新的房地产税收体系对减免政策的设置考虑得较为全面，涉及纳税人能力与公民福利等方方面面。

目前英国面向保有环节房地产开征的税种有市政税和营业房屋税两种，其中市政税面向年满十八周岁的住宅房产所有者或承租者征收，而营业房屋税针对非住宅房产的所有人征收。出于两者的纳税人与征税对象不同，其减免税政策的设置也不同，因此本节将分别讨论市政税和营业房屋税减免政策的主要类型。

一 英国市政税减免政策

在英国，居住用房（包括自用住房和租用住房）都要向地方政府上缴市政税用来支付地方公共服务设施费用，但在很多情况下，房主也可以申请市政税减免。这些减免政策根据减免性质大致可分为纳税人特征、房产使用情况两类。

（一）基于纳税人特征的减免政策

基于纳税人特征的减免政策主要围绕纳税人数量、低收入群体或无收入群体、伤残人士三个方面展开。从纳税人数量来看，若房屋有多人合住但只有一位是满足条件的成年人，可享受市政税25%的减税额，其中"满足条件的成年人"是指表6—3所示的9类成年人；对于无收入人群或低收入人群，税务机关在查实纳税人收入、抚养人口等个人和家庭状况后最高可给予100%的减免额；若房产为残疾人及共同居住人因身体条件购置的（如一楼或特殊的厨房、卫生间），可将纳税等级由低到高排列降低一级缴纳税款（英格兰和苏格兰纳税有A至H八个等级，威尔士地区有A至I九个等级）。以英格兰为例，市政税减免政策第五条规定，假设购买的房产原应按B或D级缴纳税款，现若满足残疾人优惠情形，则可减按B或C级缴纳税款；若房产本身在认定时就是最低等级A级，

---

① 财政部税收制度国际比较课题组：《英国税制》，中国财政经济出版社2000年版。

也可以酌情享受和 B、D 级别相同幅度的税额减免。

对于纳税人数量的减免政策是考虑到英国以户为单位缴纳市政税，全额缴纳市政税的前提是至少有 2 名居住在家中的成年人（年满十八岁），因而若居住者中只有一位是满足条件的成年人的，可享受市政税 25% 的减税额。表 6—3 所示的 9 类不属于纳税人的成年人包含参加学徒计划的人、正在接受全日制教育的学生等，充分体现了英国政府对于教育的重视程度，以及对某些特定行业的支持，如外交官、护士、外语助理。随着全球经济的一体化，外交官和外语助理在本国的经济发展过程中扮演着越来越重要的作用，有助于本国和外国相关人员相互的沟通与交流，促进进出口贸易，而对这类从业人员设置房地产税减免能够促进行业发展，进而促进本国经济增长。另外，英国对于无收入人群或低收入人群的减免政策是为了保障其基本生存权利，而对于伤残人士的减免则是考虑到他们往往需要较大的房屋来满足基本的生活，这使得他们需要支付更多的税款，因而设置了相应的减免政策。但是，英国政府并不是直接减免一定比例或数额的市政税，而是根据住房的具体情形降低其应纳税档次，给予适当的减免。

表 6—3　　　　　　　　　不同纳税人的市政税免税政策

类别	人员免税情况说明
A	参加一些学徒计划的人
B	18 岁和 19 岁的学生接受全日制教育
C	全日制大学生
D	25 岁以下的年轻人从技能资助机构或青年学习机构获得资金
E	学生护士
F	在英国委员会注册的外语助理（foreign language assistants）
G	有严重精神障碍的人
H	照顾非其配偶、配偶或 18 岁以下子女的居住照顾者
I	外交官

资料来源：英国市政税（www.gov.uk/council-tax/who-has-to-pay）。

基于纳税人特征的减免政策，考虑到了单一成年人居住可能无力支付市政税，低收入群体或者无收入群体缴税后难以保证基本生存需求，以及伤残人士需要得到特殊照顾的情形。从纳税人的税收负担出发设置的减免政策遵循了量能赋税的原则，使得纳税能力较低的人群可以获得一定的减免，大大提高了纳税遵从度，有利于市政税的稳定实施与征收。

（二）基于房产使用情况的减免政策

从房产使用情况来看，英国政府规定装修好的第二套住宅或度假屋最高可获得 50% 的减税；正在进行重大的维修工程或结构改变的住房（如墙壁正在重建）也可能会得到市政税折扣，具体折扣金额由征收机构决定（以英格兰为例，指区、镇政府）。英国的诸多闲置住房也可以享受不同程度的市政税减免，但在 2013 年 4 月 1 日后该减免条件缩小为闲置期限低于两年。[①] 此外，表 6—4 中列示了英国各地通用的可以获得免税许可的六类住房，包括监狱中的人拥有的住房、住院的人拥有的住房、废弃住房等。

表 6—4　　　　　　　　　不同住房的市政税免税政策

类别	房产免税情况说明
A	代表死去的业主出售空置房产时，获得遗嘱认证后可免税；在遗嘱认证获批后，若财产仍为以死者的名义拥有的空置房产可再获 6 个月的免税
B	监狱中的人拥有的住房
C	住进养老院或医院的人的住房
D	被收回的住房
E	废弃的住房
F	被强制购买且即将拆除的空置住房

资料来源：英国市政税（www.gov.uk/council-tax/second-homes-and-empty-properties）。

---

① 郝倩：《英国地方政府对空置房增收市政税效果明显》，https://tax.rednet.cn/c/2013/10/29/3182123.htm，2013 年 10 月 29 日。

工业革命后英国曾经是世界第一大国，国民的生产生活水平居于世界前列，且英国人大多注重生活的质量，因而国民拥有度假屋是非常普遍的现象。基于此现象，英国政府规定了对装修好的第二套住宅或度假屋的市政税减免。对于正在进行重大的维修工程或结构改变的房子的市政税减免是考虑到在此期间住房无法居住，纳税人无法"受益"，此时征税欠妥；对于闲置房屋市政税减免条件的缩小则是出于楼市的供不应求与"鬼城"现象的出现，将减免条件压缩至两年以下可以督促房屋所有者出售或出租房产，从而促进社区的安定和谐与可持续发展。表6—4中列示的住房减免政策考虑了房产所有者或租用者的不同情形：比如处理死者的房产时，由于原本的纳税人已不存在，若向处理房产的人征收市政税并不合理，故在处置房产期间予以市政税免税；犯人、住进养老院或医院的人由于其不具备获得收入的能力，生存能力都得不到保障，再向其征收市政税会影响基本生活，因而给予市政税免税；被收回、废弃和即将拆除的空置住房实质上已不为纳税人支配，此时征收市政税不符合"实质重于形式"原则，因而也给予市政税免税。

基于房产使用情况的减免政策考虑到了英国居民普遍持有度假屋的现象，正在进行重大维修工程或结构改变的房子无法使纳税人"受益"的情形，以及纳税人基本生存水平得不到保障和实质上不拥有住房的情况。从房产的使用情况出发设置减免政策，有利于更加全面地保障纳税人在无法从房产中获得收益情形下的生活水平，也有助于减少长期空置住房的比例。

二 英国营业房屋税减免政策

英国在不动产保有环节课征的房地产税种除了市政税，还有本节将分析的营业房屋税。市政税对居住房屋征税，营业房屋税对非居住性房屋征税，即营业用房，如厂房、商店等，其减免政策主要围绕房产用途、房产所处区域、小型企业三个方面来设置。

(一) 基于房产用途的减免政策

从房产的用途来看，英国政府设置了三类房产的免税政策、慈善减免以及"报纸减免"。营业房屋税减免政策（Business rate relief）第五条规定，免税建筑包括农业用地和建筑物（含养鱼场）、用于残疾人训练或福利的建筑物以及注册用于公共宗教礼拜或教堂的建筑物；第三条规定将财产用于慈善目的时，慈善机构和社区业余体育俱乐部最高可申请80%的慈善税率减免，非营利性组织或志愿组织也可以获得酌情减免，具体减免额度由征收机构确定（以英格兰为例，指区、镇政府）；第九条规定用于当地报社记者办公场所的房产，每年可获得1500英镑（按照2020年6月4日现钞汇率相当于人民币约13385元）的减免。

三类房产的营业房屋税免税政策是英国政府基于国民福利和生产生活需要设置的，对于农业用地和建筑物的减免是为了减小农民的生产成本、促进农业发展；对于残疾人训练或福利用建筑物的减免是为了保障残疾人的基本生活；对于公共礼拜或教堂建筑物的减免是尊重国民宗教信仰。而慈善减免条款的设置则是由于福利机构属于特殊的营业用房，不具有营利性质，所以英国政府为鼓励慈善事业的发展对其建筑免税。"报纸减免"条款的设置则是为了促进英国新闻行业的发展。英国新闻行业具有深厚的文化根基，对用于当地报社记者办公场所的房产给予营业房屋税减免能够减小生产新闻的成本，促进新闻行业的发展。此外，受全球新冠肺炎疫情的影响，英国政府网站上公布了针对某些特殊行业在2020—2021年纳税年度（指2020年4月1日至2021年3月31日）的全额营业房屋税减免，这些特定行业指商店，餐厅、咖啡厅、酒吧或酒馆，电影院或音乐厅，健身房、水疗中心、赌场或酒店等休闲行业。

基于房产用途的减免政策，主要是对农业用地和建筑物、残疾人用建筑物、公共宗教礼拜或教堂、慈善事业用地以及用于记者办公场所的房产的减免。从房产用途出发设置减免政策，能够促进农业、慈善事业和新闻行业等特定行业的发展，提高残疾人的福利水平，保障居民的宗教需求。

（二）基于房产所处区域的减免政策

从房产所处区域来看，英国营业房屋税减免政策第二条规定了当企业将营业房产移至人口不足3000人的农村地区时可享受营业房屋税减免。第四条规定若企业将营业房产迁移至产业聚集区（如英国M4走廊带、伦敦SOHO区）则有资格获得5年内每年最多55000英镑（按照2020年6

月 4 日现钞汇率相当于人民币 491112 元）的营业房屋税减免。

结合营业房屋税的农村减免条例和对于农业用地以及建筑物营业房屋税的免税政策，可以看出英国政府目前十分重视农村地区的发展。其实这是英国总结多年的农业发展之路得出的经验教训。19 世纪初随着"英国工业、其他国家农业"国际分工的实行，英国的农业逐步衰退，在粮食方面严重依赖进口，因此在第二次世界大战期间德国摧毁英国商船之后，英国的粮食供应严重短缺，不得不实行食品配给制。自此，英国采取了诸多加强农业发展的措施以期扭转农业衰退的局面。第二条减免政策的设置可以使企业出于减少成本的目的将营业房产设立或移至农村地区，从而促进农村地区的发展，实现农业现代化。而企业将营业房产移至产业聚集区的营业房屋税减免政策设置则主要是为了利用"产业集聚"带来的积极影响促进企业的发展。"产业集聚"现象的研究产生于 19 世纪末，指同一产业在某个特定地理区域高度集中时，可以集中社会经济活动所需要素，进而提高资源利用效率、降低成本并增加收益。当上下游企业均移至同一产业聚集区时，也可以大幅缩小原材料、半成品和产成品在不同企业间的运输成本，在售价不变的前提下，上下游企业的收益均得到增加。

基于房产所处区域的减免政策，主要是对将营业房产移至农村地区和产业聚集区的企业的营业房屋税减免。从房产所处区域出发设置减免政策，能够促进农村地区的经济发展，也能够鼓励各行各业积极利用"产业集聚"效应带来的积极影响，实现多方共赢，最终促进整体经济增长。

（三）基于小型企业的减免政策

从小型企业的减免来看，英国政府通常根据房产的数量与价值设置营业房屋税的减免政策。若企业的房产为唯一房产且房产价值低于 15000 英镑（按照 2020 年 6 月 4 日现钞汇率相当于人民币约 133940 元），则可获得最高 100% 的营业房屋税减免；若企业新获得（购买或租用）第二套及以上的房产，对已购主要房产的减免规定则视房产价值而定，详见表 6—5。

表6—5　　　　　　　营业房屋税小型企业减免政策

房产数量	减免情况说明
一套房产	房产价值不超过12000英镑的，营业房屋税全免
	房产价值在12001—15000英镑的，营业房屋税可获100%—0%的减税比例①
两套房产	主要房产可以获得12个月减免，但若新购房产价值低于2899英镑且多套房产价值合计低于20000英镑（伦敦为28000），则主要房产可获无限期减免

资料来源：英国营业房屋税（www.gov.uk/apply-for-business-rate-relief/small-business-rate-relief）。

英国地方政府基于小型企业的减免政策与中国针对小微企业采取的各种减免规定类似，均是出于促进小型企业发展的目的。此外，不符合上述条件的小型企业若房产价值低于51000英镑（按照2020年6月4日现钞汇率相当于人民币约455395元），则在缴纳营业房屋税时可以使用低于标准乘数的小企业乘数（从2019年4月1日到2020年3月31日，除伦敦外小型企业乘数为49.1p，标准乘数为50.4p）②来计算应纳税额。这一规定进一步放宽了小型企业可以享受的营业房屋税减免条件，促进了小型企业的发展。

基于小型企业的减免政策考虑到了小型企业一般生存比较困难或处于发展的初期阶段，其购买或租用的房产主要用于企业的生产，若对小型企业征收高额营业房屋税会增加其生产成本，因此政府给予了较大的营业房屋税减免政策以减少小型企业购买或租用营业房产的成本，进而减少其营运成本，有利于小型企业的成长与发展。

除了针对房产用途、房产所处区域以及小型企业的营业房屋税减免政策外，英国政府还设置了空置建筑物的减免和困难救济（hardship relief）。对于一般空置建筑物，可获得3个月的营业房屋税免税，但符合一定条件时期限可予以延长，如工业厂房可延长至6个月，低于2900英镑（按照2020年6月4日现钞汇率相当于人民币约25895元）的房产可延长

---

① 减税比例与房产价值成线性反比，如房产价值为13500英镑的，可以获得50%的营业房屋税减免。

② 在英格兰和威尔士，若企业的应税房产价值为10000英镑适用49.1p的小企业乘数，则应缴纳营业房屋税10000×49.1%＝4910英镑。

至其被重新占用。对于空置房产的减免主要是考虑到过渡期的问题,因而只是给予一定时期的减免,这一条减免政策考虑到了不同建筑物的周转期,有利于空置建筑物的重新利用。困难救济是对即将陷入财务困境的企业的救助,但该救助应符合当地居民的利益。这条规定较为宽泛,只要是对当地居民有利的陷入财务困境的企业均可获得营业房屋税减免,从某种程度上来说还是保护当地居民的利益、提升当地居民的福利水平。

三 英国房地产税减免政策的评价

通过本节对英国现行房地产税减免政策的分析,可以看到其形式多种多样、规定较为细致,对于各种可能出现的全额征收房地产税不合理的情形均设置了减免。英国房地产税的减免政策不仅考虑了对不同人群、小型企业的倾斜照顾,还兼顾了税收公平原则,对不同原因形成的空置房屋、多套住房设置了酌情减免,减轻了大部分纳税人的税收负担。此外,也体现了英国人享受生活的理念,而且对农业相关建筑物以及农业区域企业的相应减免措施在一定程度上能够促进农村地区的发展,实现农业发展的现代化。因而,市政税和营业房屋税的实施容易得到广大居民的认可,从而实现"宽税基,低税负",对地方经济和普通居民的生活不会产生较大影响。

第三节 德国房地产税减免政策

在第一节和第二节中分析完美国和英国两大发达经济体的房地产税减免政策后,本节将对欧洲国家——德国的房地产税收体系进行分析。德国房地产税的出台除了保证地方财政收入外,还有调控房价这一目标。德国是欧洲最发达的经济体之一,然而据全球经济数据库披露,1982年至今德国实际住宅价格指数却累计增长 -7.11%,如图6—1所示,这与其房地产税相关政策的调控作用是分不开的。由于房地产相关政策的稳定施行在很大程度上得益于科学合理的减免政策设置,因此对德国房地产税减免政策的分析意义重大。目前,德国的房地产税收体系包含土地税和第二套房产税两个税种,其减免政策的设置出于征税对象的不同有较大差异,因此本节将分别对土地税和第二套房产税减免政策的主要类型进行分析。

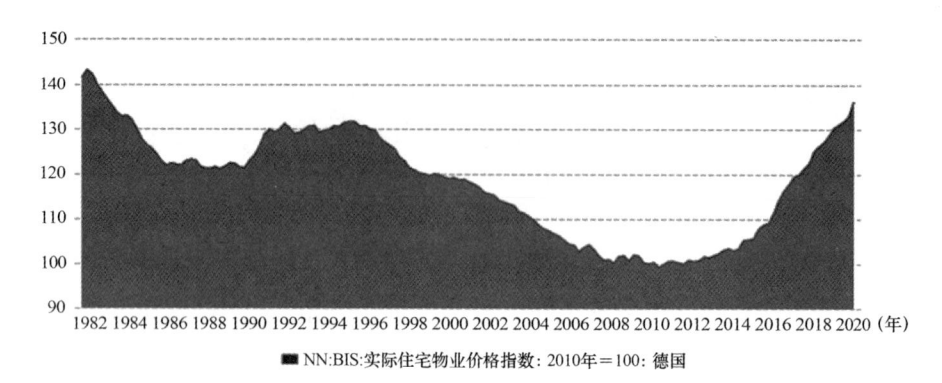

图6—1 德国实际住宅价格指数走势

资料来源：CEIC库（www.ceicdata.com/zh-hans/indicator/germany/real-residential-property-price-index）。

一 德国土地税减免政策

土地税减免政策依据的法律是1973年德国联邦政府颁布的《联邦土地税法》及其修正案，主要考虑土地的性质与用途。土地税减免政策的第三条第一款和第四条规定了豁免土地税的房地产范围，包括政府拥有的土地及建筑物、教堂、医院、军队用途房地产、科研和教育机构拥有的房地产等。

对于政府所有的土地及建筑物的免税是出于纳税人与征收人的一致，土地税的征收方即为政府，所以无须对自己征税；对于教堂、医院和科研、教育机构所有的土地及建筑物的减免，主要是因为这类建筑物是出于教育、医疗、军事等目的所建造的，属于国民福利性建筑，因而对其的减免政策有利于提升一国的教育水平、医疗水平和军事水平，对整个国家都是有利的。

德国是一个土地私有制的国家，即土地所有权可以自由买卖，所以为了防止炒房现象，德国出台了一系列政策鼓励居民拥有自用住宅，土地税的减免政策也是出于此目的。土地税针对房地产的性质和用途设置的减免政策不仅能够有效提升公民福利水平，还能提高居民持有自用住宅的比例并稳定房价，对中国的借鉴意义重大。

二 德国第二套房产税减免政策

第二套房产税是德国对居民登记使用的第二套及第二套以上的住房所征税的独特税种。一般情况下，若第二套房产为居民出于工作调动等原因所使用，或使用者无收入，则可获得全额减免。但此项税种的立法权一般由地方政府交由乡镇，所以减免条款不尽相同。比如，莱茵兰—普法尔茨州高级行政法院规定学生或不满16岁的房主免征第二套房产税，公共或非营利组织为治疗或教育目的提供的住房免税；在柏林，正式登记使用第二套住房一年以内的人免税，夫妻出于护理要求等特殊情况使用的第二套房免税。①

第二套房产税的减免政策只针对特殊情形：对于居民因工作调动等原因所拥有的第二套房产税免税，一方面是考虑到居民的工作调动一般是出于被动原因，且刚被调动到一个新的工作地点时生活还未稳定，此时对其征收第二套房产税不利于其适应环境；另一方面也是为了促进城市间的人口流动。另外，对于无收入使用者的第二套房产税减免则是为了保障其基本生活，而对于学生或低年龄房主的第二套房产税减免也是考虑到了这类人群无收入来源，需要保障他们的基本生活。

德国虽然鼓励居民拥有自用住房，但并不鼓励居民囤积过多的房产，因此出台了第二套房产税精准定位于非自用住房或者闲置房产，希望减少空置率，但在出台税制的同时也要考虑到纳税人纳税遵从度的问题。第二套房产税减免政策的设置在保证第二套房产税能够有效抑制炒房动机的同时，考虑到了房产所有者或使用者的纳税能力，这有利于提高纳税人的纳税遵从度，从而保证第二套房产税的落实。

三 德国房地产税减免政策的评价

西欧人有一种说法是"生在英国、吃在法国、玩在意大利、住在德国"，这是因为德国人对住房的质量要求较高。拥有一幢自己的住房是绝大多数德国人的目标，而通过本节对德国现行房地产税税收体系减免政策的分析也可以看出，德国政府非常鼓励与支持国民拥有一套自己的

---

① 资料来源：德国各州税务局（www.bzst.de/SharedDocs/GEMFA/gemfa2.html）。

住房，对首套住房仅征收土地税。但是，德国政府也并不鼓励居民持有过多的住房，所以严厉打压炒房并对于超过一套的住房征收第二套房产税，不论是自用还是租赁。对于一些特殊情况，如教育、就业需求等可以给予第二套房产税适当的减免。德国现行房地产税减免政策的设置充分考虑了国民的基本需要以及严厉打压炒房动机、稳定房地产市场的需求，在此减免体系的运行下，德国居民的纳税遵从度较高，德国房价也不存在过度的上涨，综合来看，设置较为科学合理、符合德国的国情。

第四节　澳大利亚房地产税减免政策

澳大利亚房地产税以土地为主要的征税对象。早在澳大利亚实行联邦制以前，各州政府就开始征收土地税，1910年联邦政府为了打破土地利用不足的状态以及促进大庄园分解的目的，以财产税的形式开征土地税。后来经过历史的演变，逐渐形成了现行的房地产税收体系。目前澳大利亚在保有环节开征的房地产税主要指土地税，除北领地外澳大利亚的6个州和首都领地都征收土地税，其减免政策的设置视纳税人特征、房产特征和可征收土地价值而定。

一　基于纳税人特征的减免政策

从纳税人的特征来看，澳大利亚各州的差异较大，但有5个州都对非营利机构如慈善机构、教育机构或宗教组织拥有的土地免征土地税。新南威尔士州和西澳大利亚对于房主死亡之后其遗产的执行者或管理者在处理该遗产时给予一定期限的土地税免税；维多利亚州和西澳大利亚不仅规定市政当局拥有的土地免税（出于商业目的或出租给他人或由他人使用的情形除外），而且规定了残疾人的住宅免税；维多利亚州还规定如果土地归维多利亚州的王室或王室部长所有，则该土地免税；维多利亚州和南澳大利亚均规定对于军人或其家属协会所有的土地免税，但南澳大利亚仅限于退役的军人及其家属，详见表6—6。

表 6—6　　　　　　　澳大利亚基于纳税人特征的减免政策

	非营利机构	死亡减免	市政所有的土地	王室	残疾人	军人或其家属协会
新南威尔士州	免税	两年或直至所有权转让	—	—	—	—
昆士兰州	免税	—	—	—	—	—
南澳大利亚	免税	—	—	—	—	退役免税
塔斯马尼亚	—	—	—	—	—	—
维多利亚州	免税	—	免税	免税	免税	免税
西澳大利亚	免税	当年免税	免税	—	免税	—

注："—"表示该单元格无信息。
资料来源：澳大利亚土地税（www.business.gov.au/Finance/Taxation/Taxes-on-your-property）。

非营利机构的土地税减免是因为这类土地及地上建筑物为公共福利事业服务，对其进行减免有利于提升社会福利水平和教育水平等。其他减免政策基于本州的实际情形有所不同，比如维多利亚州作为澳大利亚旧联邦政府所在州，其各种税制相对比较完善，土地税的减免政策根据《2005 年土地税法》的第 4 部分设置，涵盖了残疾人、军人、政府所有土地等各个方面，充分考虑了对特定行业的扶持和居民的纳税能力，有针对性地对特定人群进行减免；塔斯马尼亚虽然未针对非营利机构等设置免税政策，但为了鼓励长期租赁，设置了对用于长期租赁房屋最长三年的土地税减免。澳大利亚各州根据自身情况设置的基于纳税人特征的减免政策考虑到了社会各个群体的税负情况，减轻了纳税人的税收负担，有利于提高其税收遵从度。

二　基于房产特征的减免政策

从房产的特征来看，澳大利亚各州的减免政策设置较为类似。各州都对居民的主要居住用地和初级生产用地设置了土地税的免税，对于过渡房屋也有五个州描述了具体情形并给予不同期限的免税；除塔斯马尼亚外都对老年护理设施如退休村、养老院、敬老院等设置了土地税的免税，详见表 6—7。

表6—7　　　　　　　澳大利亚基于房产特征的减免政策

	主要居住用地	初级生产用地	过渡房屋	老年护理设施
新南威尔士州	免税	免税	免税	免税
昆士兰州	免税	免税	免税	免税
南澳大利亚	免税	免税	最多五年	免税
塔斯马尼亚	免税	免税	免税	—
维多利亚州	免税	免税	—	免税
西澳大利亚	免税	免税	免税	免税

注："—"表示该单元格无信息。

资料来源：澳大利亚土地税（www.business.gov.au/Finance/Taxation/Taxes-on-your-property）。

各州对于居民主要居住用地的减免是出于对居民基本生存需求的考虑，对于过渡房屋的减免与之类似，当居民从旧房换至新房时，处理旧房需要一段时间，因此在过渡期间对旧房与新房同时设置土地税的减免有利于居民适应新的生活环境；初级生产用地是指用于初级生产业务的土地，初级生产业务包括农业、造林、牧业、园艺或家禽养殖等活动，因此对于初级生产用地的减免类似于其他国家对于农业用地的减免，目的是扶持第一产业的发展，保障"农民"的基本生活；对于老年护理设施用地的免税则是为了鼓励老年服务事业的发展，提升老年人的福利水平。基于房产特征的土地税减免政策考虑到了纳税人转换房屋、老年人生活、农业生产用地等情形，有利于保障老年人群体的生活，促进农业的发展，提升公民福利水平。

三　基于土地价值的减免政策

从可征收土地价值来看，为了保障低收入群体的基本生存水平，澳大利亚各州设置了征收土地税的阈值，即起征点，只有在可征收土地价值高于此阈值时，才计算征收土地税，且此阈值各州每年都会进行确认。在2020年，新南威尔士州规定土地价值低于73.4万澳元（按照2020年6月4日现钞汇率相当于人民币约3608122元）的免征土地税；昆士兰州规定土地价值低于60万澳元（按照2020年6月4日现钞汇率相当于人民币约2949419元）的免征土地税；南澳大利亚规定土地价值低于45万澳元（按照 2020 年 6 月 4 日现钞汇率相当于人民币约 2212064 元）的免征土地税，该值于 2020 年 6 月 30 日午夜起生效；塔斯马尼亚规定土地价值低于 25 万澳元（按照 2020 年 6 月 4 日现钞汇率相当于人民币约 1228925 元）的免征土地税；维多利亚州规定 2020 年土地价值低于 25 万澳元（按照 2020 年 6 月 4 日现钞汇率相当于人民币约 1228925 元）的免征土地税；西澳大利亚规定 2020 年土地价值低于 30 万澳元（按照 2020 年 6 月 4 日现钞汇率相当于人民币约 1474709 元）的免征土地税。

澳大利亚各州规定的可征收土地税的阈值不同，这与各州的土地价格与住房拥有率有一定的联系。据澳大利亚统计局有关数据，澳大利亚的住房拥有率大约为 66%，较 2015—2016 年度的 68% 有所下降，因此住房拥有率较低的州倾向于设置较高的免征土地税阈值，吸引居民购买自有自住用房，提高住房拥有率。新南威尔士州房价整体偏高，而且住房拥有率为 64%，低于平均值 66%，因而其免征土地税的阈值也较高。澳大利亚统计局发布的《2017—2018 年度房屋入住率和成本》有关数据显示，昆士兰州、南澳大利亚、塔斯马尼亚、维多利亚州、西澳大利亚的住房拥有率分别为 63%、69%、72%、68%、70%，其免征土地税的阈值也相应地逐渐降低。上述基于土地价值的减免政策有利于保障居民的基本生存需求，对于澳大利亚房价经常暴跌的国情来说还能够促进居民持有自住的房产。

四 澳大利亚房地产税减免政策的评价

除了基于纳税人特征、房产特征和土地价值的减免政策外，澳大利亚各州针对一些特殊情形也会给予减免，如 2019 年 9 月至 2020 年 2 月持续了数月的森林大火以及当前的新冠疫情。以维多利亚州为例，如果纳税人的财产被丛林大火摧毁或严重破坏，最高可获得这些财产在 2020 年的土地税免征，为因森林大火而流离失所的人提供免费住宿的财产最高可以获得 2021 年的土地税免征；为受新冠肺炎疫情影响的租户提供房租减免的业主，以及因新冠肺炎疫情大流行而无法确保租户的房东，有资格获得 2020 年土地税的 25% 减免，同时可申请将税款支付截止日推迟到 2021 年 3 月 31 日。

由此可以看出，澳大利亚仅对土地征收土地税，且减免政策的形式多为免税，围绕纳税人特征、房产特征和可征收土地价值展开。各州具体的设置有所不同，但几乎都对居民主要居住地、初级生产用地、非营利机构所有的土地以及用于老年护理设施的土地免征土地税，而且对森林大火以及新冠疫情等特殊情形也会出台土地税的减免政策。总体来看，澳大利亚土地税减免政策的设置充分考虑了各州的实际情形、纳税人的税收负担，对特定行业的扶持，以及特殊情形下对居民基本生活水平的保障，大大提高了纳税人的税收遵从度。此外，澳大利亚与日本不同，地广人稀，所以综合来看土地税的减免范围较为广泛，甚至考虑到了过渡房屋的情形，且形式也大多为直接免税。

第五节 日本房地产税减免政策

在第一节至第四节中分析完美国、英国、德国和澳大利亚四个典型国家的房地产税税收体系后，本节将对亚洲国家——日本展开分析。日本作为房地产税收体系发展较早的亚洲国家，其房地产税制起源于19世纪70年代，目前已经较为成熟。日本房地产税收体系的确定受美国的影响较大，其减免政策设置的基础也遵循了1950年美国夏普使节团的《日本税制报告》中指出的一些原则。尽管此后日本在税制上又进行了一定程度的变革，但在房地产税减免政策方面并未作出较大改动。

现行日本房地产税包括固定资产税和城市规划税，两者均为市町村税（日本税收分中央、都道府县和市町村三级）。其中，固定资产税征税对象为土地、房屋和其他折旧资产；城市规划税的征税对象为城市规划区域内的土地和房屋。因为固定资产税的税基较宽，而城市规划税的税基较小相应的减免政策也较少，因此本节将分别对固定资产税和城市规划税减免政策的主要类型进行分析。

一 日本固定资产税减免政策

固定资产税是日本在20世纪50年代的地方税制改革中引进的，由地方税务机关征收管理，其减免税政策的设置主要分为纳税人特征、房地产特征以及震后改造或翻建三个方面，兼顾社会公平与具体国情。

(一) 基于纳税人特征的减免政策

基于纳税人特征的固定资产税减免政策主要是针对老年人或者需要对房产进行改建的残疾人设置的。日本固定资产税税法规定,年龄在65岁以上的老年人或者残疾人若需要对房产进行无障碍通道改建,则100平方米以内的房产可以享受1/3的固定资产税减免。

老年人和残疾人一向是各国政策倾斜的必须考虑人群,因为这类人群的基本生活水平往往得不到保障,需要得到政府的扶持。因此日本为了照顾老年人和残疾人的生活,设置了针对老年人和残疾人的固定资产税减免政策。基于房地产特征的减免政策考虑到了老年人和残疾人往往纳税能力较为低下的实际情况,对这类人群设置固定资产税的减免政策,有利于提高纳税人的纳税遵从度,也符合日本重视全民福利的社会背景。

(二) 基于房地产特征的减免政策

基于房地产特征的减免政策又可以分为用途、评估价值和性质三类。从房地产的用途来看,日本《地方税法》中规定了四项免税条款,涵盖宗教团体、学校法人和非营利机构等拥有的固定资产,详见表6—8。从房地产的评估价值来看,同一人在同一市町村内的土地、房屋、折旧资产价值分别在30万日元、20万日元、150万日元(按照2020年6月4日现钞汇率分别相当于人民币19596元、13064元、97980元)以下的,免征固定资产税。从房地产的性质来看,日本政府对住宅用地(指土地)和一般建筑物(指房屋)分别设置了相应的减免政策。住宅用地的减免政策分为一般住宅用地和小规模住宅用地两类,详见表6—9。一般建筑物的减免政策有:若新建住宅面积在50平方米到280平方米之间,可获得三年的固定资产税减免,减免金额为小于120平方米部分的应纳税额的一半。如果新建住宅为三层以上的防火建筑,则减免年度可延长至五年,其他规定一致;如果新建住宅在满足上述条件的基础上,同时达到优质住房的标准,则普通优质住房的固定资产税减免年度为五年,三层以上的防火优质住房的固定资产税减免年度为七年。

表 6—8　　　　　　　　　　固定资产税免税房地产

条款来源（地方税法）	房产说明
第 348 条第 2 款第 3 项	宗教团体专用于其原始用途的固定资产
第 348 条第 2 款第 9 项	学校法人等设立的保育和教育固定资产
第 348 条第 2 款第 10 项	社会福利公司提供的庇护所、小型保育事业、儿童福利设施（授权的托儿所等）、授权儿童机构、老人福利设施、残疾人支援设施及其他用于社会福利的固定资产
第 348 条第 2 款第 12 项	公益社团法人提供的用于科研的固定资产

资料来源：日本地方税法（www.nta.go.jp/）。

从房地产的用途来看，表 6—8 中列示的四类固定资产税的免税政策主要是出于对公共福利事业的支持。如宗教团体的固定资产服务于国民信仰，属于大众福利；学校法人等设立的保育和教育固定资产服务于全民教育，属于大众福利；社会福利公司提供的庇护所和儿童福利设施也是一样，为社会福利而服务；公益社团法人用于科研的固定资产也是为了创造对全社会有利的理论或实物，推动社会进步，属于大众福利。

从房地产的评估价值来看，日本固定资产税的功能定位于地方政府税收来源，因此为了保证充足的地方政府税收收入，需要尽可能地满足"宽税基"，这就导致固定资产税的免税水平较低。虽然日本固定资产税的土地、房屋和折旧资产的免税价值折算为人民币较低，但是以房屋价值的免征点为例，按照固定资产税评估价值为市价的 70% 的比例折算为房屋的市价约为 28.57 万日元（按照 2020 年 6 月 4 日现钞汇率相当于人民币约 18662 元），这在房价较低的城市如福冈的北九州市足以购买 20 平方米左右的房屋。① 而且对于小面积住房还有基于房地产性质的减免政策可以保障居民的生存需求，因而此处免征点的设置较低。此外，在日本土地是私有制的而且较为珍贵，所以固定资产税将土地和房屋的免征点分开计算，土地的固定资产税免征点要高于房屋。

---

① 资料来源：日本不动产成交价格情报中心（www.contract.reins.or.jp/search/displayAreaConditionBLogic.do）。

表 6—9　　　　　　　　　　住宅用地的减免政策

住宅用地的类型		固定资产税	城市规划税
一般住宅用地	200 平方米以上的部分	评估值 ×1/3	评估值 ×2/3
小规模住宅用地	200 平方米以下的部分	评估值 ×1/6	评估值 ×1/3

资料来源：固定资产税概要（www.dongjing – fangdichan.com/news/fixed – asset – tax – city – planning – tax/）。

从房地产的性质来看，住宅用地的减免政策从面积对住宅用地进行区分。对于小于 200 平方米的小规模住宅用地，固定资产税的税基为评估价值的 1/6；对于大于 200 平方米的一般住宅用地，固定资产税的税基为评估价值的 1/3，详见表 6—9。即面积相对较小的住宅用地，减免力度越大。这一减免政策，与低于一定价值的房地产减免政策类似，均是出于对低收入人群的倾斜照顾。一般建筑物的减免政策简而言之就是，房子的抗震等级越高，固定资产税的减免额度越大。这一减免政策，与日本地震多发的国情以及日本对于提高建筑物质量的追求是分不开的。此外，日本 2013 年土地统计调查和中国《2013 年政府工作报告》的数据显示，日本人均居住面积约 21.93 平方米，低于中国城镇人均居住面积 32.9 平方米（农村为 37.1 平方米），因此提高土地利用率是很重要的。基于房地产性质的减免政策中对于小面积住宅的减免力度更大，体现了鼓励居民拥有面积相对较小的普通房产的政策导向，有利于提高国土面积利用率。

日本基于房地产特征的减免政策从用途、评估价值和性质三个方面展开，不仅有利于提升社会福利水平、促进公益事业发展、加强全民教育水平，也可以相对精准地定位于低收入群体以保障其生活水平并实现量能赋税原则，还有利于提高拥有小面积住房的居民的生活水平、提高土地利用率并加大日本优质住房的比例。

（三）基于震后改造或翻建的减免政策

日本政府规定，如果在房产使用过程中需要对老旧房产进行抗震翻建和改造，可依据条件享受 1—3 年的固定资产税减免。众所周知，日本位于太平洋火山地震带上，这是经常发生地震和火山爆发的地区，因而日本特别注重提升住宅的抗震等级以及地震后对于居民的补助。在日本，除了购房一定要加入地震保险外，还设置了对老旧房产震后改造或翻建的固定资产税减免。这一减免政策主要是依据日本地震多发的国情设置，而且考虑到了翻建和改造房屋一般时间较长所以将减免期限视具体情况定为 1—3 年。

固定资产税基于震后改造或翻建减免政策的施行能够促进居民进行老旧房产的抗震改造和翻建，有助于提升老旧房产的抗震等级，减少地震伤亡，对中国四川等地房地产税制的设计具有重大借鉴意义。

二 日本城市规划税减免政策

城市规划税的征收是为了筹集城市规划事业所需费用，其征税对象与固定资产税类似，只是范围有所缩小，原则上仅限于城市规划区域内的土地、房屋，因而相应的减免政策设置较少。城市规划税的减免政策主要分为低于一定价值的房地产和住宅用地两个方面。

（一）基于房地产价值的减免政策

日本城市规划税第六条规定，同一人在同一城市规划区域内的土地价值在 30 万日元（按照 2020 年 6 月 4 日现钞汇率相当于人民币 19596 元）以下，房屋价值在 20 万日元（按照 2020 年 6 月 4 日现钞汇率相当于人民币 13064 元）以下的，免征城市规划税。

首先，城市规划税的征税对象与固定资产税类似，只是不含折旧资产，因而城市规划税免征点的规定除折旧资产外与固定资产税相同。其次，城市规划税作为日本房地产税税收体系的一部分，与固定资产税一同构成地方税收收入的主要来源，因此为保证地方财政支出其免税水平也较低，但是可以实现对低收入人群基本生活水平的保障。因为房产价值在一定程度上可以体现居民的财富状况，所以基于房产价值的城市规划税减免政策可以定位于需要政策倾斜以减轻城市规划税纳税负担的低收入人群，进一步提高了低收入人群的税收遵从度。

（二）基于住宅用地的减免政策

从住宅用地的减免政策来看，设置与固定资产税类似，只是减免力度有所区别。对于"一般住宅用地"，固定资产税按课税标准的 1/3 计算，城市规划税按课税标准的 2/3 计算；对于"小规模住宅用地"，固定资产税按课税标准的 1/6 计算，城市规划税按课税标准的 1/3 计算，详见

表6—9。

城市规划税与固定资产税的征税对象除折旧资产外相同，但城市规划税的税率低于固定资产税。城市规划税实行的是0.3%的限制税率，固定资产税实行的则是1.4%的基准税率。出于此，虽然两者关于住宅用地减免政策的分类标准相同，但是城市规划税的减免力度要稍小于固定资产税。基于住宅用地的减免政策从面积对住宅用地进行区分，对于面积相对较小的住宅用地，设置了更高的城市规划税减免比例。这一减免政策能够保障居住在小面积住宅的纳税人的生存需求，也有利于在日本土地稀缺的社会背景下提高土地利用率。

三 日本房地产税减免政策的评价

通过本节对日本现行房地产税税收体系（固定资产税、城市规划税）减免政策的分析可以看出，这些减免政策的设置与日本国情、国家扶持政策的大方向息息相关。固定资产税的减免政策主要围绕对宗教、社会公益福利机构、学术研究、非营利事业法人等的扶持来设置，也有对低于一定价值或小于一定面积的房屋或建筑物的减免，还考虑到了日本地震多发的国情设置了居民震后改造或翻建房屋的固定资产税减免，有利于整体房屋抗震等级的提高；城市规划税主要是针对低于一定价值的固定资产和住宅用地类型来展开的。虽然日本的房地产税减免条款较多，但是减免的标准不够多样化，其对低收入群体的减免仅仅是从低于一定价值或小于一定面积的房产来设置，而未考虑到最直接反映居民纳税能力的指标——家庭收入。此外，除了本节中提到的减免政策，日本政府对于一些特殊情况的还会设置相应的固定资产税和城市规划税减免政策。例如，受全球新冠肺炎疫情的影响，日本政府在针对疫情出台的财政对策中，计划针对公司利润下跌超50%的中小企业全额免除建筑物的固定资产税。①

---

① 郑瑾：《日本政府计划面向受疫情影响收益下跌的中小企业减免固定资产税》，http://news.eastday.com/ eastday/13news/ auto/news/world/20200402/u7ai9195565.html，2020年4月2日。

第六节 韩国房地产税减免政策

在第五节中本书对日本的房地产税减免政策进行了分析,而在本节中将分析另一个亚洲国家——韩国的房地产税减免政策。虽然韩国房地产税的出台时间在世界各国来看并不算早,但是韩国与中国同属东亚文化圈,社会背景较为相似,其房地产税收体系对中国的房地产税改革具有重要参考价值。韩国的房地产税最早可以追溯到1909年作为国税征收的家屋税,后来出于保证地方财政收入、调控土地资源等目的演变成了现在的房地产税制。目前,韩国的房地产税收体系由房屋财产税(Property Tax)和综合不动产税(Comprehensive Real Estate Holding Tax)构成,减免政策的设置不仅围绕公共资产、社会福利事业房产展开,还考虑到了居民的基本生存需求而设置了年长业主和长时间持有房产的减免。但由于两者税基与征税对象的不同其减免政策的设置差异较大,本节将分别分析房屋财产税和综合不动产税减免政策的主要类型。

一 韩国财产税减免政策

财产税作为地方税种,由地方政府向土地、房屋、船舶、飞机等实物资产的所有人征收,其减免政策主要是七类财产的免税政策,围绕政府所有财产、公共福利财产、森林保护区、临时建筑物等方面设置,详见表6—10。

其中,A类别免税政策的设置主要是因为政府本就作为房屋财产税的征收主体,故无须对自己所用的财产征税,但也规定了例外事项,如对韩国政府机构的财产征税的外国政府仍应征收财产税;B、C、D和F类别的免税政策设置是因为该财产用于社会福利或紧急避险,保障或改善了社会一般人的权利,是值得鼓励的,因而也不征税,但若该财产被用于获利业务或者在被取得前质押和使用所有权转移已经转移时,仍应对该财产(全部或部分)征收财产税,因为此时已背离减免政策设置的初衷。此外,地方税法中还规定了"小额减免",即若最终计算应征收的财产税税额少于2000韩元(按照2020年6月4日现钞汇率相当于人民币约12元)则可免征。这一减免政策的设定在世界来看也是较为特殊的,大多数国家一般以征税对象低于一定价值或一定面积来设置减免政策，而韩国直接以税额来定。

表 6—10　　　　　　　　　　韩国财产税免税政策

类别	免税房地产
A	国家政府、地方政府、外国政府和国际组织的财产
B	政府用于公共或公共用途超过一年的财产（包括经合同证明的情况等）
C	总统令规定的道路、河堤、墓地等
D	《森林保护法》第7条规定的森林保护区以及总统令规定的其他土地
E	自财产税基准日起不超过一年的临时使用的建筑物
F	用于紧急救灾，免费渡轮，建造桥梁和船上马匹的船只
G	不适合征收财产税的建筑物或房屋（仅限于《建筑法》第2条第1款第2项规定的建筑物），例如总统令规定由行政机构下令拆除的建筑物

资料来源：韩国地方税法第109条。

韩国财产税减免政策的设置体现了政府对公共福利等事业的扶持以及对特殊情形的豁免，"小额减免"的设置则考虑到了成本效益原则，减轻对小额房屋财产税纳税人的征管成本。

二　韩国综合不动产税减免政策

综合不动产税作为中央税种，出于房地产价格持续走高与泡沫化的背景由韩国政府在《不动产综合对策》中提出，其减免政策主要考虑房产的持有时间和纳税人的年龄两个维度。对于60岁以上的纳税人，最高可获得30%的综合不动产税减免；对于房产持有时间5年以上的，最高可获得50%的减免，详见表6—11。

综合不动产税的纳税人每年都要缴纳一定税款，而且应缴纳的税额会随着不动产价格的升高而增加，因而其减免政策若对低于一定价值的不动产来设置，则需要每年测算并变更，加大了监管与征收的成本，所以韩国现行综合不动产税的减免政策主要围绕房产的持有时间和纳税人的年龄来设置。一般来讲，纳税人持有时间较长的房产是其持有的自用住宅，因而对这类人进行综合不动产税的减免能够保障其居住需求，符合综合不动产税的设置的初衷——加大囤积不动产的成本，使之"囤不起""倒不起"房产。对于年长纳税人的综合不动产税减免则是考虑到其老年生活，使他们不必为高额赋税所烦恼。应注意的是，若某套住房既符合房产持有时间的减免政策又符合纳税人年龄的减免政策，则最终的减免额按照两者减免比率连乘的方法确定。韩国综合不动产减免政策的设置充分体现了对老年人的扶持和对长期持有房产的户主的鼓励，有利于老年人的生活与促进国民长期持有房产的倾向，实现房住不炒。

表6—11　　　　　　　韩国综合不动产税减免政策

纳税人的年龄减免		房产的持有时间减免	
年龄（岁）	减免比率（%）	持有时间（年）	减免比率（%）
60—65	10	5—10	20
66—70	20	11—15	40
70以上	30	15以上	50

资料来源：韩国2019年房地产和税收手册。

三　韩国房地产税减免政策的评价

通过本节对韩国现行房地产税收体系的减免政策分析可以看出，财产税的减免政策主要是针对公益、慈善、教育等方面的免税；综合不动产税的减免政策主要从房产持有时间和纳税人年龄来考虑，实现了"老有所依""安居乐业"的愿景。韩国现行房地产税减免政策的设置根据经济发展背景历经了数次补充与完善，最终实行了差别化、扶持性与针对性，但是总体而言形式较为单一，仅包含免税、老年人和长期持有房产的减免三个方面。[①] 而且随着房价的上涨，房地产税减免政策的设置应尽量参考累进税的形式，比如可以对居民自住用房和非自住用房设置不同额度的减免，从而在考虑居民基本生存需要的同时也能大幅提高纳税人的纳税遵从度。

---

① Lim Sang-Bin，고영우，"Study on the Housing Property Tax Rate System"，*Journal of Taxation and Accounting*，Vol. 19，No. 5，2018.

第七节　沪渝试点房产税减免政策

本章第一节至第六节介绍了美国、英国等六个国家的房地产税减免政策，本节将分析中国沪渝试点的房产税减免政策，以期在第九节结合沪渝房产税试点现状对中国未来房地产税减免政策的设计提出建议。

中国虽然很早就有房地产税性质的税（如中国古籍《周礼》上所称"廛布"、唐代的间架税、清代和中华民国时期的房捐），但是直到2011年才将上海和重庆作为房产税改革试点，开始对个人居住用房开征房产税。由于沪渝两地减免政策在免征面积、免征范围等方面都有较大的区别，所以下文将分别讨论上海市和重庆市的房产税减免政策。

一　上海市试点房产税的减免政策

2011年1月27日，上海市政府发布了《上海市开展对部分个人住房征收房产税试点的暂行办法》（以下简称《上海暂行办法》），拉开了对所辖行政区域征收个人住房房产税的序幕，同时也出台了一系列减免政策，主要从房产的用途、居民身份两个方面来设置。

（一）基于房产用途的减免政策

从房产的用途来看，《上海房产税征收细则》第七条规定，下列房产免纳房产税：国家机关、人民团体、军队自用的房产；由国家财政部门拨付事业经费的单位自用的房产；宗教寺庙、公园、名胜古迹自用的房产；个人所有非营业用的房产；经财政部或市人民政府批准免税的其他房产。这一条规定与本章第一节至第六节中分析的国家的减免政策类似，对政府和国家机关等自用房产的减免是出于纳税人和征税主体的一致，对宗教寺庙、公园、名胜古迹等自用房产的减免是出于对公共福利事业的支持。应注意的是免税的房产仅限于办公用房、业务用房、生活用房或供公共参观游览的房屋，如果上述单位将房产用于出租或非本身业务，应征收房产税。这一规定也可以解释为用于公共福利或者服务于大众的非营利性房产免税，有利于社会的发展、提升居民福利水平。

（二）基于居民身份的减免政策

从居民身份来看，上海市政府对本市居民和非本市居民设置了不同的减免政策。对于本市居民，在本市新购的第二套及以上住房，若合并计算的家庭全部住房面积人均不超过60平方米（含60平方米）则暂免征收房产税；人均超过60平方米的，对于超出部分的面积按规定计算征收房产税。对于非本市居民或持有本市居住证但居住不满3年的购房人应缴纳房产税，但满3年并在本市工作生活后可退还已缴纳的房产税，即予以本市居民相同的房地产首套房免税待遇。但也有例外条款——持有本市居住证并在本市工作生活的购房人若为相关规定引进的高层次人才、重点产业紧缺急需人才，其在本市新购的家庭唯一住房暂免征收房产税，无须等到三年。

上述减免政策充分体现了上海政府对本市居民购房的倾斜，也体现了对外来人员留在上海建设上海的鼓励，尤其是高层次人才与重点产业紧缺急需人才。此外还有一些特殊情形的减免，如果上海本地人在新购住房后的一年内出售其家庭原有唯一住房的，则新购住房已缴纳的房产税可予以退还。这一条减免政策也可以理解为换新房但仍然只持有唯一住房的本市居民免征房产税，其实和第一款类似，都是表明本市居民的唯一住房免征房产税，只是强调一下例外的情形。这类减免政策的设置有利于上海市留住外来居民尤其是高端人才以努力建设上海，推动上海的发展。上海市统计局公布的2018年统计年鉴显示，上海市2017年外来常住人口占总常住人口的比例为40.28%，与2010年相比增长了1.28%，且高等学校科技活动人员由2010年的44220人上升为56807人，增长了28.46%。

二 重庆市试点房产税的减免政策

2011年1月27日，重庆市发布了《重庆市关于开展对部分个人住房征收房产税改革试点的暂行办法》（以下简称《重庆暂行办法》）和《重庆市个人住房房产税征收管理实施细则》（以下简称《重庆实施细则》），宣布自1月28日起在重庆主城九区（渝中区、江北区、沙坪坝区、九龙坡区、大渡口区、南岸区、北碚区、渝北区和巴南区）对个人住房开征房产税。重庆市房产税减免政策主要从纳税人特征、房产特征两个方面来设置。

（一）基于纳税人特征的减免政策

从纳税人特征来看，《重庆暂行办法》第八章第十一条和第十二条规定：农民在宅基地上建造的自有住房暂免征收房产税；三无人员（无户籍、无企业、无工作）拥有的普通应税住房，如今后满足有户籍、有企业、有工作任一条件的，从当年起免征房产税，已缴纳税款的也可予以退还。

第十二条的减免规定为对本市人口购房的倾斜，但是不仅包括本市居民还包括在本市工作的外来人口的倾斜，免税范围较广。这一减免规定有利于鼓励外来人口落户重庆或在重庆工作生活、建设重庆。第十一条对农民宅基地上建造的自有住房减免则是重庆市独有的，这与重庆市的特征是分不开的。重庆是典型的大城市带大农村，据重庆市统计局和国家统计局披露，2019 年重庆市城镇人口占总人口比重（城镇化率）为 66.8%，而上海早在 2018 年城镇化率就达到了 88.1%。所以，重庆市在设置房产税的减免政策时必须考虑到广大农民的现状，对其在农民宅基地上建造的自有住房暂免征收房产税。这一规定保证了农民的基本生活条件，有利于提高税收遵从度。

（二）基于房产特征的减免政策

从房产特征来看，重庆市针对存量房和新购住房实行不同的减免政策。《重庆暂行办法》第七章第十条规定，对于纳税人在本办法施行前拥有的独栋商品住宅，免税面积为 180 平方米；对于新购的独栋商品住宅、高档住房，免税面积为 100 平方米。若纳税人家庭拥有多套新购应税住房的，按时间顺序对先购的应税住房计算扣除免税面积（即只扣除最早购买的一套应税住房）。

应注意的是，重庆市规定的免税面积是以家庭为单位的，且一个家庭只能对一套应税住房扣除免税面积。重庆市的这一减免政策将存量房和新购住房分开考虑，且以家庭为单位设置免税面积，很明显是希望抑制高档商品房和别墅的价格，促使房地产开发商减少高档商品房和别墅的开发，增加普通商品房的供应。[①] 另外，据 2010 年统计数据显示，重庆市 200 平方米以上的非独栋大面积住宅为 33549 套，总面积 898.3 万平

---

① 张洪铭、张宗益、陈文梅：《房产税改革试点效应分析》，《税务研究》2011 年第 4 期。

方米，高端住房为1900套，总面积83.1万平方米，因而对高档商品房和别墅征收房产税可以在获取较高税收收入的同时调节贫富差距。此外，关于新购住房的免税面积只适用一次的规定，可以拓宽税基且更加公平，有利于缓解炒房现象。

三 沪渝试点房产税减免政策的比较

对比上海市和重庆市的减免政策，可以发现两地在减免人群、减免住宅、免税住房面积三个方面都有不同的规定，且重庆市对于"兜底条款"的说明添加了自然灾害等不可抗力因素这一条。

（一）基于减免人群的沪渝试点房产税减免政策对比

从减免人群来看，重庆市的减免范围比上海市更广。上海市房地产的减免政策主要是针对本市居民和非本市居民来区分的，对于本市居民，首次购房免征房产税，对于非本市居民，首次购房只有在满足一定条件如高层次人才、重点产业紧缺急需人才、持有本市居住证满3年并在本市工作生活才可暂免征收房产税。而重庆市的减免政策则主要是针对本市人口和非本市人口来区分的，只要满足有户籍、有企业、有工作其中任何一条，其拥有的普通应税住房即可从该年起免征房产税。这一减免范围的设置与两市的人口密度与经济发展状况是分不开的：对比两市的人口密度，据两市统计局相关数据披露2019年年末重庆市常住人口也才3124.32万人，上海市计划到2035年将常住人口控制在2500万左右，而在2010年常住人口就已经达到了2302.66万人（重庆市的面积大约是上海的十三倍），但城市的发展离不开高端人才的引进，因而上海市对于外来人口房产税减免的规定比重庆市要严格一些，即需缩小范围；对比两市的经济状况，上海市是一线城市且建设了国际金融中心，经济发展速度较快，而重庆是二线城市，经济发展落后于上海，更需要引进外来人才促进重庆市的发展。此外，重庆市还设置了对农民在宅基地上建造的自有住房暂免征收房产税的减免政策。

（二）基于减免住宅的沪渝试点房产税减免政策对比

从减免住宅来看，上海市的减免范围比重庆市要广。上海市的政策是"既往不咎"，房产税仅针对新购住房征收，对于存量房一律免征；重庆市的政策则是"追根溯源"，不仅对新购住宅征收房产税，还对在《重庆暂行办法》施行以前购买的存量房征收房产税，但是设置了一定的免税面积。这一减免政策的设置与沪渝两地开征房产税的目的息息相关。上海市主要希望以此来抑制炒房动机、稳定房价，因而仅对新购住房征收，对存量房的征收会加大现有住房持有人的持有成本，当抛售成本低于持有成本时反而不利于抑制炒房。重庆市征收房产税的目的主要是抑制高档住宅的消费，增加普通商品房的供应，因而对存量和新购高档住房均征收房产税，且重庆市处于发展的扩张期，需要引进外来人口，不适合对普通大众征收房产税，因此对普通的商品房是免征房产税的。

（三）基于免税住房面积的沪渝试点房产税减免政策对比

从免税住房面积来看，上海市和重庆市的衡量标准不同。上海市的免税住房面积是以"人均面积"衡量的，人均面积不超过60平方米为免税住房面积；重庆市的免税住房面积是以"家庭"为单位衡量的，存量房的免税面积为180平方米，新购住房的免税面积为100平方米。两地免税面积的设置充分考虑了不同地区的居民在人均住房面积上的差异：据国家统计局2011年统计年鉴披露，上海市2010年农村居民家庭人均住房面积为59.68平方米，重庆市为37.56平方米。若想尽量遵循税收公平原则，实现量能赋税，就必须要考虑最需要获得房产税减免人群的情况以及家庭社会平均基本住房需求，因此上海市免税住房面积的范围比重庆市要宽。但从建筑面积和使用面积的角度来看，两地差别不大（重庆市人大常委会2002年通过的《重庆市城镇房地产交易管理条例》就已经取消了"公摊面积"）。两地差别化的免税住房面积设置，一方面考虑了当地居民的情况，保障了其基本住房需求，另一方面也考虑了两地居民房屋面积核算方法的不同，有利于提高纳税人的房产税税收遵从度。

除了以上三个方面的不同外，《重庆暂行办法》第八章第十三条还规定，因不可抗力因素造成应税房产毁损的，由纳税人申请并经税务机关审批，当年可酌情减征或免征个人住房房产税。重庆市虽不位于地震带上，但却处在南北地震带中段的东侧，是中强震多发区，考虑到这一情形，设置第十三条的因不可抗力因素造成的毁损房产的房产税减免是非常必要的。这一条减免政策考虑到了自然灾害等不可抗力因素给纳税人造成税收负担加重的情况，保障了纳税人的基本生存权利，符合税收公平原则。

综合近九年的试点情况来看，沪渝两地的房产税改革措施并没有发挥好筹集地方财政收入、调节房产市场价格的作用。在上海市税务局公布的税收收入统计数据中，2011—2019年，上海市的房产税税收占总税收收入的比例均低于2%，对地方财政收入的贡献几乎可以忽略不计。而重庆市房产税减免政策的实施使得90平方米以下的住房价格上升，而144平方米以上的住房价格下降，即对房价的调控作用并不理想，且这一变化不利于中低收入阶层的生活。① 此外，上海市和重庆市施行的首套减免方案和人均面积减免方案对房产套数多和家庭房产总面积高的家庭较为不利，会导致房产税的净福利效应大幅下降，不利于提高纳税人的纳税遵从度。② 因此，中国未来房产税减免政策的设置仍需进一步完善。

第八节 房地产税减免政策的国际比较

本书在第一节至第六节中分析了美、英、德、澳、日、韩的房地产税减免政策，本节将对各国的房地产税减免政策进行比较，总结出其相同点与不同点，进而为中国房地产税减免政策的设置提供参考。

一 各国房地产税减免政策的相同点

（一）用于国家和政府公务的房地产免税

纵观美国、英国、德国、澳大利亚、日本和韩国的房地产税减免政策，都设置了针对国家和政府公务用地的免征条款。各国设置这一减免政策的原因主要是出于纳税主体与征税主体的一致性，国家和政府公务用地的房地产税纳税主体即为政府，与房地产税的征收方一致。此时若仍对其征税不仅会加大房地产税的征收成本，还会耗费一些不必要的资源，是不符合成本效益原则的，所以该免税条款合情合理。

（二）用于社会公益事业的房地产免税

从以上各国的房地产税减免政策介绍中可以看出，大多国家都设置

---

① 范子英、刘甲炎：《为买房而储蓄——兼论房产税改革的收入分配效应》，《管理世界》2015年第5期。

② 张平、侯一麟：《房地产税的纳税能力、税负分布及再分配效应》，《经济研究》2016年第12期。

了用于社会公益事业的房地产免税条款。其中，用于社会公益事业的房地产主要指宗教、学校、儿童福利设施、老年人福利设施等。这一条免税政策主要是为了提升公民福利水平。社会公益事业所用的房地产一般都是出于服务全民教育、医疗、养老等目而建造或使用的，若对这些房地产征收房地产税会加大其机构的运营成本，不利于全民福利的提升。但若这些房地产不是出于服务全民福利而建造或使用的，则不符合这一减免条款。例如，韩国在财产税的免税政策里规定非营利社会公益组织用于宗教、慈善、文化教育、科学研究的财产等免税，出于盈利目的的除外。

(三) 对特殊人群设置房地产税减免政策

在国家决定开征某一税种时，纳税人的税收遵从问题是不得不考虑的。而提高纳税人税收遵从度的强有力措施之一即为根据纳税人的特征来设置减免政策，减轻纳税能力低下的纳税人的税收负担。因此，各国在设置房地产税减免政策时都将对特殊人群的减免纳入了考虑范围。其中，特殊人群包含学生、残疾人、老年人以及低收入人群等，但不同国家涵盖的群体有细微差别。针对特殊人群的减免政策主要是为了减轻无纳税能力或弱纳税能力人群的税收负担，遵循税收公平与量能赋税原则，提高纳税人的税收遵从度。例如，美国基于纳税人身体状况的财产税减免、英国市政税的伤残减免、日本关于老年人或残疾人改建房产的固定资产税减免、韩国的针对超过一定年龄纳税人的综合不动产税减免。

(四) 基于本国国情设置特有的房地产税减免政策

虽然不同国家开征的税种名称、征税对象、税率、计税依据等可能会较为类似，但是各国在进行具体设置的时候都参考了本国的实际情形。如果在借鉴发达国家的税种设置经验时不融入本国的特色，一定会在短期或者长期造成不利的影响。针对本国国情的减免政策充分考虑到了国家和纳税人的实际情况，能大大地提高纳税人的纳税遵从度，例如美国的租户相对较多，所以一些州政府设置了租户的减免政策；英国总结农业发展的历史经验大力扶持农业的发展，因此设置了针对企业在农村地区的营业房产的房地产税减免政策；日本作为地震多发国家，设置了震后房屋重建的固定资产税减免政策，保障国民生产生活水平的同时又能全面提升住宅的抗震等级。

二 各国房地产税减免政策的不同点

各国的房地产税减免政策除了第六章中提到的相同点,也有不同之处。表6—12基于减免人群、减免房产和特殊情形对美国等六个国家的房地产税减免政策进行了对比和列示。

(一)基于减免人群的各国房地产税减免政策比较

从减免人群来看,6个国家均设置了对老年人和残疾人的减免以保障这类人群的基本生活水平。除老年人和残疾人外,美国还基于租户众多的现象设置了对租户的减免;英国针对外交官等特殊职业设置了减免;而德国考虑到了工作调动的影响对因工作调动而购买多套房产的人群给予了第二套房产税的减免;澳大利亚的维多利亚州作为旧联邦政府所在州,针对王室拥有的土地免征土地税,但是租用这些土地的其他人仍需缴纳土地税。基于社会特殊群体的减免政策的设置考虑了纳税人的实际情形,是提高纳税人纳税遵从度较为直接、有效的手段。

(二)基于减免房产的各国房地产税减免政策比较

从减免房产来看,美国和德国对自用房产设置了房地产税的减免政策,澳大利亚对主要居住用房免征土地税,美国、日本和澳大利亚对低于一定价值的房地产设置了减免,英国基于居民普遍的持有度假屋的现象对度假屋给予了适度减免,而韩国为了调控房地产市场打击炒房对于长期持有的房产给予了减免。这类减免政策的设置与各国房地产税征收的目的有关,如日本征收房地产税的主要目的是支持地方财政支出而非调控房地产市场,因此房地产税免征点的设置较低,但结合日本对小面积住宅的减免,即使不针对自住房屋或主要自住房屋给予房地产税的免征也不会对房地产税纳税人的纳税遵从度产生较大影响;德国和韩国的主要目的是抑制房价暴涨、稳定房地产市场,低价住房与自住住房并无必然联系,因此德国对自用住房免税,但是对非自用住房征收高额的第二套房产税,而韩国仅对长期持有的房产给予减免,而不考虑针对低于一定价值房产的减免政策。

(三)基于特殊减免情形的各国房地产税减免政策比较

从特殊减免情形来看,美国、英国、日本和韩国设置了不同的减免政策。美国为了促进人口流动设置了产权变更的减免;英国基于对新闻产业的扶持设置了对记者办公场所的房地产税减免，基于促进农村发展以及发挥聚集效应的目的设置了位于农村以及产业聚集区的企业的营业房产减免，还为了促进小型企业发展设置了小型企业专属减免；日本基于地震多发的国情和对住宅质量的高标准严要求设置了对防火建筑、优质建筑、抗震翻建或改造建筑的减免政策；韩国并未设置低价住房的减免政策，但出于保障低收入群体基本生活的需要设置了小额减免。基于特殊情形的减免政策的设置符合各个国家的国情与社会背景，是各国所特有的减免政策。

表6—12　　　　　　　　各国房地产税减免政策的比较

国家	减免人群	减免房产	特殊情形
美国	老年人、退伍军人、残疾人、租户	自用、首套、低价	所有权变更；"断路器"机制
英国	学生、护士、外交官、低收入人群、残疾人等	空置、维修、犯人、病人所有、废弃	记者办公场所，农村、产业聚集区的营业房产；小型企业
德国	无收入人群、工作调动人群	自用	—
澳大利亚	老年人、军人、王室、残疾人	低价、主要居住、初级生产	—
日本	老年人和残疾人	低价	防火、优质、震后改造或翻建
韩国	老年人	长期持有	小额减免

注："—"表示该单元格无信息。
资料来源：笔者根据相关资料整理。

三　各国房地产税减免政策的评价

总的来看，在这六个国家里，美国的"断路器"机制，英国对于特定职业的市政税减免，德国严格抑制炒房的第二套房产税，日本震后改造或翻建的固定资产税减免，韩国住房持有时间越长综合不动产税减免力度越大的设置，澳大利亚各州多样化的土地税减免政策，非常值得中国参考借鉴。

"断路器"机制能够严格的控制家庭收入与房地产税税收负担的比例，较为精准的减轻纳税人的负担，提高其纳税遵从度；中国在全面开征房地产税的背景下，必然要考虑纳税人的税收遵从问题，因此"断路器"机制对中国的借鉴意义重大。英国对于外交官、外语助理等特定职业的市政税减免，能够促进这些行业的发展，促进进出口贸易，进而有助于本国经济的增长；在经济全球化与中国特色大国外交的背景下，促进外交行业的发展对于促进中国经济的增长具有重大意义，若能减轻这类人员的购房或持有房产的成本将有利于更多人从事中国的外交行业。德国第二套房产税的实施有力地抑制了本国房地产市场的泡沫以及炒房现象，实现了不增反降的房价走势；在中国当前住房价值与居民收入水平严重不相称的现实国情下，借鉴德国第二套房产税的实施将房地产税的减免政策与抑制房产过快增长的目标结合是刻不容缓的。日本对于住房震后改造或翻建的固定资产税减免有利于提高房屋的抗震等级；中国四川、重庆等省市属于地震多发地区，但房产的抗震等级却未得到显著提高，因此可以参考这条减免政策减轻建造高抗震等级住房的成本，全面提升住房的抗震能力，减少人员伤亡。韩国的综合不动产税设置了住房持有时间越长折扣力度越大的减免政策，有利于提高居民长期持有房产的意愿；这类房地产税的减免政策毫无疑问对于抑制中国炒房动机具有借鉴意义。最后，澳大利亚虽然仅对土地征税，但各州的减免政策依然存在较大差别；中国在房地产税全面推行时也可以充分结合地方特色，设置具有地域特色的减免政策，提高纳税人的纳税遵从度。

第九节　房地产税减免政策的政策启示

房地产税减免政策通过对纳税人和征税对象等税收减免的规定，是直接提高纳税人税收遵从度的重要方式。减免政策的设置不仅应考虑一国国情，还应体现国家在房地产方面的政策导向，并有利于促进合理配置房地产资源。通过对比中国沪渝两地和美国、英国等六个国家的房地产税减免政策，本节提出以下五点政策建议。

一 设置居民住宅减免额度

本条建议指将新购住房与存量住房一并纳入征税范围，且应设置免征额或起征点而非免征面积。对于拥有两套及以上住房的纳税人，中国可以参照德国第二套房产税的做法，对多套房产的减免额度依次递减，而非仅对首套房免税。

沪渝试点目前实行的房产税减免政策是首套房免征、设置免税面积等，但这种设置存在一定的缺陷。中国人民银行发表的2019年中国城镇居民家庭资产负债情况调查显示，中国城镇居民家庭的住房拥有率为96.0%，有一套住房的家庭占比为58.4%，有两套住房的占比为31.0%，有三套及以上住房的占比为10.5%，即中国的家庭普遍拥有存量房且仅有一套住房的是多数，因此对于存量房或第一套房免征的政策会导致税基大大缩小，而在保证财政收入不变的情形下，窄税基带来的必然是高税率。因此，中国可以参考房地产税政策实行比较成功的国家或地区，将新购住房与存量住房均纳入征税范围，再参照德国第二套房产税的做法对居民持有的第一套房产给予较大减免额度，对第二套第三套及以上的房产减免额度依次递减，增大持有多套房产的成本，从而在保证居民基本需求的基础上抑制炒房现象、调控房价。另外，现行免税面积的做法也存在一定问题，如会导致房价具有较大差别的三环内和三环外的房产获得相同的免税面积，这显然是不合理的。因此相较于免税面积，设置免征额或起征点的做法更好，具体金额可以根据各地房屋价格指数和人均收入水平等指标确定。此外，中国存在不少居民为了获得首套房购房的优惠资格而假离婚的现象，若对首套房免征房地产税，势必会导致这类现象的更加频繁的出现。因此，中国对首套房免征房地产税的做法并不可行，而应仅设置一定的减免额度，且减免标准的认定一定要严格，比如解除婚姻关系一定时期内购房的纳税人不具有减免资格，且若购房后一定时期内复婚应返还之前的房地产税减免额。

二 设置老年人等特殊群体的减免政策

本条建议指对老年人、残疾人、退伍军人、学生、低收入群体或无收入群体等纳税能力较弱的人群设置减免政策，具体减免方式可以实行监护人或赡养人支出扣除、直接减免、"断路器"机制等。

对于老年人、残疾人、退伍军人和学生，他们往往无法照顾自身的生活，而且在中国这类人往往由其亲属监护或赡养。随着中国二胎政策的开放和人口老龄化的趋势，部分纳税人的子女教育支出和赡养老人支出必然大幅增加。为了保障纳税人的基本生存需要，在设计中国房地产税减免政策时也应将其纳入考虑范围，否则纳税人的纳税遵从度将会受到一定的影响。具体实施过程中，可以在给予其监护人或赡养人一定额度的房地产税子女教育和赡养老人支出时扣除。此外，不同收入群体的居民间房地产税的纳税能力具有显著差异，[①] 因此针对低收入群体[②]和无收入群体设置适当的房地产税减免政策能够充分考虑到他们的纳税能力，进而使得纳税能力与税负水平相匹配，大大提高房地产税的纳税遵从度。在具体实施过程中，可以参考英国和德国直接对这类人群进行一定额度的房地产税减免，也可以参考美国的"断路器"机制构建家庭收入与房地产税之间的联系，当缴纳的房地产税占家庭收入的比重过高时予以返还，具体返还方式可以是退税、下期房地产税抵扣等。

三 设置不同特征住房的差异化减免政策

本条建议指对纳税人的主要居住用房与非主要居住用房（拆迁等不可抗力因素导致的除外）设置差异化的减免额度；针对出租用房设置减免政策；以及对于防火建筑或抗震等级高的住房设置高额减免。

中国当前沪渝试点的房产税减免政策并未根据房产特征（房产的用途及质量）进行设置。房地产税减免政策要在全国顺利推广，必然要考虑到居民的基本生存需要，因而应设置针对纳税人的主要居住用房的减免政策。但是如前文所述，直接对主要居住用房免征会大大缩小税基，因此对纳税人的主要居住用房设置较高的减免额度，而对于纳税人的非主要居住用房（拆迁等不可抗力因素导致的除外）不设置或设置较低的减免额度是更为合理的。同时，若出租用房的纳税人为房屋所有人，则

[①] 杨灿明、孙群力、詹新宇：《新时代背景下中国居民收入与财富分配问题探究——中国居民收入与财富分配学术研讨会（2017）综述》，《经济研究》2018年第4期。

[②] 家庭人均收入低于当地最低工资标准。

可以针对房屋所有人出租用房设置一定的减免政策；若出租用房的纳税人为实际使用人，则可以借鉴美国对部分租金支出视同纳税的做法，当租户纳税额超过收入的一定百分比时，将超过的一定部分予以减免。对于出租用房的减免政策可以在抑制炒房交易市场发展的同时推进租房市场的发展来满足居民总体的住房需求。此外，从根本上减轻高质量住房建设的成本、鼓励高质量住房的发展也是我们房地产税减免政策应予以考虑的内容。具体而言，可以参考日本的相关减免政策，加大对优质住房[①]的免税额度或设置3—5年的免税期限，并对住房的震后改造或翻建给予一定额度的房地产税减免。

四 设置具有地域特色的减免政策

本条建议指在中国全面开征房地产税时，应立足各个省市区的实际情形，综合考虑社会、经济、人口、城市化等因素的影响，设置多样化的具有地域特色的减免政策。

总结美国和澳大利亚的房地产税减免政策可以看到，各州的具体规定不同。各州基于本州特色设置的减免政策能够最大化地考虑到本区域居民的实际情况，根据纳税人的实际纳税能力来设置合理的税负水平，提高其纳税遵从度。中国沪渝试点在推行房产税试点方案的时候已考虑到上海市和重庆市的特色，在免税面积等方面的设置有较大差异，将来房地产税在全国推行的时候更要考虑基于不同的地域特征设置特色化的减免政策，最大程度地提升纳税人的纳税遵从度。例如，可以考虑在深圳、苏州[②]等房价上涨较快的城市对于非自用住宅设置低额减免，并设置对租户的减免政策，鼓励租房市场发展，严厉打击炒房现象；对于西部等经济欠发达地区，可以设置高额房地产税减免政策，鼓励外来人口落户、参与城市建设；至于重庆、四川等地震多发地区，可以参考日本的震后改造或翻建的减免政策，当纳税人因地震而遭受房屋毁损时，可以

---

① 优质住房的标准视各地情况而定，如对于江西、广西、湖南等洪涝灾害多发区可以将优质住房界定为防水、防洪建筑。

② 中国社会科学院财经战略研究院住房大数据项目组发布的2019年11月《中国住房市场发展月度分析报告》指出，近一年来深圳房价同比上涨5.58%、苏州房价累计上涨20.71%。

给予改造或新建房屋的房地产税减免，使纳税人能够保障自身的基本生活水平。

五　设置特殊情形的减免政策

本条建议指除上述减免政策外，对于房地产税纳税人因特殊原因缴税确有困难的，可以依其实际支付能力给予减税或免税优惠。

特殊原因为不可抗力因素或社会风险，其中不可抗力因素主要指洪水、疫情等自然灾害；社会风险包括长期失业、重大疾病等。对这类特殊情形进行定向减免，有利于保障纳税人的基本生存权利，降低生活负担。例如，对于以新冠肺炎疫情等不可抗力因素，各国几乎都是直接实行一定时期的免征房地产税，中国也可以予以借鉴，对于在封城至主要家庭成员复工这一段时期对房地产税进行减免，对于受疫情影响较严重的个体工商户可以采取本人申请的形式给予返工后一个生产周期的房地产税减免。此外，对于长期失业、重大疾病等社会风险，由于针对的受众较少，可主要采取纳税人申请、主管税务机关核实，相关部门批准后给予社会风险时期的房地产税减免。

本章小结

近年来，随着房地产税法正式列入十二届全国人大常委会的立法规划，有关房地产税的立法问题备受关注，其中争议较大的一点在于房地产税减免政策的设置。作为提高居民纳税意愿和纳税遵从度的重要方式，房地产税的出台必然需要伴随着一系列的减免政策。中国作为个人住房房产税开征较晚的国家，参考世界发达经济体的房地产税减免政策的设置意义重大。本章首先梳理总结了美国、英国、德国、澳大利亚、日本和韩国的房地产税减免政策，其次结合中国当前沪渝试点的房产税减免政策进行了比较分析，最后针对中国具体国情提出了相关政策建议。例如，设置居民住宅减免额度而非免税面积，对首套住宅设置更高额度的房地产税减免而不是直接免征，从纳税人特征、房产特征与地域特征三个方面设置多样化的减免政策，以及特殊情形下对纳税人的扶持等。除了上述政策建议外，中国还应积极建立与加强房地产税配套措施以保证减免政策的落实,如建立健全房地产产权登记制度以保证免税面积或免税金额信息的获取,加强建设社区人口排查制度以保障后续可能开展的针对老年人、残疾人、退伍军人等不同纳税人群的减免政策的实行。

第七章

房地产税纳税信息获取与税收征管的国际比较与政策启示

税收征管是税收体系中重要的工作之一，主要包括纳税申报、征收监控、税款入库以及税务稽查等。其中，纳税申报的质量决定了税务部门信息获取的质量，并最终影响税务部门对于税源质量的把握，直接影响最终的税收收入；而税收征管是保证税款及时足额缴纳的基础，是确保税收过程顺利进行的有力保障。本章通过对比开征房地产税时间较长、税制较为成熟的国家关于获取纳税信息与税收征管的相关内容，结合中国沪渝房产税试点政策的不足之处，针对中国房地产税的税收征管提出了相关政策建议。

第一节 美国房地产税纳税信息获取和税收征管

房地产税作为美国政府（县、市、学区）重要的收入来源，征收管理受到了县政府部门的极大重视。在美国有这样一句谚语，"这个世界上只有死亡与缴税是永恒的"，说明了纳税对美国公民的重要性。纳税与每个美国公民息息相关，因此美国县级财税部门对征税管理十分重视，并投入了大量的人力物力，美国也由此成为西方国家中财产税制最为完善的国家之一。房地产税作为美国财产税的重要组成部分，其征管制度已经形成了稳定的管理模式，虽然我们两国在经济体制上存在较大区别，但美国相对完善的房地产税征管制度对中国建立现代房地产税制度、引导房地产行业健康发展依然具有重要的借鉴意义。

一 美国房地产税纳税信息获取

美国纳税信息的获取主要通过其庞大的信息交互系统，各部门政府可以按照权限的划分和使用的需要使数据有效地在其他各政府部门间流通使用。因此，美国房地产税的信息申报实际被地方税收评估办公室替代，由税收评估办公室负责纳税信息的采集。本节就美国房地产税纳税信息的获取方式及特点进行分析。

（一）美国纳税信息的获取方式

美国的税收评估办公室由州政府设立，不隶属税务部门管理。税收评估办公室会与评估相关个体和机构组织建立互助合作的关系，个人和机构组织包括纳税人、律师、执业评估师、房地产经纪人、程序设计员、产权公司、信贷机构、新闻媒体、政府机构、行业协会以及其他公共组织，并充分利用这些信息渠道获取信息。以美国的加利福尼亚州政府为例，加利福尼亚州专门设立了公共信息管理部负责收集公众的各种数据，包括房地产的开发建设环节、销售环节、保有使用、维护以及再销售全过程的各种数据。这些基础信息数据将用于房地产税的征收与管理。由于支付的房地产税计税依据与评估机构出具的财产评估价值密切相关，因此评估价值的水平必须得到纳税人的认可。美国房地产税征管系统中，有严格的公布与反馈机制保障纳税人的知情权，而简单高效的申诉机制也保证了纳税人对于税负的认可。美国加利福尼亚州《财产税法则》（*Revenue and Taxation Code*）规定，如果纳税人对财产的估价有争议，可以联系评估办公室并举证提出异议；评估办公室如不能满意地解决纳税人的问题，纳税人可以向州政府的评估申诉委员会提出申诉，最终由申诉委员会对房产价值作出决议。

（二）美国纳税信息获取方式的特点与评价

根据上述美国房地产税纳税信息获取的相关规定，可以总结出美国纳税信息获取的特色如下。首先，负责纳税信息收集工作的税收评估办公室是一个独立于税务管理部门的机构，二者之间没有隶属关系，保证了房产评估价值的公正和准确。其次，税收评估办公室与评估个体和机构建立互助合作的关系，一方面保证各种不同的公共资源能够给房产价值的评估工作提供大量有用的信息，另一方面则利用这些机构收集信息的渠道作为宣传媒介，使公众更加了解评估工作，最小化公众的不满，避免对评估结果产生误解，进而降低了上诉数量。最后，简洁完善的申诉反馈机制不仅为纳税人提供了维权渠道，也提高了政府部门的工作效率。

美国房地产税的信息获取方式有以下三个优点。第一，税收评估办公室与各部门建立的通信网络有利于评估信息的发布与维护，有利于与公众建立相互依赖的紧密关系，便于信息的交流。第二，数据的共享使用大大提高了数据的使用价值，为房地产税的评估部门提供了强有力的数据支撑，由此建立的课税评估技术标准的研究体系也能够在很大程度上保证评估结果的公平性和准确性。第三，一套能满足各种评估方法的批量评税计算机辅助系统在房地产税评税、征管中不仅直观、形象、便于数据连接，而且使评税和管理工作十分高效。正是得益于强大的信息管理系统，美国房地产税自起征始一直为美国财政经济运行提供着源源不断的动力。

二 美国房地产税征管制度

美国作为联邦制国家，各州在宪法的基础上拥有独立的立法权，因此其税收制度在州与州之间存在诸多差异。由于美国房地产税属于地方税，因此各州在保持整体税制构成一致的前提下有权根据地方情况制定合适的征管制度。

（一）美国房地产税征管制度的相关规定

对于大多数州而言，美国房地产税通常按季度、半年度或按年度征收，若以贷款方式购房，则房地产税计入每月还款金额。由于美国实施土地私有制，个人的土地及其在土地上建造的房屋均为个人所有，因此房地产税不仅包含房产同时也包含地产。房地产所有者会定期收到县财税部门发送的纳税通知单，所有者需要在规定的时间内通过线上支付或是寄送票据的形式完成税款的缴纳。房地产价值往往会受到经济环境波动、政策变动等外部因素的影响，因此美国会定期重新对房地产进行市场价值评定（具体时间因州而异）。房地产价值评估管理的相关工作由美国各州政府负责制定统一的评估标准，再由专门的房产部门对房屋的价值进行评估。另外，地方政府也会建立评估委员会以确保评估价值的准确公正。此外，美国国内税务局网站显示，对于不能按期交税和拖欠税款的公民，纳税人拥有延期申报的权利，且延期申报的期限通常为一个月。若到期未能交清税费，税务部门会罚款并加收一定金额滞纳金。① 若长期拖欠税款而未能补足，地方政府将对纳税人的房产强制扣押留置，且政府有权出售或拍卖房屋所有者的房屋以抵扣所欠税费。

（二）美国房地产税征管制度的特点及评价

第一，美国房地产税的征管权主要归属于地方政府，但并非所有权利都为税务部门掌握。房地产评估权与征收权分属不同部门有利于各部门相互联系、制约和规范征收程序，确保房地产评估价值的客观性与准确性，这是房地产税制度顺利实施的制度保障。第二，定期重新评估价值。虽然这一过程需要消耗大量的时间和人力，但此举是为了更加准确地把握房地产价值，进而达到维持税收公平、保持税源稳定的目的。第三，对于拖欠、拒缴税款的行为，设置延期申报的缓冲期。这一规定给予纳税人更多的空间履行自己的纳税义务，间接地提高了纳税人的纳税遵从度，也有利于保证税款的完整性。

美国房地产税的征税对象包括土地和房产，这样可以使美国的税收来源得到扩展，保证税收收入的稳定。构建数据库这种管理模式的建立使美国的房地产税更加便捷高效，为征收管理提供了极大的便利，但同时也引发保护信息安全的问题。联邦政府、州政府、地方政府分权而治的思想使各部门各司其职，各地区能根据实际情况制定合适的征管制度，整体上提高了税制运行的稳定。基于不动产属性的处罚方式则保证了美国房地产税的完整性和稳定性。

第二节 英国房地产税纳税信息获取和税收征管

英国作为最早开征房地产税的国家之一，其房地产税征收历史最早可以追溯到伊丽莎白时期开征的强制性地方财产税。在经过了漫长的发展与改进过程后，英国形成了一套较为完备的财产税制度。通过了解英国房地产税的纳税信息获取和税收征管经验，我们可以思考中国有关房

---

① 任强：《房产税：美国实践及借鉴》，《财政研究》2015年第1期。

地产税收制度中的不足之处。

一 英国房地产税纳税信息的获取

英国是较早进行政府数字化改革的国家之一。[①] 从 2012 年起，英国相继出台了各种政府数字化转型战略，力图建立"整体政府"。2000 年，英国政府正式颁布并实施《电子通信法》（Electronic Communication Act 2000），极大地促进了英国"电子政府""电子商务"和"网上税务"的发展。其中"网上税务"的发展使英国的纳税信息申报方式发生了较大改变。

（一）英国房地产税纳税信息的获取方式

在促进政务数字化的改革中"网上税务"是英国整个"电子政务"的重要组成部分。英国国内收入局不仅在网站首页上建立了 3 个在线服务入口（纳税申报、退税申请、代扣代缴），而且还在网站上开设了 7 个用户分类入口（个人用户、公司用户、税务从业者用户、雇主、非居民用户、慈善机构和募捐等）以满足各类税务办公的需要。英国所有电子报税者需要首先在英国国内收入局注册登记，其次使用电子纳税申报系统将申报信息发送到国内收入局的服务器上，最后直接应用国内收入局的税款计算系统填写纳税申报表完成税收信息的递交。目前，英国的企业所得税、个人所得税等税种的纳税申报、税收减免申请、代扣代缴税收的信息递交，都能在网上完成。英国房地产税纳税信息的获取一般不需要纳税人每年自行上报，往往是由地方政府根据历史申报信息将应缴税款计算完成后直接将缴税账单寄发给纳税人。但存在一些特殊情况，如果有新建、转让、改造房屋时，房屋所有人必须主动提前向当地政府报告备案，以方便当地政府对房屋信息进行修改，再对新修建房产重新评估价值进而计算年度应缴税款。

（二）英国房地产税纳税信息获取方式的特点与评价

英国纳税信息获取方式最显著的特点即为开通了网上申报通道，利用现代通信技术极大地便利了民众的纳税申报。这种充分利用计算机记录数据的方式与美国虽有相似之处，但二者之间仍存在差异。美国信息

[①] 李平、吴颖：《英国数字税务账户应用实践及借鉴》，《国际税收》2019 年第 12 期。

系统的建设重点在于对已有数据库的维护与管理，而英国信息系统的建设重点在于信息采集方式的便捷化与规范化。为了规范信息的采集过程和数据使用，英国政府于 2003 年还颁布了《隐私和电子通信条例》(*Privacy and Electronic Communications Regulations* 2003)，这一条例的颁布进一步完善了英国电子报税系统的管理制度。

英国的房地产税纳税信息申报从对纳税人的信息跟踪、纳税地的确定、居住房产的实际状况、纳税人的纳税能力等诸多方面都实现了效率较高的信息数字化控制和处理，最大化地利用现代技术服务于人，并且很大程度上避免了工作中人为因素产生的干扰，从而很好地确保了房地产税收入的稳定。

二 英国房地产税征管制度

目前，英国在房地产保有环节课征的税种有市政税和营业房屋税。其中，营业房屋税属于中央税，并且是按照房产的租金收入计算，相当于是对房产所有人的租金收入开征的税种。目前，中国相关税种的征管制度已较为成熟，对中国房地产税的开征借鉴意义不大，因此，本节重点关注英国在房地产保有环节开征的市政税。

（一）英国房地产税征管制度的相关规定

英国税收管理体制主要分为中央政府和地方政府两个级别，财政收入使用权和支配权统归中央政府所有，并且税收立法权与征税税率调整权以及税收减免的制定等大多由中央政府来决定，地方政府仅负责小幅度的调整并执行。市政税是典型的地方税种，具体而言，其征收管理主要由地方政府以下的区政府负责。但是，市政税的税收收入需要与郡政府（行政级高于区政府）共享，主要用来提供教育、道路交通、卫生服务、消防等公共基础设施建设与服务。

市政税的课征主要分为四步。首先，上报纳税信息。纳税主体向税务管理部门提供规定所需材料，包括房产所有权证明、房屋居住人数、居住人的身份以及减免税收所需的相关材料。其次，估价署（Valuation Office Agency，VOA）对符合课征对象要求的房产进行估价。估价署是一个独立的专门机构，不受地方政府的税务部门管辖，他们会参考房屋的建造时间、面积大小、内部结构、所处环境等相关因素将住宅价值分为 8

个等级（A至H），不同等级的房产对应不同等级的税率标准，且各地政府对房产价值的级次划分制定了不同的标准。再次，地方政府会在每年的4月1日将缴税账单（扣除减免税额后）寄送给纳税人，账单上会详细注明此项税收的用途，包括消防、教育、市政开支的具体金额等。最后，遵照"谁居住谁缴税"的原则，纳税人在确认无误后可以选择通过网络缴纳税款或是直接前往当地税务管理部门缴纳税款。

对于税款的征缴来说，如果纳税人能在财年初次缴纳住宅性房地产税时一次性缴清税款，就可以享受一定的税额折扣；同时，纳税人也可以选择分期付款。如果纳税人没能按期缴足税款，地方法庭就会向其发出传票，若在传票规定期限内仍未补足，法庭就会授权地方政府冻结欠税者的收入或财产以补足所欠税款，如果纳税人财产不足以抵补所欠税款，地方政府有权通过法律程序将其监禁。而当纳税人对所收缴税账单的房屋评估价值或是减免税额有异议时，可以向当地的税务管理部门提出，税务管理部门会重新通知地方估价署进行房屋价值评估，确认再次评估的房屋价值后修改应缴税额。

（二）英国房地产税征管制度的特点与评价

从上述英国房地产税征管制度的相关规定中可以得出英国房地产税的征管具有以下特点：第一，房地产税的征管权限归属于区政府，属于地方税。地方税的属性使市政税的征收在各地区之间更加多样化，各区政府能够因地制宜地选定合适的税率和征收方式提高税收效率。第二，科学的房地产价值评估方式。依照房地产状况的差异制定不同的分级标准使房地产价值评估更具科学性和准确性。第三，税单详细记载税款用途。以支定收的方式使纳税人能够清楚地掌握税款的用途，切身体会到纳税所带来的公共服务。第四，多样化的纳税渠道。线上缴税与线下缴税多渠道纳税方式并行的方式，极大便利了纳税人税款的缴纳。

科学的房产价值评估标准使英国的税负更公平合理，详细记录税款用途的税务账单使纳税人明确纳税流程，提高了税款使用的透明度也提高了纳税人的纳税意愿。综合来看，英国的税收征管在纳税人信息跟踪及纳税能力，税额的确定，房产信息的掌握以及减免条款的普及等方面都实现了高效的信息数字化，很好地把握了税源。此外，英国的纳税方式也很多样，网上申报、电话申报、线上缴税、银行柜台以及邮寄缴税等方式的运用都使得纳税成本大大降低，为居民的生活和地方政府提供了便利，同时也提高了征税效率。

第三节　德国房地产税纳税信息的获取和税收征管

德国实行立法权高度集中、执法权相对分散的"共享型分税制"，并且采取联邦、州和地方政府三级相对独立的财政管理体制，每个财政层次都有明确的职责和分工，事权和支出责任划分明晰，这与中国的财政组织管理模式相似。本节内容将从德国现行房地产税制出发，分析其纳税信息的获取与税收征管的特点与优点。

一　德国房地产税纳税信息的获取

德国房地产行业的定位为福利而非支柱产业，[①] 房地产税的收入并不作为地方政府的主要收入来源，而是将房地产税作为增加地方福利（如公园绿化、道路建设等）的一项收入来源。[②] 目前，德国在房地产保有环节开征的税种主要为土地税，但土地税的征税对象并不局限于土地，还包括部分房产，且部分城市还对纳税人拥有的第二套及以上房产征收第二套房产税。

（一）德国房地产税纳税信息的获取方式

土地税的计税依据为房地产的税收评估价值，由州政府根据联邦政府颁布的《资产评估法》规定的评估方法来确定，并将每个地块的价值及用途登记在地籍册中，只有当土地用途发生改变时才会对地块的计税价值进行修改。因此，土地税的征收并不需要纳税人进行自主申报纳税信息，而是由州政府代为确定计税依据和应缴税款，纳税人只需按照政府部门提供的正确信息进行缴税。一般来说，州政府会将土地税的计税价值每六年更新一次，但是实际中德国政府并没有按照规定及时调整计

[①] 王晓燕、李美洲：《美德英新等国房地产市场发展和管理经验教训及其对我国的启示》，《西南金融》2019 年第 12 期。

[②] Franke B., Simons D., Voeller D., et al., "Who Benefits from the Preferential Treatment of Business Property under the German Inheritance Tax", *Journal of Business Economics*, Vol. 86, No. 9, 2016.

税价值，目前依然采用的是1964年或1935年的评估结果。

关于第二套房产税纳税信息的获取，在此以科隆市为例进行介绍。根据科隆市所在州北莱茵—威斯特法伦州的登记法，房产所有人或使用人必须依法对第二房产登记。对于已经在科隆市依法登记第二房产或者虽未登记但可以依法认定为第二房产的公民，税务部门有权要求其对第二套房产税进行纳税登记。第二房产所有人有义务应税务部门要求提供有关该房产及实际使用人的相关信息。除了科隆市以外，还有一些城市和州征收了第二套房产税，如斯图加特市、开姆尼茨市、汉诺威市和旺格兰市等，这些地区的税率不尽相同，但是其他税制要素基本相同。

（二）德国房地产税纳税信息获取的特点与评价

从上述内容可知德国土地税的纳税信息是通过州政府的调查评估所得，并记录在地籍册中。地籍册的使用相对于英美国家来说独具特色，从其使用功能来看与英美国家的信息数据库有一定的相似之处。对于土地税而言，目前德国不同地区采用的依然是1964年或1935年的评估结果，与土地现值相差较大，这一评估信息并不适用于实际应税财产，但由于土地税的税收收入并不作为地方财政收入的主要来源，因此对地方政府影响较小。第二套房产税纳税信息的获取主要是通过纳税人的自主上报。相比于同时针对房产和地产征税的英美国家房地产税，这一税种也是德国独具特色的税种。

由州政府统一调查评估土地价值的做法避免了纳税人逐个上报带来大量烦琐的工作，也考虑到了纳税人可能会因并不了解自身不动产价值而造成错报、漏报等错误。而第二套房产税的纳税信息则由纳税人自行上报，这是因为税务部门对纳税人财产的增加不能及时获取信息，若定期逐个调查纳税人的财产变动状况又会带来烦琐复杂的工作，因此由纳税人自行上报第二套及以上房产信息能够更加及时准确地获取纳税信息。

二 德国房地产税征管制度

德国的政府层级分为联邦、州、专区、县、乡镇五级，而财政层级只有联邦、州、地方三级。专区是州的直属机构，它负责执行州的政策、进行区域规划管理和监督地方政府。县则是由乡镇自由组合形成，它的政府机构由州直接设立。县在州的指导下在全县范围内提供基本公共服务，并提供跨乡镇的公共服务。乡镇是最基层的政府，拥有充分的自治权，它可以申请加入或者脱离任何一个县，且当乡镇的人口超过 3 万时，可以向州申请成为县级市。土地税与第二套房产税均为地方税，税收收入与具体管理办法归属于乡镇政府。本节内容将详细介绍土地税和第二套房产税的具体征管制度。

（一）德国房地产税征管制度的相关规定

德国的《德意志联邦共和国基本法》（Grundgesetz für die Bundesrepublik Deutschland）划分了联邦和州的税收权，规定德国采取"共享型分税制"，即税收收入不统一划入联邦政府，而将税种分为共享税与专享税。"共享型分税制"中的共享税为联邦、州、地方政府或其中两级政府共有，专享税则分别划归联邦、州或地方政府作为其专有收入，而土地税与第二套房产税均为专享税。

德国土地税主要分为两种，即土地税 A（针对农林用地征收）与土地税 B（针对除农林用地以外的其他土地以及房屋征收）。① 税收征管模式为中央与地方共同管理，房地产税立法权归属联邦和州两级，州政府立法受联邦政府制约，基准税率由中央制定，地方政府在中央政府制定的基准税率范围内决定适用本地区的税率，并自行规定减免和加成政策。土地税的开征权由地方政府决定，在开征过程中，征管工作由州政府和市政府共同承担。每年年初，市政府会向纳税人寄送土地税估价税单，若当年税额与上一年相同，市政府会以公示的方式告知，公示告知与寄送税单具有同等法律效力。

第二套房产税是德国财产税中独具特色的税种，是德国一些地方政府对辖区内拥有第二套房或更多房产的住户征收的税种。此税种与中国沪渝房产税试点的征税对象相似，主要针对新增住房开征。第二套房产税与土地税均为地方专享税，但此税种的税收收入在地方财政收入的比重不大，地方财政收入的主要来源是联邦与州政府以及地方政府的共享税划拨。以德国科隆为例，第二套房产税按年计征，分期缴纳，每半年

---

① Postlep R., "The German Property Tax as a Local Business Tax", Environment and Planning C-government and Policy, Vol. 5, No. 1, 1987.

缴纳一次，预缴税款多退少补，税款的征收由科隆市税务部门负责，对于违反第二套房产税税法的当事人，最高可依法处以万欧元的罚款。[①] 德国房地产税的征税方式较多，纳税人可以选择一次性缴纳全年应缴税额，或是在税额公布前提前支付税款或是向银行递交自动扣款申请。目前，大多数纳税人选用银行自动扣款方式缴税。

（二）德国房地产税征管制度的特点与评价

德国将房地产税稽征率的决定权交由地方议会，但并非完全由地方政府决定。由于德国实行的"共享型分税制"是将税收收入以一定的比例划分给各级地方政府，而比例的确定常常以各地区的人口作为依据。有证据表明房地产税是影响城市扩张的因素之一，[②] 城市会为吸引人口增长或投资竞相压低稽征率，因此，为了避免地方之间抢夺人口获取更多的税收收入而竞相压低房地产税的稽征率，联邦政府会制定一定的标准以避免地方之间恶性竞争。

相比于其他国家，德国房地产税征管制度的优点主要有三个。第一，德国"共享型分税制"的征管方式使各地区的房地产税成为统一而独立的税种，地区之间税收收入相互关联而征管方式相互独立。这种方式的运用有利于减小地区发展不均衡造成的公共服务提供不均。第二，纳税人多数选择自动扣款方式缴纳税款使得房地产税的税收凸显性较低，而且德国房地产税的税收收入多用于保障住房建设和解决社会底层民众的住房需求，因此，德国民众对房地产税的心理接纳度较高。第三，年度分期缴纳的方式减小了纳税人的税收痛感。房地产税的征收往往以其评估价值作为计税依据，由于房地产的价值往往高于一般财产，即使税率较低，计算而得的税款总量也使得纳税人难以一次承受。德国采用分期缴纳的方式，多次少量缴税有利于减小纳税人的税痛指数。

[①] 石英华、谢敏：《"第二房产税"的国际借鉴——以德国科隆市为例》，《涉外税务》2012年第8期。

[②] Brueckner J. K., Kim H., "Urban Sprawl and the Property Tax", *International Tax and Public Finance*, Vol. 10, No. 1, 2003.

第四节　澳大利亚房地产税纳税信息获取和税收征管

澳大利亚为联邦制国家，设联邦、州、地方三级政府。按照法律规定，除联邦政府统一立法开征的税种之外，允许州政府立法开征土地税，州以下地方政府可按州政府制定的地方政府法自行决定开征财产税。本节将以澳大利亚的几个典型州为例，分析其纳税信息获取与税收征管特色。

一　澳大利亚房地产税纳税信息获取

根据澳大利亚政府网站的内容显示，澳大利亚房地产税为州税，征税对象主要为土地，并可实施对附属物一并征税。由于各地方政府对地方税享有较大的立法权和管理权，所以纳税信息的获取方式因州而异，不过各州之间的差别不大。因此，本节仅以堪培拉州和新南威尔士州为例，分析澳大利亚的房地产税纳税信息获取方式。

（一）澳大利亚房地产税纳税信息的获取方式

堪培拉州主要针对非主要居住地的土地征税，包括租用的房屋和空置的房屋。当满足征税要求时，纳税人需要将自己拥有将要缴纳土地税或将要缴纳土地税的财产告知 ACT 专员。告知土地税责任的形式为填报《土地税通知表》，该表包括土地所有者的详细信息或是代理详细信息、房产属性详细信息、是否为主要居住地、是否为外国人所有等。其中，若纳税人被认定为非本国公民身份，则需要同时上报外资所有权附加费所需信息。若土地所有人使用代理人来管理财产，土地所有人也有责任确保正确缴纳土地税，若代理人未及时告知土地税责任，那么所有人将承担未付的土地税以及产生的利息和罚款。

新南威尔士州的政府网站规定，如果纳税人所有应税土地的价值超过起征点，即使尚未收到评估通知也需要注册土地税，注册土地税时需要提供姓名、出生日期、联系方式、邮政地址，若为外国公民还需提供外国公民信息。完成注册后，税务部门将会在 2 个工作日内联系注册人并提供纳税人的客户 ID 和通信 ID。然后，纳税人即可在线完成申报和减免税申请。同堪培拉州一样，新南威尔士州规定若纳税人有责任缴纳土地税但未注册或未提交纳税申报单，政府会根据《1996年税收管理法》向纳税人收取利息并处以罚款。

（二）澳大利亚房地产税纳税信息获取方式的特点与评价

从澳大利亚部分州的房地产税纳税信息获取方式的规定我们可以看到，澳大利亚的纳税申报方式与欧美国家存在差异。欧美国家房地产税纳税信息的获取主要依靠政府部门调查所得，而澳大利亚土地税纳税信息的获取方式则主要由纳税人自行申报。申报方式主要为线上申报，每位纳税人都有自己独立的ID账号。另外，澳大利亚的房地产税申报将本国公民与外国公民相分离，根据身份的不同需要提交不同的申报材料。

澳大利亚由纳税人自行上报纳税信息的做法减少了政府部门采集房产信息时所耗费的人力物力，减轻了政府部门的一部分工作负担，但还需要加强对纳税人上报信息系统应用的教育和宣传。随着纳税申报规定的不断完善，澳大利亚的房地产税征收相对顺利，每年稳定地为地方政府提供资金来源。

二 澳大利亚房地产税征管制度

澳大利亚的房地产税征管制度主要由各州政府发布的地方政府法规定，因此各州之间在评估管理、处罚机制和税款缴纳管理都存在差异。本节内容从评估管理模式、信息保密管理等方面研究澳大利亚房地产税的征管制度。

（一）澳大利亚房地产税征管制度的相关规定

关于澳大利亚房地产评估价值方面，一般而言，州政府都设评估局，并颁布评估法，持有资格证书的评估人员都是政府公务员，财产评估人员要接受5年的基本培训才可以正式进行资产评估。目前，澳大利亚房地产税的征收管理已经高度计算机化，由评估局提供电子土地信息，税款评定自动发布。纳税人可自行到税务部门缴纳，也可到银行、邮局用信用卡缴纳税款。另外，澳大利亚对于纳税信息的管理也十分完善。堪培拉政府网站显示，ACT税收局收集的申报信息受ACTRO管理的法案中包含的保密规定的保护，此外，提供给ACTRO的个人信息受《2014年信息隐私法》保护。未经相关人员的同意，信息（包括个人信息）不会透露给任何第三方，除非得到法律授权。另外，网站公布了隐私政策，详细规定了 ACT 专员和 ACT 税收办公室如何收集、使用和披露个人信息，以及如何访问并要求更正纳税人的个人信息，如何投诉侵犯隐私权。如果处理投诉的方式不令人满意，纳税人可以根据《信息隐私法》第 34 条，或通过 OAIC 网站向信息隐私专员提出正式的隐私投诉。

(二) 澳大利亚房地产税征管制度的特点与评价

澳大利亚房地产税的征管体制使各州政府和地方政府对地方税拥有较大的立法权和管理权，使各州政府保有较大的立法权和管理权有利于各州政府根据地区发展情况征收适量的房地产税，进一步促进经济增长。注重纳税人的个人信息保护既是信息管理部门的职责，也是为了税源信息的准确和稳定。从信息保护的角度考虑，澳大利亚与英国房地产税的征管存在相似之处，都注重对纳税信息的保护。

经过专业培训的评估人员使澳大利亚对房地产税征税对象的价值评估更加科学、准确，工作效率更加高效，同时也能促进税负公平的实现。另外，银行汇款、邮局寄送、银行卡在线支付等多途径的缴税方式运用考虑到了澳大利亚地广人稀的居民分布状况，大大便捷了偏远地区居民的缴税，提高效率的同时也降低了纳税成本。

第五节　日本房地产税纳税信息获取和税收征管

日本作为亚洲为数不多的发达国家之一，在财产税征收管理方面较有亚洲特色。由于日本文化与中华文化一脉相承，中央集权的行政特色与中国相似，因此了解学习日本的房地产税制度对中国建立现代房地产税制度有重要的指导意义。

一　日本房地产税纳税信息获取

日本的房地产税改革是依据 1950 年美国夏普博士税制考察团提出的《日本税制报告书》进行的，因此其房地产税的信息获取方式带有浓重的"西方气息"，即通过地方政府掌握的房地产信息来确定征税依据。

(一) 日本房地产税纳税信息的获取方式

日本地方政府的房地产信息主要是从市町村编制的固定资产台账获取。固定资产台账主要包括土地课税台账和房屋课税台账，土地课税台账中记录有地方属地的各种土地信息，包括土地的所在地，地号、类型、面积以及计税价格；房屋课税台账主要记录地面附着建筑物的各种信息，有房屋的地址、编号、种类、结构、占地面积以及年度房地产税计税价格。另外，台账中还记录有固定资产所有人的相关信息。

台账的记录流程一般分为三步。首先，由总务大臣公布《固定资产评估基准》，确定评估的标准与地域范围。其次，由固定资产评估员对房地产进行评估。评估过程中，固定资产评估员需要进行实地调查，并参考公平交易的市场价格确定评估价值，完成评估调查书。最后，市町村长根据评估调查书中确定的固定资产价格记录在固定资产课税台账中。①自此，从固定资产评估员、市町村长、都道府县知事到总务大臣和固定资产委员会，形成了一套指导、汇报的职责和管理制度。对于新增不动产的信息登记，日本实行不动产登记制度。日本《不动产登记法中》规定，新建或购买独门独栋房屋者，须在一个月内到地方法务局登记所登记，由房屋所在地税务事务所进行"房屋调查"，根据图纸、预算书等资料，确认该房屋建材、装潢和建筑设备等使用情况。此外，当房屋用途、结构、建筑面积发生变更时，房屋所有者需要在一个月内进行相关登记，"房屋调查"也要重新进行。

对于如何确保固定资产台账的信息准确性，日本政府构建了土地、房产两套相互关联又独立运行的征管系统。在每年的 1、2 月，日本税务部门会使用无人机对辖区土地、建筑物进行航拍，将所得资料导入土地征管系统并与台账中记录的信息和新增房地产购买人申报的信息进行比对，发现不符者将列为风险标的，并推送至评估部门进行复核并根据复核结果进行相应的处理。

（二）日本纳税信息获取方式的特点与评价

台账课税原则是日本纳税信息获取方式的一大特色。台账不仅是记录房地产信息的载体，也是体现税负公平的工具，而日本制定的台账公开制就是这两个功能的实现渠道。在每年 4 月，税务部门将记录评估价格的固定资产台账放置于指定场所，以供纳税人查阅比对，纳税人可以通过查阅台账比较自身房地产和周边房地产的价格。如果固定资产权人

---

① 谭军、李铃：《日本房地产税征管特色与借鉴》，《税务研究》2018 年第 12 期。

对台账上的评估价格有异议，可以向固定资产评估审查委员会提交审查申请，或是向法院提起诉讼进行后续处理。由此，日本固定资产税征税依据的确定形成了"报、评、定、审"的闭环。

法定的不动产登记制度是税务机关精准掌握税源信息的重要保障。日本房地产管理系统充分体现了严谨细致的记录原则，对于建筑的材质、布局、环境都做了细致入微的记录，充分保证价格评估比对的准确性。评估的价格往往被纳税人关注，并且要经过纳税人的确认。因此，这种定期公开的固定资产台账阅览制度也使纳税人可以掌握自己房产评估价格的整体水平，一方面从最后一个环节确保评估、计算的正确，另一方面也提高了纳税遵从度。

二　日本房地产税征管制度

目前日本在房地产保有环节开征的房地产税主要有两种，即固定资产税和城市规划税。城市规划税和固定资产税的征管制度大致相同，但城市规划税的税收收入专项用于支付城市维护开发，目的在于提高和加强城市的发展，是一种特殊目的税。因此，本小节将重点介绍日本固定资产税的征管制度。

（一）日本房地产税征管制度的相关规定

固定资产税来源于"夏普劝告"。在当年的税制改革中，日本废除了地租和房屋税，在地方设立了固定资产税。日本税制中，税种根据征收部门的不同一般分为两类，中央政府征收的税种称为国税，都道府县和市町村征收的税种一般称为地方税，而日本固定资产税属于地方税，由市町村负责征收和评估。关于日本税制立法的问题，日本实行中央集中立法制度，地方无立法权，由中央立法所把控地方税的课税权及税率选择并制定《地方税法》，明确规定地方税征收条例与征管细则。各市町村再根据中央立法所颁发的《地方税法》，制定详细的征税操作流程，然后征收固定资产税。

日本固定资产税以固定资产税台账上登记在册的土地和房产为征税对象，以每年1月1日登记的房屋所有人为纳税人，以台账登记的价格为计税依据进行征税。台账中登记在册房产的评估定价一般由固定资产评估员来做出。一般而言，日本的固定资产评估定价每三年会重新进行评定一次,而日本固定资产税一年征收4次,具体征收时间由地方税务部门自行确定。以东京都为例,东京都的固定资产税一般在每年的2月、6月、9月、12月征税。房地产所有者会在每年的6月收到纳税通知书,其上记载着应缴税额及土地、房屋课税明细单。纳税人可以在规定时间内通过银行转账、便利店缴纳、银行ATM等方式缴纳税款。

对于固定资产税的征管方面,由于固定资产税属于地方税,因此一般由市町村相关部门负责。但有部分区域特别(如东京都23区),归东京都管理,东京都设主税局,对地方税统筹协调管理,同时由中央设立的总务省下设的自治税务局负责地方税征管的指导监督工作。其中,自治税务局下设都道府县税课、市町村税课和固定资产税课、企划课,而固定资产税课主管固定资产税、城市规划税、地方财政审议会及固定资产评估审议会等事务。对于纳税人滞纳税款,经地方税务部门催报催缴仍未按期补足的,政府会采取强制措施扣押财产折价为税款。

(二)日本房地产税征管制度的特点与评价

相比于其他国家,日本房地产税的征管制度有两个突出特点。第一,中央政府与地方政府合理分享房地产税的征管权。与西方国家的中央政府与州政府相互独立的征管模式不同,日本的房地产税征管制度将中央政府与地方政府联合在一起。第二,定期公开台账记录信息。每年定期公开台账的制度是日本房地产税征管制度的创新之处,公开台账不仅使纳税人更加明晰自己的税负水平,也有利于确保固定资产价值的准确性,不会因经济波动对征税造成影响。

日本的房产税征管制度并不像英美国家那样,实施中央地方分离制度,而是在中央政府与地方政府之间合理分权,这种方式既有利于在全国实施统一征管又可以因地制宜,使各地区纳税人合理承担税负。另外,定期公开台账记录的信息透明化操作也能使纳税人更好地把握自身税收负担,有利于税负公平并提高纳税人的纳税遵从意愿。

第六节 韩国房地产税纳税信息获取和税收征管

韩国房地产税的开征可以追溯到19世纪80年代,从1986年针对居民土地保有过多开征的房地产税到1990年对空闲土地征收的综合土地税。

2005年,韩国根据《地方税法》实行的新财产税改革,财产税制度不断完善,财产税征管制度的发展也随之日渐成熟。21世纪初,韩国综合不动产税的开征为稳定韩国房价,维持房地产行业健康发展,保障民生住房发挥了重要作用。本节以韩国房地产税的纳税信息获取和税收征管为题,分析韩国房地产税制度的特色与优势,以期为中国房地产税制的建设提供借鉴。

一 韩国房地产税纳税信息获取

韩国与中国同属于东亚文化圈,两国政治管理特色存在一定的相似之处,因此,研究和了解韩国的房地产信息管理制度有利于中国财产税申报制度的建立和完善。

(一)韩国房地产税纳税信息获取方式

韩国房地产税的申报与英美国家十分相似,都是在房地产状况发生变化时需要纳税人提前向税务部门提交申报表,再由地方税务部门对掌握的房地产信息进行修改,以此完成纳税信息的传递。而对于存量房地产来说,地方税务部门在征税时只需要调动其数据库中保有的历史数据,运用批量估价的方式对房地产进行估价,再将应税金额计算出来,向纳税人发送纳税通知单即可完成房地产税的征收。尽管总体框架与英美等十分相像,然而韩国的具体操作方法和西方国家仍存在一些细小的差别。

对于房地产信息的管理工作,根据韩国《地方税法》第123条的规定,韩国公安部专门设立了综合房地产税征缴数据组织,主要负责征收、处理和提供房地产税综合税种数据和其他基本税收数据。有关房地产信息管理组织的运作均由签发的总统令负责调配。公共管理和安全部长也可以要求有关的中央管理机构和地方政府提交与财产税或综合房地产税有关的税收数据和房地产相关数据,以便及时使用和更新不动产价值的评估依据。应税数据提交机构主要包括中央办公室以及其下级行政和附属机构、地方政府协会、银行、保险工资、邮局以及公共慈善组织等。提供的数据主要包括依法调查、统计的房产和土地信息、销售环节的数据以及其他对税收的管理、地方税费的征收和纳税时直接必要的资料。另外,如果公共管理和安全部长认为有必要运用集成的地方税收信息网络,除了现有的数据外还需收集其他对税收有用的数据,也可以向保留数据的税务机构负责人提出协助收集数据的要求。税收资料提交机构的负责人还应时常检查其官员和雇员是否忠实履行了应税资料提交义务，以确保信息的准确性。

获取和使用数据的公共管理和安全部的官员以及地方政府负有数据保密义务，不得向他人提供或披露数据，也不得无故用于其他任何目的。对于新增不动产以及不动产信息的变更，如果纳税人未能及时向税务部门申报，而经调查发现存在漏税逃税嫌疑，那么纳税人将会受到严厉的处罚，包括罚款甚至监禁。当然，纳税人有权对政府的估价结果提出质疑。纳税人可以向主管税务局局长或主管地方税务局局长提出纠正税基和税额，经主管税务机关负责人调查确实存在违法行为或错误的，应予以纠正并重新收取税款。

（二）韩国房地产税纳税信息获取方式的特点与评价

韩国房地产纳税信息的获取大致与西方国家相似，都是通过政府部门的调查统计得出，对比而言，韩国对于房地产税纳税信息的获取更加重视，专门设立了综合房地产税征缴数据组织。结合韩国国情而言，韩国的国土面积比较有限，因此在开征房地产税时更需要关注的方面就是数据信息的准确性与全面性。另外，韩国对于新增房产或不动产信息不及时上报变更的行为处罚更为严厉。

从韩国经验来看，专业化的数据收集部门和严厉的处罚手段是一种行之有效的纳税信息获取方式。一方面，成立专业化的数据收集团队有利于提高数据的准确性和系统性；另一方面，当纳税人可能面临重罚，甚至对自己的信用造成危害的可能时，他们往往会忠实地尽到自己的报税义务。

二 韩国房地产税征管制度

韩国实行中央和地方两级课税制度，税法的立法权归中央所有，因此房地产税收立法权、征收权、管理权均集中于中央，地方政府仅拥有部分管理权。韩国的房地产税根据财产交易和转让的不同阶段征收了多种形式的国税与地方税，而在不动产保有环节开征的有关税种主要为财产税和综合不动产税。

(一) 韩国房地产税征管制度的相关规定

韩国目前征收的财产税来源于2005年财产税与综合土地税的合并（2005年《地方税法》改革），主要针对普通住宅、船舶、飞机、矿区采矿权开征，由地方政府负责征管，同时也是地方的主体税种。财产税的开征主要为增加财政收入，收入归属于地方政府。财产税的征税依据以标准价值的一定比例为准，标准价值以估算的市场价值为准，由地方政府制定标准地块官方价值，标准价值的调整时间由中央政府决定。韩国税基评估机构主要由中央不动产评估委员会、地方不动产评估委员会及相关评估部门组成。纳税人为司法部所有权登记处不动产登记簿记载的产权所有人。

韩国的综合不动产税为国税，由韩国中央政府直接负责征管，税款会分配给财政情况不佳的地方政府，促进地方的均衡发展。综合不动产税的开征主要是为了调控房价、打击房地产投机行为，征收对象为价值6亿韩元以上的高端住宅以及该居民国境内所有普通住房加总，税率采用五级全额累进税率。与开征的财产税一样，综合不动产税对于住房所征税款包括了土地和地上建筑物，因此住房用地无须再单独征税。纳税人一般为不动产登记簿记载的房产所有人，但并不局限于产权人，还要以实际状况为准。另外，综合不动产税征收管理时同样制定了税收减免政策，对于一般房产来说，免征额为6亿韩元，若住房为家庭唯一住房则减免9亿韩元。据统计，截至2006年8月，韩国国内公布价格6亿韩元以上的住宅总数为15.9万户，仅占韩国总人口的1.2%。

为防止纳税人出现纳税不遵从行为，韩国《不动产综合对策》规定，在进行土地交易时，购买人必须向地方政府的国税厅和警察局等机关申报资金来源，说明购房资金来源，使房产买卖透明化，防止隐匿和以他人名义倒卖房地产，杜绝逃税漏税和钻政策空子。同时，韩国还设立了独立公正的评估机构以保障房屋交易价格的公平性，房产交易必须通过公正独立的评估机构评估，确保表面交易价格与市场价格一致，防止谎报或瞒报房价、偷逃税款事件的发生。此外，韩国还制定了严格的档案调查制度，在每个购房者购房之前都会对其进行详细的调查。

(二) 韩国房地产税征管制度的特点与评价

韩国房地产税在征管时采取的公示地价制度与日本的台账制度相似。① 1989 年，韩国制定并公布了《地价公示与土地估价法》，规定由建设交通部选定具有代表性的土地为"标准宗地"，并在对其进行调查评估后公示其地价。为确保公示地价的客观性与合理性，公示地价经相关机构与估价专家联合组成的土地评价委员会审议后方可公告。在公示地价的同时，韩国政府还制定了土地价格比照表，可依据此评估其他非标准宗地价格。

韩国财产税和综合不动产税征税对象的居民住房主要分为两类，即普通住房和别墅，财产税对所有住房类型征税，而综合不动产税主要针对高端住房征税。同时，这两种不同的住房类型对应的税率差异较大。韩国对普通住房采用超额累进税率，从 0.1%—0.4% 不等，税率选择取决于房产市场价格；而对别墅则采用比例税率，税率高达 4%。不同的税率执行标准也表明了韩国财产税的开征目的，即增加地方财政收入，调控房产价格，促进财富再分配。韩国公示地价的优点主要有两个，一是为了让大众监督地价水平，透明税基，合理把握税负水平，二是为政府进行土地管理、取得、处置、拍卖等处理地产提供标准。

第七节　房地产税纳税信息获取和税收征管的国际比较

通过了解美国、英国、德国、澳大利亚、日本以及韩国六个国家获取应税信息以及税收征管的方式可知，一些国家对于房地产税纳税信息获取的方式存在相似之处，但由于各国的实际情况不同，具体的房地产税纳税信息获取方式和税收征管制度仍有差别。参考国际中房地产税制较为完善的国家纳税信息获取与税收征管的做法，我们可以对比中国房产税改革试点的相关规定，进而思考中国现行制度的不足之处。

---

① 金瑛：《韩国房地产税制对我国开征物业税的经验借鉴》，《经济研究导刊》2007 年第 12 期。

一 房地产税纳税信息获取的国际比较

本节将通过表7—1分析之前所介绍的各国申报方式,同时比较分析美英德澳日韩六国纳税信息获取的相关规定,从而为中国全面推行房地产税提供一定的借鉴参考依据。

(一)各国房地产税纳税信息获取的相似之处

通过对比分析,可以看到房产税制较为成熟的国家中对于纳税信息申报的相关规定存在一定的相似之处。第一,这些国家大部分都建立了详细、完善的房地产信息数据库,并且将数据库中记载的房产信息作为确定纳税依据和进行征税管理的重要依据。第二,房产信息的申报大多都是在住房状况发生改变或是房产所有人变更时才须申报。第三,各国在确保信息的准确性和保障纳税人权利方面也都制定了相应的措施,包括定期重估房地产价值、培养专业化的评估专员、将房地产价值的评估机构与房地产税的征收机构置于相互独立的地位,相互制约以保证部门之间能各司其职。第四,设置专门的权利保障机构,如申诉委员会或在信息管理系统设置信息反馈申诉专用渠道等。纳税人的权利保障是纳税人对自己税负水平认可的基础,完善的信息反馈机制有利于提高政府部门收集数据的准确性,也有助于间接提高纳税人遵从度。

(二)各国房地产税纳税信息获取的不同之处

由于各国的国情不同,因此国家之间对于房地产税纳税信息的获取也存在不同之处,具体体现在以下三个方面。第一,各国纳税信息的获取渠道不同。例如,美国的房地产纳税信息获取主要依靠税收评估办公室与执业评估师、房地产经纪人、程序设计员、产权公司、信贷机构、新闻媒体、政府机构、行业协会以及其他公共组织建立的合作关系,这些部门共同为税收评估办公室提供应税房地产信息。第二,各国纳税信息的管理组织不同。如美国的纳税信息管理部门为税收评估办公室,而韩国则专门成立了综合房地产税征缴数据组织,主要负责征收、处理和提供房地产综合税种数据和其他基本税收数据。第三,数据定期更新的对象不同。英美国家信息更新的对象主要为新增房地产和历史房地产发生变动的部分,而日韩国家要定期对应税房地产信息进行重新登记。

表7—1　　　　美英德澳日韩房地产税纳税信息获取比较

国家	纳税信息获取方式	数据更新	确保信息准确性	权利保障
美国	通过数据库直接调取纳税信息	房产状况改变与产权变更需重新上报	电子信息处理系统、专设房产评估机构	征税系统反馈机制、申诉委员会
英国	通过数据库直接调取纳税信息	房产状况改变与产权变更需重新上报	电子信息处理系统、房屋估价署	电子纳税申报系统
德国	州政府地籍册	土地用途发生改变时需上报	—	—
澳大利亚	土地税通知书	地产状况改变与产权变更需重新上报	评估专员	ACT专员
日本	以台账记载信息为依据	房产状况改变与产权变更需重新上报	定期组织无人机航拍，对照信息	公开台账制度
韩国	专设综合房地产税征缴数据组织	房产状况改变与产权变更需重新上报	专设部门采集信息，不定时检查	向主管税局提出异议，调查后属实可修改

注："—"表示该单元格无信息。

资料来源：笔者根据相关资料整理。

二　房地产税税收征管的国际比较

通过本节之前的介绍，我们大致了解了美英德澳日韩六国对于房地产税税收征管的内容。虽然这些国家的行政体制存在差别，但国际房地产税的征管权大多归属于地方政府部门，房地产税的税收用途也大多用于改善当地的公共设施、提高公共服务质量和支持政府部门支出等。本节试图通过总结以上国家房地产税税收征管的经验，对照国家之间法律法规的不同之处，参照表7—2，并结合中国房产税的征管现状，提出中国房地产税征管改革的建议。

（一）各国房地产税纳税征管的相似之处

通过表7—2中美英德澳日韩六国的房地产税征管规定，我们可以看到以下三个特点。第一，房地产税的征管权和使用权大多归属于地方政府，而立法权一般归属中央。这是因为房地产税的税款大都用于地方公共部门，因此由地方政府直接管辖会大大提高征管效率；而立法权归属中央有利于全国税制的统一管理。第二，多数国家都制定了税收透明化的相关措施，包括公示地价制度、网络信息库查询制度以及台账公开制度等。提高税收透明化程度在一定水平上可以提高纳税人的获得感，激发纳税人的纳税主动性，减少抵触心理。第三，各国均成立了专门的机构作为税收征管反馈部门。税收征管归属政府所有，但同时也需要征管监督机构执行，因此独立的监督部门必不可少。

表7—2 美英德澳日韩房地产税税收征管机构比较

国家	负责部门	管理权限	税收透明化	违规处罚	反馈机制
美国	各州政府	立法权、征管权、使用权	—	扣押或留置房地产以抵补税款	地方税务部门
英国	地方政府	征管权、使用权	缴税清单注明税款用途及具体数额	冻结纳税人财产并抵补偷逃税款	地方税务部门
德国	地方税务部门	立法权（联邦政府）征管权、使用权（地方政府）	—	罚款	地方政府
澳大利亚	州政府	立法权、征管权、使用权	—	罚款及利息	政府网站或税管专员
日本	东京都主税局、市町村相关部门	征管权、使用权	固定资产台账公开制度	收取滞纳金、扣押抵补税款	固定资产委员会
韩国	中央政府（财产税）地方政府（综合不动产税）	立法权（中央政府）征管权、使用权（地方政府）	公示地价制度	罚缴滞纳金并记入纳税人征信系统	不动产委员会

注："—"表示该单元格无信息。

资料来源：笔者根据相关资料整理。

(二)各国房地产税纳税征管的不同之处

各国房地产税纳税征管的不同主要体现在以下两个方面。第一，对于纳税不遵从的处罚方式不同。基于不动产的特定属性，各国对房地产征税的处罚较其他税种相比更加灵活。如美国税务部门可以通过扣押或拍卖纳税人的不动产来获取税款补偿，德国主要通过加收处罚金的方式惩罚违法纳税人，而韩国则在兼具前两项处罚的同时还加入了记录个人征信系统的处罚。第二，提高税收透明化的方式不同。英美国家主要通过告知税收用途的方式提高税收用途的透明度，而日韩等国家主要通过公开房地产评估价值提高纳税透明度。

第八节 房地产税纳税信息获取和税收征管的政策启示

本章的第一节至第七节分别对美国、英国、德国、澳大利亚、日本、韩国六个国家关于房地产税纳税信息获取与征收管理进行了比较详细的说明与对比。这些国家在房地产保有环节开征房地产税的时间较长，制度也较为完善，可以为中国推行房地产税提供一定的经验借鉴。中国上海市与重庆市房产税纳税信息获得主要依靠纳税人自行申报，未按期申报房产纳税信息的纳税人由地方税务机关向其追缴税款、滞纳金并处以一定的罚款；税收征管则主要由应税住房所在地的税务机关负责，按年计征或已取得应税住房产权的次月为始按月计征；其他事项则按《中华人民共和国税收征收管理法》等有关规定执行。就中国沪渝房产税试点的纳税信息与征收管理而言，中国房地产税的纳税信息获取与征管方式还存在较大的改进空间。本节将借鉴上述国家房地产税的相关规定，结合中国国情，对中国房地产税纳税信息的获取与税收征管提出相应的建议。

一 建立数据库，便利房地产税管理

总体而言，上述六个房地产税制较为完善的国家对于纳税对象信息的获取以及减免税额的考量方式多数都是通过地方政府部门掌握的数据信息库。美国的开发数据卡，英国的数字税务账户，日本的台账课税主

义，韩国的不动产登记簿均充当了房地产税数据信息库的角色。这些信息库中详细地记载了房屋及土地的信息，包括使用信息、产权信息、装潢情况、地理环境信息等。由于地方政府要及时准确地把握房地产信息以备使用，因此数据库要实时更新房地产的信息记录情况，所以纳税人只需在房地产信息发生变化时向地方政府部门申报。这些信息的收集极大地便利了地方政府确定计税依据、认定纳税人以及把握房产信息动向。同时，由于不动产的状态一般而言变更并不频繁，这些信息数据库也极大地便利了纳税人的纳税申报，大大减少了纳税人每年都需上报缴税信息的烦琐手续。另外，政府利用信息库信息直接线上寄发税单的方式不仅可以节约纳税人与税务部门的征纳成本，也可以避免纳税人错报漏报造成的税收流失。

党的十九大提出要加快建设网络强国、数字中国和智慧社会，运用大数据提升国家治理现代化水平。由此可见，推进政府管理和社会治理模式的创新是当今时代的发展大势。数字申报制度的使用既能大大节省纳税人个人逐年上报的烦琐程序，也使房地产税的征收便捷高效。因此，中国在全国逐步推行房产税之初尽快建立高效的数字信息收集和处理系统，并在监管部门全面、有序的管理下赋予数据使用者应有的使用权限，让数据在政府各部门之间高效流动，从而使税务部门更好地把握税源，确保税款的足额缴纳。同时，现代计算机技术的运用虽然为税款的征收提供了极大的便利，但是仍存在问题。数据库的建立和信息收集来之不易，涉及个人财产和纳税人的隐私信息，一旦被不法分子盗取信息或损坏信息，不仅会给税务征管工作带来极大的不便，甚至还会引发社会混乱，因此数据库管理工作就显得更加重要，我们在使用时也应注意数据安全的保护。目前，中国网络安全管理制度还不完善，在不完善的制度环境下我们更应谨慎，逐步建立起合适的信息收集与管理制度，不能盲目照搬国外的制度经验。

二 发展多样化税收申报与缴税渠道

在当今通信技术高速发展的时代，互联网的出现使我们足不出户就可日行万里，因此纳税申报也不应仅限于柜台申报，应当致力于多样化的方向发展。以英国为例，关于英国的房地产税申报方式，纳税人不仅可以通过地方税务部门现场申报,还可以进行网上申报、电话申报。这些纳税申报方式的多样化都使得纳税申报比传统的个人柜台申报更省时省力,也使得征纳双方的成本大幅降低。"鞋底成本"虽小,但是滴水成海的效应足以使广大纳税人节约大量的报税成本,税收征管效率也能得到明显提高。同样,在税款缴纳方面,税务部门也可以与银行、邮局、线上支付平台等建立合作关系,利用不同渠道方便纳税人缴纳税款。

此外,我们在税务业务操作过程中也可以考虑寻求社会企业部门的合作。目前,中国政府部门与企业的合作大部分为基础设施建设,主要是 PPP 等模式的应用,对于政府公共服务方面的合作并不常见。未来,我们可以考虑将一些政府服务外包给社会组织或企业。例如,税收申报资料的收集处理的服务可以外包给大型的房地产管理公司,它们可以在有限的范围内利用收集到的房地产信息扩展自己的经营活动范围。又如,管理软件的开发和维护服务可以外包给一些大型互联网公司,这样既能增加企业的营业收入,又可以减轻政府部门的额外负担,提高行政效率。再如,年终税款的汇算清缴可以考虑外包给能力较强的会计事务机构,以外部服务代替税务部门内部消耗的人力物力。这样的做法可以极大地推动税务部门的工作效率的提升,也可以充分利用社会渠道普及房地产税的征收规定,减少纳税人对于房产税缴纳的疑惑。但是,上述外包做法也会带来一些问题。在资料的收集和处理中,必然会涉及公民财产隐私或个人信息的处理,若外包给非政府机构来完成,可能会造成这些机密信息的泄露或是滥用。因此,政府部门要重点加强管理和稽查,将工作重心从包揽包干转移至管理工作上,既要保障企业有利可图,也要确保管理工作带来的成本增加要小于外包税务服务提高的工作效率,不能得不偿失。

三 严加监管,提高纳税遵从度

自古以来,纳税不遵从问题是全球各个国家和地区税务部门监管工作重点之一。偷逃税款不仅是个人诚信缺失的表现,也会直接减少国家的税收收入。对于房地产税申报过程中出现的瞒报和不报以及故意拖欠税款拒不缴纳的情况,各国制定了严格的处罚标准。美国向来以惩罚性赔偿制度著称，在财产税的征收中也不例外。如果税款缴纳晚于一定期限，纳税人除了要及时补足税款，地方税务部门还会加罚滞纳金，且超过一定时期政府将会拍卖相应的不动产，由买主缴纳滞纳税款。值得庆幸的是，房地产原持有者可以在一段时间内赎回房产，但要偿还当前持有者为该房产已缴纳的税款、滞纳金及其他费用。英国的税款保全方式则与美国不同，如果纳税人不按期缴足税款，地方法庭会直接向其发出传票，若在规定期限内仍未补足，政府就会冻结欠税者的收入或财产以补足所欠税款，如果纳税人财产不足以抵补所欠税款，那么将面临监禁。日本对纳税人的违法行为有着严厉的处罚标准，不按期申报者按应缴税款15%处罚金；申报不实按实际金额和申报金额差额处10%—15%的罚金；纳税人以欺诈手段偷逃税款的处以35%罚金，在政府部门催报催缴后仍未及时补足的，政府将强制冻结并扣押其财产折价以补足税款。韩国对于房地产税的监管比前者更为严格，除了上述惩罚措施外还推出了房地产交易申报制度，房地产购买者在购买时还要向政府部门申报购房资金来源以确保购房钱款的来源可靠。

  此外，对于税款的征纳和使用也要尽力保证公开透明，在这方面我们可以参照英国、日本等国家的做法。英国每年给纳税人寄发的纳税账单上会详细记录税款的用途及金额，告知纳税人所缴纳的税款将会用于哪些社会服务部门，例如公安、教育、医疗卫生、政府部门支出等。日本推出的台账公示制度也有这样的效果，政府部门会在每年的固定时期将记录有纳税人房地产详细信息的固定资产台账在特定地点公示出来，以供纳税人查阅，纳税人通过查询固定资产台账，可以对自己的资产价值有一个清晰的定位，并且可以通过查阅地区内其他固定资产的评估价格以对比自己资产评估价值是否公允。这样的政府行为使国民能够清清楚楚缴税，明明白白用税，不仅使缴税的获得感增强，还能激发纳税人的纳税意愿。因此，我们要加强政府部门公务公开的力度，建立全面规范透明、标准科学的税务公开查询制度。

  目前，各地政府部门对房产税的征管工作并没有十分重视，跑、冒、滴、漏现象也时有发生。中国在未来推行房地产税过程中一定要稳妥推进房地产税的立法工作，参照国际通行做法，加强监管制度的实施与监督，全力保证税款及时足额征收。具体而言，可以参考澳大利亚的做法。

澳大利亚针对每位纳税人都设置了独一无二的纳税人 ID 进行管理，而中国可以使用各地房地产的产权人身份证号，开设房产税专项管理系统，对于不按期上交税款的纳税人首先由税务部门催缴税款，仍不缴税的除缴纳滞纳金以外还按一定比例收取罚金。若纳税人仍拒交税款，则将其列入失信名单，限制其参与高消费活动和出行自由，情节严重者则强制扣押留置其不动产，拍卖以抵缴税款。有了严厉的监管和处罚措施以及公平合理的透明税账措施，纳税人的纳税遵从度将会大大提高。

本章小结

目前，美国、英国、德国、澳大利亚、日本、韩国等房地产税制较为完善的国家对于纳税信息的获取大多都是通过地方政府部门掌握的房地产登记信息库。这些房地产登记信息库中的信息会随着房屋与土地的买卖交易、修建翻新、改造装潢等变化实时更新，因此能够较为及时地提供税源准确信息。中国当前房地产税的纳税申报虽然需要纳税人在固定时期自行申报，但由于中国房地产税的纳税对象范围有限，这种方式十分耗费时间和人力，且这种个人申报的制度并不适用于未来中国全面推行的房地产税制。因此，我们要博采众长，建立政府部门间交互数据处理系统，实现数据的有效传递十分必要，建立起"数据多跑路，人民多便利"的申报机制。对于房地产税的征管来说，财产税征收制度较为完善的国家往往将房地产税作为地方税种，其税收收入是地方政府的主要收入来源，主要用于地方公共服务设施以及政府开支，赋予了房地产税"受益税"的属性。然而，发达地区的房地产税税率往往较高，征收的税款也越多，而更多的税收收入又可以让地方政府更好地服务于辖区居民，辖区居民的社会福利待遇会更好，这样落后地区的发展就会每况愈下，陷入恶性循环，最终导致地方发展不均衡。目前，中国沪渝房产税仅为试验阶段，还不构成地方政府的主要收入来源，因此这种状况还不明显。但是将来若在全国范围内推广房地产税，这种影响可能就会逐渐显现。因此，我们在房地产税征收管理时一定要做好统筹规划，合理照顾到落后地区的发展状况，对地方政府适度分权，明确房地产税的征收目的和用途，努力做到全面均衡发展。

第八章

房地产税收入规模与用途的国际比较与政策启示

无论是从理论上还是从国际经验上看,房地产税的任务之一都是为地方政府提供财政资金收入,房地产税所筹集的资金是政府履行职能、实施公共政策和提供公共物品与服务的重要保障之一。与此同时,为保证社会公平,房地产税纳税人从税收支出中所获得的利益应与其税收负担相匹配,否则可能会影响居民纳税意愿与纳税遵从度,导致征管困难。本章将对美国、英国、德国、澳大利亚、日本及韩国的房地产税收入规模和税收用途进行归纳总结和对比分析,并在此基础上对中国房地产税的收入及用途提出政策建议,以期对中国相关房地产税制度的设计与完善有所裨益。

第一节 美国房地产税的收入规模与用途

美国是西方国家中房地产税制比较完善的国家之一。作为一个联邦制国家,美国政府分为联邦政府、州政府与地方政府(包括县、市、学区及特别区等政府)三个层级。美国的房地产税在美国独立战争以前由州政府征管,战争结束后,州政府将权力下放,地方政府逐步成为房地产税的征收和支配主体。作为地方税的房地产税不仅起到了为美国地方政府提供稳定财政收入的作用,还在平衡财政预算的同时维持政府的各项支出、完善公共设施和福利。

一 美国房地产税的收入规模

美国的房地产税是一个古老的税种,早在18世纪独立战争时期,房地产税就成为政府的主要收入来源,以解决战争时期各州大幅增长的政府支出。目前美国的房地产税主要由地方政府征收和支配(县、市与学区等政府都有权征收),联邦政府和州政府基本不参与分成。不同的地方政府可以独立制定税率,因此,每个家庭实际缴纳的房地产税是所在地区多个政府部门(县、市与学区等政府部门)征收的税款总和。为节省多头征税的管理成本,在一般情况下,县财税部门代表所有部门征税,并在汇总后向市与学区分配收入。县政府将所征收到的超过40%的房地产税划拨给学区政府,20%划拨给市政府,自身留存20%,其余少量归属于镇政府和特别区政府。

表8—1　　　　　　　　　美国地方政府收入构成表

年份	直接收入总额(百万美元)	税收收入总额(百万美元)	房地产税(百万美元)	税收占总财政收入比重(%)	房地产税占税收收入比重(%)	房地产税占总财政收入比重(%)
2010	1091667	587198	427507	53.78	72.80	39.16
2011	1117352	595836	428947	53.33	71.99	38.38
2012	1076987	609898	434286	56.63	71.20	40.32
2013	1155005	628154	444952	54.38	70.83	38.52
2014	1228863	656779	462611	53.44	70.43	37.64
2015	1206197	677012	475711	56.12	70.26	39.43
2016	1212302	705704	495626	58.21	70.23	40.88
2017	1335881	739934	519094	55.38	70.15	38.85
2018	1440900	770881	539221	53.49	69.94	37.42

资料来源:Country representatives on the OECD Working Party 2: Tax Policy and Tax Statistics of the Committee on Fiscal Affairs. 2019. https://stats.oecd.org/Index.aspx。

目前美国地方政府(县、市与学区政府的合计)的财政直接收入包括税收、使用者付费、专项收益、公共事业和酒类储备等,其中房地产税的收入占比情况如表 8—1 所示。2010 年美国地方政府直接收入为 10917 亿美元，2018 年增长至 14409 亿美元，增长约 32%。美国地方政府直接收入中有 56% 来源于税收，而房地产税占 40% 左右。各地方政府中，县政府 45% 的收入、市政府 40% 的收入与学区政府 96% 的收入均来自房地产税。美国的房地产税在 20 世纪初由地方政府征收和支配后，其收入额呈逐年上升的状态，由 2010 年的 4275 亿美元增长至 2014 年的 4626 亿美元，后于 2018 年达到 5392 亿美元。但由于地方政府增加了其他各项收费，总税收收入增长的幅度也较大，使得房地产税在税收收入中所占的比重总体较为稳定，无明显的上升或下降趋势，2010 年至 2018 年间都维持在 70% 左右。整体而言，美国房地产税收入规模较大，在税收与地方财政收入中所占据的比重都较大。

二　美国房地产税的用途

在美国，县、市及学区政府将大部分资源用于教育、卫生和社会服务计划。2016 年，美国地方政府（县、市与学区合计）将超过 30% 的支出用于初等和高等教育，22% 的支出用于公共福利（包括美国现行的福利计划，如医疗补助项目、贫困家庭临时救助计划、补助性保障收入方案等），其余支出则用于维持一些基本的政府职能，例如一般行政管理、债务利息、住房和社区发展、当地防火、公园和娱乐场所、自然资源服务、航空运输和公共建筑等。[1] 具体至各级政府，美国县政府将超过 30% 的房地产税收入用于医疗卫生、教育与公共安全，而学区政府将 96% 的总支出用于教育。[2]

美国的州政府具有较高的决策权，因此各个州房地产税的具体用途也可以由州政府自行决定。如新泽西州的业主所支付的房地产税由其房地产所在的县和学区政府共同支配，用于支持教育、政府管理、公共安

---

[1] State and Local Finance Initiative, "Public Welfare Expenditures", www.urban.org/policy-centers/cross-center-initiatives/state-and-local-finance-initiative/state-and-local-backgrounders/public-welfare-expenditures.

[2] Assessing Fiscal Capacities of States, "A Representative Revenue System – Representative Expenditure System Approach, Fiscal Year 2012", www.taxpolicycenter.org/sites/default/files/publication.

全、法律实施、应急服务、道路维护等各类公共服务；① 而在得克萨斯州，购房者需缴纳市、县和学区的房地产税（由县政府统一征收后分配给其他政府）。市级房地产税主要用于支持公立学校、城市道路、县级道路、警察局、消防和其他许多重要项目，而县级房地产税则负责医院、应急服务、公用事业和水体治理等机构的开支。②

三　美国房地产税收入规模及用途的评价

在收入规模方面，美国的房地产税在财政收入中占较高比重。这一方面是由于美国是一个资本主义发达国家，其税收收入以房地产税这种直接税为主。自19世纪工业化展开后，美国各州大规模融资，进行基础设施和银行建设，各地政府急需扩大税收以应对财政压力。而在同一时期，自由、民主和平等的观念盛行，州和地方政府在使各种公共项目尽量与居民利益相联系的同时，更偏向于采用具有综合性、平等性的税种。房地产税税源稳定、税基宽广，在符合现代税法税负公平和量能纳税的原则的同时提供了大量收入，因此成为美国地方政府的重要财政收入来源之一，占据较高的财政收入比重。另一方面，美国宪法给予了县、市及学区政府较大的自治权。在州政府管辖下的县、市及学区政府都有权征收房地产税，且有权根据当地的发展状况每年调整税率等税制要素，因此美国各地房地产税收入稳定，在总财政收入中的比重较大，可以与当年的地方财政支出相匹配。

在税收用途方面，美国的县、市及学区政府会根据其自身需要将房地产税收入用于不同方面，但其宗旨都是为纳税人提供公共产品及服务、改善居民生活环境。需要特别说明的是，美国的市政府与学区政府都是隶属州管辖的行政区域，它们与县政府是分权合作关系而不存在上下级的联系。以学区政府为例，美国的学区负责管理公立学校与义务教育阶段的事务，其地理划分与美国的行政区域的划分并不一致，有的行政

---

① Bloustein Local Government Research Center, "Size May Not Be the Issue-an Analysis of the Cost of Local Government and Municipal Size in New Jersey", http://blousteinlocal.rutgers.edu.

② Travis County Central Appraisal District, "Path of A Property Tax Dollars", www.travis-cad.org/texas-property-tax.

区（大多为县）包含了多个学区，有的学区跨越两个或以上的行政区建立。学区的重要性之一体现在它可能比县更切实影响居住选择。一般而言，周边环境与教育条件优良的学区会吸引大量居民前往，房价也水涨船高，房地产税收入也随之增加。与此同时，学区的房地产税收入多数用于为各中小学配置教育资源，教育经费更加充足后，学校资金更为丰厚，基础设施和师资水平自然更加优良，也就形成了良性循环。这种房地产税"学区模式"是由美国联邦制的政治体制决定的。美国的公立学校几乎都归属于州政府，各学区的经费除了州政府拨款，主要由学区自己承担，而学区的主要收入都源于房地产税收，因此产生了这种以学区为单位的房地产税征收与使用模式。这种模式的优势在于能够建立房地产的"增值捕获"机制，即通过征收房地产税，政府能够提供更好的公共服务来提高当地的房地产价值，形成良性循环。反之，经济状况差的地区则无法享受优良的社区服务，房价也持续保持在较低的水平。这种两极分化的情况可能会随着时间推移更加严重，使得各地教育水平与房价差异过大，从而引发社会问题。

第二节　英国房地产税的收入规模与用途

英国是一个君主立宪制的联合王国，由英格兰、苏格兰、威尔士和北爱尔兰四个部分组成。英国的行政区划较为复杂，本章以面积最大的英格兰为例进行分析。英格兰的地方政府从上至下可以分为郡（County）和区（District）两级，有些地区在区以下还设立教区（Parish）。在郡和区两级地方政府中，郡政府提供约80%的社会服务，如教育、交通、规划、消防和公共安全、社会护理、图书馆、垃圾处理和交易标准制定等；区政府则负责约20%的地方服务，如住房建设、当地规划申请、垃圾处理等服务。其中房地产税的征收主要由区级地方政府负责，其收入与郡共享，少部分下拨给教区。另外，由于结构的复杂与地域的分散，英格兰中央政府赋予了郡政府与区政府较大的自主权利，各地政府可以在一定程度上依据自身发展的需要调整房地产税的税率，使其发挥显著的财政效益。

一 英国房地产税的收入规模

英格兰地方政府的收入来源于本级财政收入与补助金收入（大多为中央政府的各项拨款）。其中，本级财政收入包括市政税、营业房屋税、借款和投资、利息收入、资本收益和市政租金等，其资金可由当地政府自由支配；而补助金收入的用途大多具有明确规定，如警力补贴、住房补贴、资本支出补贴等。

目前英格兰房地产税中对于房产保有阶段征收的税种有市政税（Council Tax）与营业房屋税（Business Rate），这两个税种都是英格兰地方政府财政的重要来源。市政税是地方政府在当地筹集收入的主要来源，它是用于弥补地方政府支出预算与其他来源（例如停车收费和运动设施出租收费等）收入之间差额的重要资金来源。目前英格兰有326个低层级地方政府征收市政税，主要包括区议会、单一行政区、伦敦自治市与伦敦市。营业房屋税也被称为非住宅性房产税（Non-domestic rates），与市政税一样由地方政府征收。虽然这两个税种均是针对房地产开征，但二者之间存在差异。市政税可以作为地方政府的本级财政收入，用作一般财政支出，而营业房屋税的税款需由地方政府全额上交中央政府，再由中央政府根据各地人口等情况按一定标准返还给地方。虽然地方政府无权直接处置营业房屋税，但其获取的中央政府的返税也是地方政府的一项重要收入来源。为了提高行政效率，避免不必要的资金流动管理，英格兰政府在2013年引入了《营业房屋税保留计划》（Business Rate Retention Scheme），规定地方政府可以保留其所在地区收取的部分营业房屋税。地方政府部门（如消防和救援部门）可以直接从营业房屋税保留计划受益，因为它们被允许将留存的部分税收用于投资。

英格兰房地产税对其地方财政的重要影响如表8—2所示。英格兰地方政府的本级财政收入逐年上升，2013年的本级财政收入为573.19亿英镑，占地方政府总财政收入（本级财政收入与补助金收入之和）的36.38%；而2017年的本级财政收入达664.81亿英镑，占地方政府总财政收入的40.47%，其中市政税与地方政府留存的营业房屋税的增加功不可没。在2013年推出营业房屋税保留计划之前，英格兰地税收入全部来源于市政税，营业房屋税仅能以中央拨款的形式成为地方政府的财政收入。2013年之后,英格兰地方政府的税收收入由于营业房屋税的贡献增加了约50%,同时,由于房价的上涨,市政税与营业房屋税的收入都在逐年上升。英格兰市政税由2013年的233.71亿英镑增长到2017年的276.41亿英镑,涨幅为18.27%,地方政府留存的营业房屋税收入由2013年的107.19亿英镑增长至2017年的151.62亿英镑,涨幅为41.45%。2013年,英国市政税与保留的营业房屋税合计为340.9亿英镑,占地方政府本级财政收入的59.47%;2017年两者总额达428.03亿英镑,占地方政府本级财政收入的64.38%。

虽然英格兰地方总财政收入中的补助金收入占较高比重,但由于其使用范围具有限制(大多拨款收入为专款专用),地方政府不能对其自由支配。因此,尽管英国的房地产税仅占地方总财政收入的25%左右,房地产税对英格兰地方政府的财政收入依然重要。

表8—2　　　　　　　　英格兰地方政府财政来源收入

年份	2013	2014	2015	2016	2017
市政税收入(百万英镑)	23371	23964	24734	26083	27641
营业房屋税保留收入(百万英镑)	10719	11331	11855	11735	15162
房地产税收入①(百万英镑)	34090	35295	36589	37818	42803
补助金收入(百万英镑)	90982	89271	85690	85231	78268
本级收入(百万英镑)	57319	58335	58966	60445	66481
总财政收入②(百万英镑)	157554	166075	164045	163981	164260
房地产税收占税收总额的比重(%)	100	100	100	100	100
房地产税占本级财政收入的比重(%)	59.47	60.50	62.05	62.57	64.38
房地产税占全部财政收入的比重(%)	21.64	21.25	22.30	23.06	26.06

资料来源:Ministry of Housing, Communities & Local Government: Local Government Financial Statistic England. No 29, 2019. https://assets.publishing.service.gov.uk。

---

① 房地产税收入为市政税收入与营业房屋税保留收入之和。
② 总财政收入为补助金收入与本级收入之和,其中本级财政收入包括市政税、营业房屋税、借款和投资、利息收入、资本收益和市政租金等。

二 英国房地产税的用途

英国地方政府承担了具有地方性受益范围和需求的公共服务,政府收入主要用于支付公务员工资、运输、燃料、建筑物维护、向提供服务的其他地方部门付费(如大都市区向废物处理当局付款)以及代表中央政府支付福利(如强制性租金补贴)等。而房地产税作为地方财政收入的重要组成部分,主要用于消防、回收、垃圾处理、学校建设及教育支出、公园和街道清洁等,具体如表8—3所示。

在英格兰地方政府服务性支出中,教育支出占总支出的比重最高,约为36.6%,但其绝对额在近年来呈轻微下降趋势,由2013年的358.8亿英镑下降至2018年的338.62亿英镑;其次占比最高的为社会保障,占总支出的比重达26.7%,其支出由2013年的214.8亿英镑增长至2018年的246.89亿英镑;警力等安保支出由2013年的109.19亿英镑增长至2018年的113.74亿英镑,占总支出的8.9%,排行第三。可以看出,近年来,英格兰的地方政府对社会保障与公共安全的重视程度逐年增加,而对于教育、公路运输、环境规划以及住房保障等方面的支出逐渐减少。英格兰房地产税的用途多为郡区政府服务,为纳税人提供社会福利。另外,对于教区而言,市政税是它们的主要收入来源(由区政府划拨),由其自行制定法规决定用途。然而并不是所有的教区管理机构都制定了相关法规,因为它们不需要资金来开展本地活动,但是中央仍保留它们制定法规政策的权力。

表8—3　　　　　　　　英格兰地方政府服务性支出　　　　　　单位:百万英镑

年份	2013	2014	2015	2016	2017	2018
教育	35880	34477	34135	33382	32265	33862
公路运输	4795	4537	4330	4012	3997	4251
社会保障	21480	22587	22701	23390	24164	24689
公共卫生	2507	2736	3152	3480	3365	3314
房屋	2024	1851	1608	1507	1536	1575
文化、环境规划	9175	8914	8698	8444	8293	8258
警力	10919	10888	10932	11049	11165	11374

续表

年份	2013	2014	2015	2016	2017	2018
消防与救援	2088	2045	1983	1961	1972	2081
中央服务	2844	3067	3021	3159	3065	2875
其他服务	91	91	69	55	-19	319
服务总支出	91808	91198	90633	90443	89803	92599

资料来源：Ministry of Housing, Communities & Local Government: Local Government Financial Statistic England. No 29, 2019. https://assets.publishing.service.gov.uk。

市政税主要由区政府留存用作市政支出，但也有一部分单独分给地方警察局或教区。地方政府（郡、区及教区合计）的职能主要包括维护公园和开放空间、街道清洁、健康和食品安全、社会关爱、教育、防洪等。而营业房屋税在2013年的保留计划以前由地方征收，上交中央后汇入专项基金，再由中央财政将这一基金作为转移支付资金，依据各地人口基数，以一定比例在各郡区分配，除了被作为当地的一般财政收入用于基础建设之外，还可能被用作部分救援部门员工、警察和犯罪专员的工资，以及划拨给当地教区议会作为活动资助金。

三 英国房地产税收入规模及用途的评价

在收入规模方面，英国的房地产税的收入规模较大，为地方财政收入做出了重要贡献。英国房地产税在本级财政收入中占较高比重的原因之一在于其税基较宽。英国房地产税的征税对象针对全部的房屋与土地，即个人或者法人持有的房地产，无论其使用目的为经营性或非经营性，均需征收房地产税。与此同时，英国房地产税的税收优惠力度较小，较少采取普惠性税收减免，优惠对象多为政府机关、公益组织和弱势群体，如市政税仅对政府、公益团体及残疾人等特殊对象持有的房屋进行税基评估折扣。宽广的房地产税税基不仅可以保证财政收入的稳定，还在一定程度上保证了税收公平。

此外，英国房地产税的征收还采用了"量出为入"的设计机理，每年通过编制预算确定应征市政税额。英国首先会对地方政府全年的支出总额进行预算，再将此数额减去中央政府对地方的财政转移支付数额与地方政府依法应当予以返还的营业房屋税额以及作为地方财政收入来源的其他收入，所得出的余额就是全年应收的市政税数额。这种方式需要政府投入测算成本，而每年更改的税率也需要公示成本，甚至可能会受到纳税人的抗拒。但以支定收可以保证每年的财政收入不会受到不可抗力因素的影响，也降低了地方政府对中央拨款的依赖性。

在税收用途方面，郡政府与区政府采用分权的方式区分了房地产税的使用。英国政府为提高政府的行政效能，明确划分了各级政府的责任，保证财权与事权相匹配。在地方政府中，郡政府承担了约80%的社会服务，这代表着其所需的财政资金也应占较大比重。因此，尽管英国的市政税与营业房屋税都由区政府征管，其收入却主要归属于郡政府，用于实现郡政府的社会责任，如消防、教育、公共设施建设及环境保护等。

第三节　德国房地产税的收入规模与用途

德国是一个联邦制的民主国家，行政区划为联邦（Bundes）政府、州（Länder）政府、地方政府三级，而地方政府具体可以分为县（Kreise）与乡镇（Gemeinden）两级。与一般联邦制国家相同的是，德国的州政府不仅是国家的组成部分，还享有国家权力，对税收具有决定权。德国州政府之下的乡镇等基本行政单位也享有受法律保护的自治权限，如税率的调整权。目前德国针对房地产保有环节所征的税种有土地税与第二套房产税，由于第二套房产税的征税对象是被纳税人所使用的第二套房产，普遍性低于土地税，因此本章将重点针对土地税进行说明。

一　德国房地产税的收入规模

在德国，地方政府财政收入的来源主要包括地方税、社会捐款、州政府的分享税以及联邦财政补贴等。[①] 其中，土地税（Grundsteuer）是地方税中唯一针对普遍不动产征收的财产税，其收入归属于乡镇政府。德国的土地税在不同的历史时期发挥着不同的作用。战争时期，德国居民收入下降，政府财政主要依赖于财产税，使得土地税的收入比重较高，

---

① Knoema World Data Atlas, https://knoema.com/atlas/topics/Taxes/datasets.

而在1950年以后，所得税开始逐渐发挥税收主体作用，地方政府收入结构发生了很大变化，导致土地税在税收收入中的比重下降。德国近年的土地税规模如表8—4所示。

表8—4　　　　　　德国地方政府税收与财政收入

年份	土地税（百万欧元）	地方税收总额（百万欧元）	地方财政收入（百万欧元）	土地税在地方税收中的比重（%）	土地税在地方财政中的比重（%）
2008	10936	77412	174800	14.13	6.26
2009	11315	69453	170100	16.29	6.65
2010	11674	71370	174400	16.36	6.69
2011	12017	77596	183600	15.49	6.55
2012	12377	81912	198100	15.11	6.25
2013	12690	85048	205600	14.92	6.17
2014	13215	87902	216800	15.03	6.10
2015	13654	93260	230900	14.64	5.91
2016	13965	100040	247100	13.96	5.65
2017	14203	105424	258300	13.47	5.50
2018	14203	111258	269800	12.77	5.26

资料来源：Country representatives on the OECD Working Party 2：Tax Policy and Tax Statistics of the Committee on Fiscal Affairs. 2019. https：//stats. oecd. org/Index. aspx。

可以看到，德国的地方税税收总额总体呈上升趋势。2008—2018年，德国地方税收总额由774.12亿欧元增长至1112.58亿欧元，增加了43.7%；而土地税由2008年的109.36亿欧元增长至2018年的142.03亿欧元，仅增长了29.9%。值得注意的是，土地税的涨幅与全部税收的涨幅不匹配，以2018年为例，2018年的土地税相较上年无增长，而税收总额却增长了58.34亿欧元，使得土地税占地方税的比例不足15%。这种较低的收入比在近年来呈现出下降趋势，由2014年的15.03%下降至2018年的12.77%；土地税在地方财政收入的比重也仅为6%左右，这一数据自2010年来不断下降，2018年为5.26%。

二 德国房地产税的用途

各国的地方税收收入往往与其政府公共服务相对应，德国土地税作为地方政府的财政收入来源之一，其收入也与其支出功能相对应。德国各地方的土地税收入都用于市政服务，如医疗服务、公园绿化、居民财产安全保障、道路建设、救援以及教育等方面的支出。然而与其他大多数国家不同的是，德国的公务员（包括中小学教职工）属于州级公务员，其工资由州政府支付，因此土地税的收入并不用于支付公务员薪酬。另外，德国市镇的净水供应、污水处理、垃圾处理和街道清扫四项服务，都是由公共或者私人企业直接向用户按量收费而有偿提供的服务，这种制度与中国的物业费有些类似，其费用不计入地方政府的财政支出，因此也不在土地税覆盖的公共产品与服务范围内。

三 德国房地产税收入规模及用途的评价

在收入规模方面，前文曾提到德国土地税在地方财政中的占比在逐年下降，其原因不仅在于所得税的增长，还在于德国土地税的税基已过时且基本未调整。德国土地税的税基评估时点设定在1964年与1935年，评估值与市场价值已严重背离。另外，目前德国税基评估主要采用收益法，重估成本太高，这也是德国不动产税税基评估值常年不更新的主要原因之一。德国针对农业房地产的 A 类土地税在 50 年前的收入就几乎停滞不前，而房地产用途的改变、计税评估的更新以及杠杆率的总体提高，使得 B 类土地税的收入有微弱增加。① 但总体而言，德国的土地税仍在逐年下降，远不足以支撑其财政支出。

在税收用途方面，德国为弥补土地税收入的不足，针对供水、净水等生活服务采取另外收费的方式。这不仅可以减少地方政府财政支出的压力，还可以让居民自由选择合适服务。与此同时，德国的公务员工资由州政府提供，因此此项费用也不包括在土地税用途中。尽管德国土地税作为地方税的主体，可提供的财政收入日益减少，但是地方政府也通

---

① World Bank Data, "Land taxation in Germany", www. worldbank. org/publicsector/decentralization.

过减少支出责任的方式使财政收支保持平衡。

第四节 澳大利亚房地产税的收入规模与用途

澳大利亚是一个联邦制国家，由联邦政府、州政府、地方政府三个行政层级组成，其中地方政府主要由城市（City）构成。澳大利亚的州政府是拥有主权的政治实体，具有宪法承认的自治权，与联邦政府都享有税权。澳大利亚的联邦政府负责征收个人所得税、企业所得税、商品税和服务税等，州政府负责征收土地税、遗产税、赠与税、雇主工资和劳动力税以及部分流转税，而州以下的各个城市负责征收市政税。澳大利亚现行的房地产税仅对土地征收，对房屋不征税。

一 澳大利亚房地产税的收入规模

澳大利亚目前的房地产税主要为州政府征收的土地税与地方政府征收的市政税，课税对象皆为土地。澳大利亚的房地产税受"土地涨价归公"①思想的影响，仅对土地征收土地税。由于征税对象的局限性，澳大利亚房地产税的收入占比较低，具体如表8—5所示。2012年，澳大利亚的土地税收入为77.79亿澳元，占总税收收入的12.21%；2017年，其土地税也达122.22亿澳元，占全部税收的14.5%，在总财政收入中仅占4%左右。这种土地税收入占比低的现状也与德国相近似，但与德国逐年下降的土地税收入不同的是，澳大利亚的土地税收入在逐年上升，在州政府财政收入的重要地位也越发凸显。2012—2017年，澳大利亚土地税占州政府财政收入的比重从3.75%上升至4.51%，提升了20.3%。这可能与澳大利亚各州每年调整的土地税计税依据与起征点有关（如2019年新南威尔士州的土地税起征点为69.2万澳元，而2020年的起征点更改为73.4万澳元②），澳大利亚实时更新的税收政策可以与当年的经济形势相

---

① 来源于美国经济学家亨利乔特的单一税制理论，认为土地是个人的但土地的升值没有创造任何价值，这部分收入应该归国家。

② NSW Government-Office of State Revenue, "Covid – 19（coronavirus）and land tax", www.revenue.nsw.gov.au/taxes-duties-levies-royalties/land-tax.

匹配，在保证税收的同时维护纳税人的权益。

表8—5　　　　　　澳大利亚州政府税收与财政收入

年份	土地税 （百万澳元）	州政府 税收收入 （百万澳元）	州政府 财政收入 （百万澳元）	土地税占税收 比重（%）	土地税占财政 收入比重（%）
2012	7779	63715	207690	12.21	3.75
2013	8733	68498	224775	12.75	3.89
2014	9283	73766	236091	12.58	3.93
2015	10029	78653	243470	12.75	4.12
2016	11346	81787	259568	13.87	4.37
2017	12222	84261	271269	14.50	4.51

资料来源：Australian Bureau of Statistics：Taxation Revenue, Australia, 2017－2018. www.abs.gov.au。

除由州政府征管的土地税外，澳大利亚的房地产税还包括由地方政府负责征管的市政税，其税率由各州根据当地所需要的服务性资金自行决定。市政税对地方财政影响深远，可以用于支付市政厅提供的100多种服务。① 市政税是地方政府最重要的收入来源之一，详细数据如表8—6所示。2012年，澳大利亚的市政税收入为140.27亿澳元，2017年即达181.22亿澳元，增长了29.2%，但由于澳大利亚地方财政收入也在持续增长，由2012年的378.27亿澳元增长至2017年的468亿澳元，涨幅为23.7%，与市政税的增长幅度相近，因此，澳大利亚的土地税在地方政府的财政收入占比较为稳定，保持在38.5%左右，成为地方政府不可或缺的重要收入来源之一。

---

① Vic Council, "Council Rates", www.viccouncils.asn.au/what-councils-do/council-funding/council-rates.

表8—6　　　　　　　澳大利亚地方政府税收与财政收入

年份	2012	2013	2014	2015	2016	2017
市政税（百万澳元）	14027	14870	15779	16620	17399	18122
地方财政收入（百万澳元）	37827	38172	41156	43036	45847	46800
市政税在地方财政中的比重（%）	37.08	38.96	38.34	38.62	37.95	38.72

资料来源：Australian Bureau of Statistics：Taxation Revenue, Australia, 2017 - 2018. www.abs.gov.au。

二　澳大利亚房地产税的用途

澳大利亚三级政府（联邦、州与地方政府）有不同的任务分工。联邦政府负责执行联邦议会制定的法律，州政府负责治安、公立学校、道路交通、公立医院、公共住房和工商监管，而地方政府以市议会、镇议会或郡议会的形式，负责城镇规划、建筑审批等具有区域特征的事务。[①]

澳大利亚的土地税作为州政府财政的重要组成部分，其收入也相对应地用于实现州政府的职能，如为居民提供健康、教育、安全等服务，详细内容可见图8—1。2017年，澳大利亚州政府在公共健康上支出最大，达650.45亿澳元，占总支出的29%；其次为教育支出，占比为25%；另外社会保障、公共秩序与安全支出也较高，分别为9%与10%；而娱乐、文化和宗教与住房和社区设施支出较少，仅有2%；最低的为环境保护方面的支出，仅占全部财政支出的1%。

可以看出，澳大利亚的土地税支出与其政府的职能相对应，对于地方政府也是如此。澳大利亚的市政税以地产为征税对象，对其业主征收，所得的收入主要用于支付各地方的地方道路、公立图书馆、公共厕所、供水和污水排放、废物和回收、家养动物和社区设施等市政服务。

三　澳大利亚房地产税收入及用途的评价

在收入规模方面，澳大利亚的房地产税收入占比较少，这是由于其

---

① City of Sydney, "Australian Government System", www.cityofsydney.nsw.gov.au/about-the-city-of-sydney/australias-system-of-government.

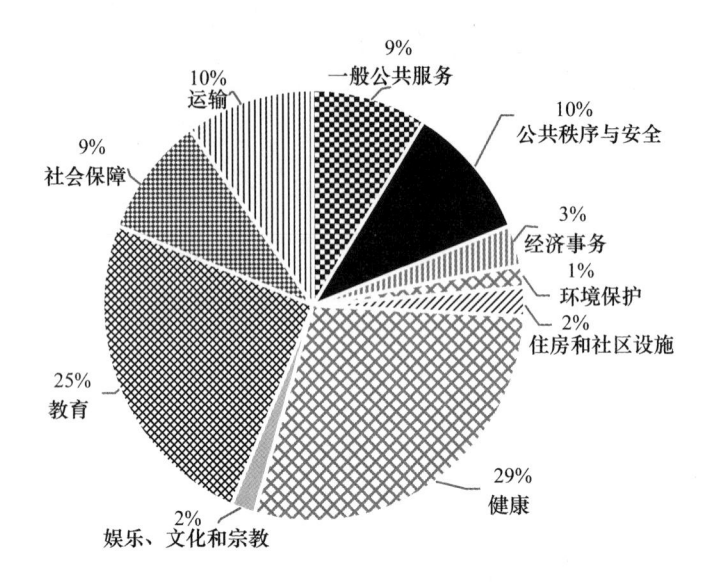

图 8—1　澳大利亚州政府财政支出

资料来源：Australian Bureau of Statistics: Taxation Revenue, Australia, 2017 - 2018. www.abs.gov.au。

房地产税的征税对象仅为土地，与将土地和房屋同时作为征税对象的国家相比，丧失了一部分税源。另外，澳大利亚的土地税收入归属于州政府，而各个州都具有立法权，因此几乎每个州的土地税都不完全相同。这种方式的优势在于每个州可以自行制定法规，依靠土地税获得充足的财政收入，同时也减轻了中央政府集中管理的成本；而这种方式的劣势在于纳税人可能会选择"用脚投票"，选择税负较轻、服务更优的州定居生活，由此导致人才、资本的外流，增加各州的经济差距。

在税收用途方面，澳大利亚的土地税属于州级税收，其收入完全由各州政府支配，主要用于本州居民的福利及财产安全保障；而市政税作为地方税，其收入完全用于支付当地的公共服务，如市政建设等。换言之，无论是州政府依靠土地税还是地方政府依靠市政税所提供的社会服务都具有明确的受益区域和受益对象范围，这在一方面可以体现出澳大利亚房地产税的受益性特征。

第五节　日本房地产税的收入规模与用途

日本是一个单一制国家，分为中央与地方两个层级。其地方自治制度由都道府县与市町村的双层结构构成。市町村隶属于都道府县，两者相互分担、相互合作，共同办理地方行政事务。都道府县是包括市町村的广域地方行政机构，负责广域行政事务；而市町村是与居民直接相关的基础地方行政机构，负责与居民生活密切相关的事务。日本的房地产税主要包括固定资产税与城市规划税，两者都作为市町村税征收，除了因特定目的设立的税种外，日本的房地产税收入都用于当地居民的生活福利。

一　日本房地产税的收入规模

日本地方政府（都道府县及以下）的收入主要包括地方税、地方分配税收补贴、国库支出金和地方债券。其中，可以用于任何目的的收入来源，例如地方税、地方转让税收、地方特别补助金与地方分配税收补贴，被称为一般收入来源。对于地方政府而言，重要的是要确保有充足的一般收入来源，以满足各种行政需求。日本的地方政府（都道府县与市町村政府合计）财政收入如表8—7所示。2017年，日本地方政府的一般收入为59.21万亿日元，占总财政收入的58.4%。一般收入中占比最高的为地方税，于2017年达39.9万亿日元，占一般收入来源的67.4%。一般收入来源中，地方转让税收指由中央政府征管的中央税，可以作为转移支付下拨地方政府，地方转让税收在2015—2017年的数据较为稳定，平均维持在2.47万亿日元左右；地方特别补助金指包括用于弥补地方税收收入减少的特殊补助金，该补助金是为实施地方居民住房贷款的减免而实施的，以弥补地方政府的税收减少，地方特别补助金相较于其他一般收入来说较少，约为0.12万亿日元，占一般收入的0.22%；地方分配税收补贴为地方政府的固有收入来源，目的是调整地方政府之间的税收收入失衡并保证收入来源，以便全国所有地方政府都能提供稳定水平的公共服务，其在一般收入中仅次于地方税收入，2017年达16.77万亿日元，占一般收入的28.32%。

表 8—7　　　　　　　　日本地方政府财政收入构成　　　　　　　单位：亿日元

年份		2015	2016	2017
一般收入来源	地方税	390986	393924	399044
	地方转让税收	26792	23402	24052
	地方特别补助金	1189	1233	1328
	地方分配税收补贴	173906	172390	167680
一般收入合计		592873	590949	592104
当地债券		106880	103873	106449
国库支出金		152822	156871	155204
其他收入来源		166600	162905	159476
合计		1019175	1014598	1013233

资料来源：Ministry of Internal Affairs and Communications：FY2017 Settlement White Paper on Local Public Finance, 2019. www.soumu.go.jp。

日本目前仍在开征的房地产税主要为固定资产税和城市规划税。固定资产税与城市规划税都只在市町村征收，两者之和约占市町村级地方税收的48%[1]，具体数据如表8—8所示。固定资产税是一个综合税种，包括房屋税、地租税、船舶税、铁道税等，其收入由市町村征管，中央参与分配。固定资产税中的房屋税税收的一半以上归市町村所有，其余部分大多数分配给都道府县政府，少部分上缴给中央，由中央汇总各地税收后统一调拨使用。日本的固定资产税在2017年收入19.4万亿日元，占市町村税收收入的40%以上，占市町村财政收入的30%左右。城市规划税为市町村的城市规划和土地整理等提供必要资金，只针对居住人口不少于30万的城市（一般为政令指定城市[2]和部分中核市[3]）开征。日

---

[1] FY2017 Settlement White Paper on Local Public Finance, 2019. www.soumu.go.jp/iken/zaisei.

[2] 政令指定城市是日本各城市自治制度中权力下放最多的地方自治区域，其基本条件为全市人口达50万以上，目前共有20个。该城市拥有较其他市更多的地方自治权力，获得了有超过19项以上的公共事务（福利、卫生、城市规划等）的职权转移，除此之外，一些法律还授权此类城市一部分属于县级的管理职能和权力，这实际上是按都道府县的同等级别对待这些城市。

[3] 中核市的人口不少于20万，可拥有较一般的市更多原本属于都道府县的权限，但权限少于政令指定城市，目前共有42个。

本的城市规划税最早源于1950年，政府在进行税制改革时把城市规划税暂时并入土地收益税中。日本政府认为大城市如果进行事业规划很可能将提高周边土地、房屋的利用价值，导致各地发展不平衡，因此，为了维护社会公平，政府设定了该税种。由于城市规划税只针对少部分城市的建筑及土地，不是普遍开征的税种，因此城市规划税在市町村总税收与总财政收入中所占的比重均较低，分别约为6%与4%。而固定资产税与城市规划税合计的房地产税收入在市町村财政收入的比重较高，平均在33%左右。

表8—8　　　　　　日本房地产税占比情况　　　　　　单位：%

年份	2015	2016	2017
固定资产税占市町村税比重	41.50	41.80	42
城市规划税占市町村税比重	5.90	5.90	5.90
固定资产税占市町村财政收入比重	28.20	29.17	28.72
城市规划税占市町村财政收入比重	4.00	4.13	4.06
房地产税占市町村财政收入比重	32.21	33.30	32.79

资料来源：Ministry of Internal Affairs and Communications：FY2017 Settlement White Paper on Local Public Finance，2017. www.soumu.go.jp。

二　日本房地产税的用途

日本开征房地产税的目的与美、英等国家相类似，其产生的作用也相近，都为地方政府提供了大部分收入来源。在日本开征的房地产税中，城市规划税只针对政令指定城市和部分中核市进行征收，其作为特定目的税，收入主要用于当地的城市规划、土地区划调整以及城市环境改善；而固定资产税作为重要的一般收入来源，由市町村政府征收后与其他收入来源一起划拨使用，将其用于与日常生活息息相关的领域，详细信息如表8—9所示。日本市町村政府在公共福利方面的支出从2015年的20.3万亿日元增长至2017年的21.2万亿日元，占总财政支出的36.5%；市町村政府支出第二高的为教育（包括学校教育及社会教育）支出，2017年支出达7万亿日元，占总支出的12.1%；而一般管理费与土木工程支出虽在逐年下降，仍占据了较高比重，2017年在总支出中的比重分别为11.8%、11.4%；卫生费用稳定在4.7万亿日元左右，占市町村政府财政支出的 8.2% 左右。这种规模比例近年来较为稳定，可以看出，尽管没有明文规定固定资产税的用途，日本市町村政府仍每年将其投资于公共福利与教育等市政服务。

表 8—9　　　　　　　日本市町村级地方政府支出　　　　　　单位：亿日元

年份	2015	2016	2017
公共福利	202669	211286	211678
教育	58718	57503	70188
债务偿还	57599	56922	56290
土木工程支出	66630	66531	66338
一般管理费	70548	68183	68468
卫生费用	46923	47149	47474
工商支出	19296	17636	17295
农林水产	14709	13600	14302
其他	28889	27299	27376

资料来源：Ministry of Internal Affairs and Communications: FY2017 Settlement White Paper on Local Public Finance, 2019. www.soumu.go.jp.

三　日本房地产税收入规模及用途的评价

在收入规模方面，日本的房地产税在地方财政收入中的占比与德国和澳大利亚相比处于较高水平，但与美国和英国等国相比仍较低，这表明日本的房地产税在税制结构上较为成熟，但在具体实施上仍存在不足，这是由日本的国家治理结构决定的。日本作为一个单一制国家，中央政府掌握了绝大多数的财政收入（主要为税收），但是，在实际负担公共产品和服务上，中央政府占据的比例较小，主要依靠地方政府支出。房地产税虽然为地方政府提供了大量财政收入，但其较低的收入规模并不足以支撑地方政府对应的市政服务。为了缓解地方政府事权与支出责任之间的矛盾，日本建立了由地方交付税、国库支出金、地方让与税等组成的调整制度，以弥补地方财力的不足。其中，地方交付税与地方让与税属一般财政收入，地方政府可自由支配。国库支出金是国家中央政府向地方政府支付的国家义务性股份，其用途受到一定限制。中央让与地方财政收入的方式在世界各地较为普遍，但日本将其划分为三种不同途径，不对地方政府如何适用加以限制，可以在一定限度内提升地方政府的自治权，使地方政府可以更好地行使职能。

在税收用途方面，日本开征了多种房地产税，不同的税种具有不同的用途。日本的房地产税都由市町村级地方政府征收，固定资产税设立的目的即为地方财政提供稳定收入来源，因此其税收用途即为当地居民提供公共产品与服务；而城市规划税作为特定目的税，只针对少部分人口众多的大城市征收，其税收收入主要用于以《城市规划法》（都市计画法）为依据的都市规划项目和以《土地区划整理法》（土地区画整理法）为依据的土地整备开发项目，主要用于市町村的城市规划或土地区划调整。日本的固定资产税与城市规划税虽然均为房地产税，但其由于开征目的不同，最终产生的效果也不同。城市规划税虽不如固定资产税一样产生大量财政收入为居民提供福利，但也具有受益税的特征，不仅有利于城市的发展，也能进一步提升土地与房屋的价值。然而，由于城市规划税只针对少数政令指定城市与中核市的居民征收，可能会影响当地居民的税收遵从度，降低纳税积极性。

第六节　韩国房地产税的收入与用途

韩国是一个单一制国家，地方政府可划分为两级行政区，一级行政区为广域自治团体（包括特别市、广域市与道等），二级行政区则称为基础自治团体（包括自治市、郡、区等）。自1948年韩国政府独立以来，地方自治的水平一直很低，大多税种都由中央政府征管，地方的财政收入主要依赖于中央依据各地发展情况下放的财政拨款。地方议会既不能将新税种引入其税收体系，也不能更改地方税率，因此韩国地方政府对中央政府的依赖程度较高。

一　韩国房地产税的收入规模

韩国拥有比较完善的税收制度，透明度较高，执法较严。韩国的税种根据征管单位的不同主要分为两大类：一是国税，二是地方税。国税是韩国政府最主要的税收来源，由国内税、关税与专用税组成，国税的收入全部归属于中央政府。而地方税的收入不足国税地税总收入的五分之一。韩国的房地产税是韩国政府于1990年开始全面改革的，目前还在实行的保有环节房地产税包括综合不动产税、社区设施税、财产税与城市规划税。韩国房地产税在税收收入中的占比较小，具体数据见表8—10。其中，综合不动产税属于国内税中的直接税，由中央政府征管，征税对象为价值过高的土地或住宅。综合不动产税的开征目的主要在于打击土地和房屋囤积行为，因此其收入较少。包含以综合房地产税税额为税基的农渔村特别税在内，2008—2018年韩国的综合不动产税在2.6万亿韩元与2.2万亿韩元之间浮动，对财政收入的影响较弱。财产税是在基础自治团体征收的地方普通税，其收入与综合不动产税一样属于一般财政收入。相较其他房地产税而言，财产税产生的收入最多，2008年的财产税收入为5万亿韩元，2018年已增长至13万亿韩元，但对比所得税与流转税来说所占比重仍极低。城市规划税也属于基础自治团体的地方税，针对在市长或专员指定用于评估城市规划税的区域内的土地或房屋。由于城市规划税仅针对个别城市与年份征收，在2013年后甚至出现零收入，对地方政府的财政几乎无影响。此外，韩国的房地产税还包括社区设施税，它是由广域自治团体征管的专用税，仅对房屋或船只的价值征收，由于其数额较少，一般不在统计报告中单独呈现，因此本节不对其进行分析说明。

表8—10　　　　　　　　韩国房地产税税收汇总　　　　　　单位：十亿韩元

年份	综合不动产税（含农渔村特别税①）	财产税	城市规划税	房地产税总和	税收收入总和	房地产税占总税收收入的比重（%）
2008	2558	5000	2183	9859	272201	3.62
2009	1449	5014	2269	8859	273647	3.24
2010	1237	5467	2465	9270	295968	3.13
2011	1325	8322	5	9779	321915	3.04
2012	1359	8815	3	10315	341336	3.02

① 农渔村特别税的目的是支持农村社区以及农业和渔业，其以各项税（如所得税、综合房地产税等）的税额为税基。这里的综合不动产税包含了以综合房地产税税额为税基的农渔村特别税。

续表

年份	综合不动产税（含农渔村特别税①）	财产税	城市规划税	房地产税总和	税收收入总和	房地产税占总税收收入的比重（%）
2013	1474	9179	0	10809	347332	3.11
2014	1572	9918	0	11654	365428	3.19
2015	1666	10645	0	12486	393559	3.17
2016	1534	11380	0	13095	430752	3.04
2017	1954	12175	0	14319	465470	3.08
2018	2229	13158	0	15589	506548	3.08

资料来源：Country representatives on the OECD Working Party 2：Tax Policy and Tax Statistics of the Committee on Fiscal Affairs. 2019. https：//stats.oecd.org/Index.aspx。

二 韩国房地产税的用途

韩国的财产税作为地方税的重要组成部分，其收入为当地居民提供了各种服务，其支出构成如表8—11所示。韩国地方房地产税中的财产税作为普通税，其用途与其他来源的一般财政收入来源相同；而城市规划税作为特定税，针对特定区域内的土地或房屋价值征税，其税收主要用于城市的扩建规划；社区设施税收入主要用于消防设施、垃圾处理系统、污水处理设施等。总而言之，地方政府征收的房地产税除去归属中央政府的部分外，其余税收主要用于各地教育、图书馆公共设施、支付本地公务员如警察的工资的政府开支等。其中支出最高的为社会福利，其支出逐年增长，由2008年的21.67万亿韩元增长到2011年的28.46万亿韩元，约占总支出的20%；其次为环境保护与区域发展支出，分别约占总财政支出的12%与10%，其中环境保护支出的绝对额呈现上升趋势，在四年内由13.68万亿韩元增长到15.03万亿韩元，涨幅为9.88%。与本章提到的其他国家不同的是，韩国房地产税收入在教育与公共安全方面

---

① 农渔村特别税的目的是支持农村社区以及农业和渔业，其以各项税（如所得税、综合房地产税等）的税额为税基。这里的综合不动产税包含了以综合房地产税税额为税基的农渔村特别税。

的支出较低。2008—2011年,韩国地方政府的教育支出虽由6.96万亿韩元增长到9.01万亿韩元,但其在总支出中的比重仅为6.4%;公共安全在2011年的支出仅为2.34万亿韩元,占总支出的1.66%。

表8—11　　　　　　韩国地方政府财政支出构成　　　　单位:十亿韩元

年份	2008	2009	2010	2011
一般行政	10965	10327	11962	12503
公共安全	1987	1968	2176	2337
教育	6955	7879	8139	9014
文化旅游	6048	7094	7795	6987
环境保护	13680	13930	14903	15031
社会福利	21666	24146	26534	28463
医疗保障	1895	1924	2225	2008
农业和渔业	8058	9259	9724	9794
工业	2580	2925	3017	3044
区域发展	16305	18389	16465	15112
交通运输	12905	14515	12844	11639
科学和技术	705	742	438	329
留存	2248	2356	2196	2313
其他	18970	21619	21440	22466
合计	124967	137535	139857	141039

资料来源:Budget Summary of Korean Local Governments. https://www.earticle.net/Article/A226745。

三　韩国房地产税收入规模及用途的评价

在收入规模方面,韩国的房地产税收入规模较小。这是由于韩国的房地产税仍处于"重流转轻保有"的阶段,对房地产交易环节课税较重,而保有环节相对较轻,使得韩国现行的财产税收入规模仍较低,不利于当地政府资金的筹集。另外,根据韩国宪法的规定,中央政府对房地产税拥有绝对的决策权,而地方政府在公共行政的自治权非常有限,各地政府不具有税收独立性,无法因地制宜地对税制进行灵活变通,这也成为韩国地方财政受限的原因之一。

在税收用途方面，韩国与日本相似，都采用了多种房地产税种并行的模式，不同的税种对应不同的用途。由于韩国面临"地狭人稠"的问题，少部分人占据了大量土地，通过囤积房屋、哄抬房价的行为达到牟利目的。因此，政府意图通过开征房地产税打击这种土地投机行为，使房价得到控制。综合不动产税的开征目的即抑制房地产投机、更大限度地实现税收公平，所以只针对保有住宅和所占用的土地超过一定价值金额的纳税人课征。由于韩国的财产税是针对全部土地与建筑物征收的，因此当纳税人持有的全部房地产超过限额后就需要额外缴纳综合不动产税，承担较重的税负。正是由于综合不动产税的税基较窄，其产生的收入较少，一般不具有较为明显的用途，无法用于居民社会福利的支出。而财产税作为地方税，征税对象范围较广，可以为地方政府增加财政收入，承担发挥政府职能的责任。除了这两种房地产税外，韩国还针对个别城市的部分房地产开征了社区设施税与城市规划税，这类特定目的税的用途有专门的规定，一般用于城市的扩建规划与垃圾处理、污水处理等。韩国这种多税并行的模式可以在保证地方财政收入的同时抑制房价上涨，还能满足居民的各项特定需求。

第七节　房地产税收入规模及用途的国际比较

本章归纳了美国、英国、德国、澳大利亚、日本及韩国六个国家的房地产税收入及用途，发现各个国家都依据自身的国情与政治体制设计出了较为完善的房地产税。本节将归纳六国房地产税收入与用途的异同点，以期为中国房地产税改革提供参考与借鉴。

一　房地产税收入规模的国际比较

作为财政收入的重要组成部分，各国房地产税的收入规模可以由其在总税收收入中的比重所体现，而房地产税收入的归属层级的差异以及各级政府对房地产税决策权的大小则可能是不同国家房地产税收入规模产生差异的原因。因此，本节将针对美国、英国、德国、澳大利亚、日本及韩国六个国家现行房地产税在总税收收入中的比重、收入归属以及政府的税收决策权三个方面的异同点进行分析比较。

(一) 房地产税收入规模的相同点

通过归纳总结目前国际主流的房地产税特征可以发现，多数国家征收和分配房地产税的主体都为地方政府；即使是作为中央税征管的房地产税，在收入分配时也会将其划拨给地方政府使用。在本章分析的六个国家中，美国、德国、澳大利亚均为联邦制国家，其中除了澳大利亚是将土地税收入作为州政府的财政收入外，美国与德国都将房地产税作为地方政府的地方税。而英国、日本与韩国都为单一制国家，其中英国的市政税由区政府征管，日本的固定资产税与城市规划税都由市町村负责，而韩国的财产税也作为市税进行征收。[①] 可以看出，国外现行的房地产税大多都由地方政府征收、成为地方财政的重要收入来源，房地产税归属地方政府已是大势所趋。

(二) 房地产税收入规模的差异

通过归纳本章涉及的六个国家的房地产税收入在总税收收入中的比重可以发现，美国与英国的房地产税收入规模较大，在全部税收以及地方政府本级财政收入中所占的比重都较高，而德国、澳大利亚、日本以及韩国的房地产税收入规模较小，这种收入规模差异产生的原因主要在于各国房地产税税制的不同、具体收入归属单位的不同以及中央给予地方政府税收决策权的不同。各国房地产税收入规模差异对比可见表8—12。

在房地产税占比方面，英国的房地产税在地方政府总税收收入中的占比最高，为100%，这是由于英国的地方税目前仅有市政税一种，其收入可以基本满足地方政府的一般财政支出（警力、住房等支出由中央政府提供的专项拨款负责）。除英国外，房地产税占比较高的国家为美国与日本，它们在征收房地产税时，都将土地与房屋共同作为征税对象进行征管，以此产生的税收收入会比开征单一土地税的国家多。澳大利亚目前仅设有土地税，由此产生的收入较少，在总税收收入中的比重也较低。而德国的房地产税收入在总税收中的比重较低的原因，一方面在于德国是近年来才将房屋列入征税范围内，其体系不如英美等国完善；另一方面在于，德国虽然作为一个发达的资本主义国家，其税种以直接税为主，

[①] 英国的区、日本的市町村以及韩国的市都为二级地方政府。

但其对间接税的重视又是美国、英国等国家所不及的，德国增值税、消费税与营业税所占的比重都普遍较高，冲击了房地产税在总税收收入中的地位。这种税制结构也说明了即使德国的土地税收入规模较小，其他税种的收入也足以支撑政府财政支出。而在六个国家中房地产税收入比重最低的韩国，则是由其政府体制决定的，具体分析在本节后文中展开。

在房地产税收入归属方面，尽管各个国家普遍将房地产税收入归属于地方，但在具体实施时也体现出不同特征。如美国的房地产税的归属划分较为详细，县、市与学区都有权征收房地产税，因此美国纳税人缴纳的税款由县、市、学区三者共享。这种模式需要国家宪法赋予地方极高的自治权，因此对于单一制国家不一定适用。英国、日本与韩国这些单一制国家的某些房地产税属于国税（如英国的营业房屋税与韩国的综合不动产税），需要由地方政府征收后上缴给中央。这种地方征管上缴中央的模式会减少部分原属于地方政府的财政收入，可能会使地方政府面临一定财政压力，因而近几年，这些国家也相继出台了中央转让税收的政策，如英国的营业房屋税保留计划与日本的三项调整制度。但尽管如此，日本与韩国目前的房地产税收入规模相较于美国而言，仍处于较低水平。

在房地产税决策权方面，本章通过归纳发现，美国、英国、德国与澳大利亚这些西方国家在征收房地产税时通常将权力下放至地方政府，使各地政府可以因地制宜，拥有较大的税收自主权。如英国的市政税由中央政府统一立法后，郡区政府可以自行确定当地适用的税率并选择部分适合的税收减免政策。美国地方政府的自主权则更高，其房地产基本税法由州政府制定，而县、市及学区每一级政府都可以调整税率及少量税目。澳大利亚的州政府有权决定开征土地税和确定相关税收要素，而地方政府可以适度调整相关税制。而德国与澳大利亚相类似，其房地产税也是由联邦政府统一立法后再由州政府与地方政府进行调整。至于东亚地区，日本的地方政府有权对固定资产税的税率进行调整和确定部分税收减免，但中央政府有权否决这些决定。韩国地方政府由于宪法的限制，不能将新税种引入其税收体系，也不能更改地方税率，其财政收入主要依赖于中央政府的转移支付，缺少机动性。通过比较发现，赋予地方政府房地产税决策权的国家，其地方政府对财政的自我负责能力较强，各地政府可以通过对未来财政支出的估算反向推导出当前所需的房地产税收入,从而自行制定适合当地状况的房地产税政策。

表8—12 各国房地产税收入规模差异对比

国家	房地产税在地方税收中的比重	房地产税收入归属	房地产税决策权
美国	约70%	地方政府(县、市、学区)	联邦不统一立法,州具有立法权,地方可以调整税率及少量税目、减免优惠等
英国	100%	地方政府(郡、区)	中央统一立法,地方议会可以确定适用税率和少量减免
德国	约15%	地方政府(县、乡镇)	联邦统一立法,州享有中央授权的决策权,地方有税率调整权
澳大利亚	约13%	州政府	联邦统一立法,州有权决定开征土地税和确定相关税收要素
日本	约48%	地方政府(市町村)	中央统一立法,地方有权调整税率、确定税收减免,但中央可否决地方决定
韩国	约3%	地方政府(自治市、郡、区)	中央统一立法,地方几乎不具有决策权

资料来源:笔者根据相关资料整理。

二 房地产税用途的国际比较

无论从理论还是国际经验来看,利用房地产税收入提供的公共服务都应作用于其纳税人。本章分析的六个国家的房地产税都遵循了这项原则,充分发挥房地产税的税收作用。但由于各国房地产税的具体税种与设计目的的不同,其在税收用途上仍有细微差异。本节将针对美国、英国、德国、澳大利亚、日本及韩国六个国家现行房地产税的用途的异同点进行分析。

(一)房地产税用途的相同点

目前国际上的大多数国家都将房地产税收入作为地方政府的一般财政收入,其用途也自然而然地由其征管单位以及收入性质决定,即作为地方政府的一般财政支出用于当地的社会保障、公共安全、消防与救援、垃圾污水处理等社区生活服务以及教育等。如美国县政府房地产税的主要用途为医疗卫生与公共安全，而学区政府的主要用途为教育；英国市政税则用于维护公园、清洁街道与防洪等；澳大利亚的土地税在公共健康与教育上的支出最大；而日本的房地产税主要用于市町村政府在公共福利方面的支出。

(二) 房地产税用途的差异

国际上现行房地产税用途的差异主要可以从由纳税人不同而导致的用途差异以及因开征目的不同而导致的用途差异两方面进行分析。

在纳税人方面，国际上现行房地产税的纳税人一般为土地与房屋的所有人，房地产税的收入也一般用于为纳税人提供公共产品及服务，但也有例外。澳大利亚的房地产税就仅以单一土地税为主，其纳税人也只针对土地所有人，因此其产生的税入在作为公共服务支出时覆盖面不如其他国家广泛。具体而言，澳大利亚的土地税在社区服务中的支出较少，尤其对于文化设施、环境保护以及住房建设等方面的投资较低，这一方面是由于澳大利亚单一的土地税收入不足以支撑过多的市政服务，另一方面还在于这类服务对于未将土地用作住房建设的纳税人而言不是必要的服务。而美国学区房地产税的纳税人主要为接受当地公共教育的家庭，其税收用途即为教育投资（包括校车、学校治安与免费午餐等），这项服务也与其纳税人的特征相对应。总而言之，针对不同纳税人的房地产税，其税收用途也应根据纳税人以及地区特征的不同作出调整，充分发挥房地产税的"受益"作用。

而在开征目的方面，国际上房地产税的开征目的大多在于直接为地方政府的公共服务筹集收入，而其中不乏一些具有其他目的的房地产税。以日本为例，日本的国土面积较小、土地资源匮乏，人多地少就促使房地产投机行为的出现。为了打击这种行为，日本分别在1973年与1991年推出特别土地保有税与地价税（现已停征），意图控制土地投机、打击炒房行为。这类因抑制房价而设计的房地产税所产生的税收收入较少，对政府财政几乎没有任何影响，由中央征管后统一划拨使用。韩国与日本国情相似，都面临着"地狭人稠"的问题，因此目前仍在实施的综合不动产税也是本着抑制房价上涨的目的而开征的，其收入作为中央财政收入，由于金额较少，发挥的财政作用也较微弱。除了因抑制房价而设计的房地产税外，韩国还针对个别城市的部分房地产开征了社区设施税与城市规划税，这类特定目的税的用途有专门的规定，一般用于城市的扩建规划与垃圾处理、污水处理等。总而言之，无论房地产税是作为一般税还是特定目的税，其用途大都与开征目的相对应，如以扩充地方财政为目的的房地产税在使用时要保证仅用于当地的市政服务，而以规划城市建设为目的开征的房地产税也应保证其税入将充分用于土地调整，从而充分地发挥房地产税的财政作用，维持社会稳定。

第八节 沪渝试点房产税的收入规模及用途

中国现行的房地产税制是在1994年分税制改革的基础上建立和完善起来的，曾在历史上发挥了重要作用。而随着中国分税制改革的不断深化，现行的《房产税暂行条例》已逐渐不能适应社会的经济发展，尤其是地方政府的财政需要，房地产税改革迫在眉睫。

一 沪渝试点房产税的收入特征

中国的财政收入结构主要由各项税收、企业收入（企业上缴利润）、债务收入（内债和外债收入）、征集能源交通重点建设基金、国家预算调节基金收入等组成。其中税收占据着最重要的地位。中国约有83%财政收入都由税收构成，而和世界其他发达国家相比，中国生产税的比例比较高，这是由于中国税收侧重于流转税而弱化所得税。2019年中国收入最多的税种为增值税，税额达62346亿元，其次为企业所得税。而保有环节房地产税（包括房产税与城镇土地使用税）收入仅5183亿元，占总税收的3.28%。[①] 这说明中国房地产税的收入比例还比较低，暂无法成为地方政府的财政支柱，有比较大的发展空间。

以2011年开始参加房产税改革试点的重庆市为例，2019年，重庆市房产税预算收入为73.2亿元，仅占地方税收收入的6%、本地级财政收

[①] 中华人民共和国财政部：《2019年财政收支情况》，http://www.gov.cn/xinwen/2020-02/10/content_5476906.htm，2020年2月10日。

入（除中央拨款外的地方财政收入）的4.2%。这说明重庆市的房产税改革试点对地方财政收入增长的作用非常微弱，没有起到增加地方财政收入和缓解地方财政收入压力的作用。究其原因，可能在于税制设计存在不合理性，以及中国对流转税过于重视从而减弱了财产税的税收效应。

而同样参与房产税试点改革的上海市也面临相似的情况。上海市2018年保有环节的房地产税（房产税与城镇土地使用税之和）收入为213.8亿元，仅占税收收入的3.5%。然而上海市的全部税收占本地财政收入的80%以上，占包括中央税收返还在内的全部财政收入的50%以上。[①] 这说明，上海市的税收自主权较高，但应成为地方税收重点的房地产税却没有发挥良好的财政效应。上海市政府在报告中提出，2018年的房产税收入未达到预算，这是由于"生产经营用房保有量和租金收入增加低于年初预期[②]"。这说明中国目前的房产税收入的不确定性因素较大，不能成为当地政府稳定的收入来源。

可以看到，当前中国在上海市与重庆市试点的房产税对财政收入的影响非常微弱，这主要是由于其本身在税制设计上的不足。中国目前的房产税对个人所有非营业用的房产免征房产税，而上海市与重庆市试点的房产税尽管扩大了征税对象，但在税收减免上的限制过少，总体税基过窄，从而使得税收收入较低，对财政收入没有明显的影响。

二 沪渝试点房地产税的用途

中国房地产税作为普通税收，并没有法律或暂行条例规定其税收用途，通常是将其作为一般财政收入用作一般财政支出，主要支出科目有教育、科学技术、文化旅游体育与传媒、社会保障和就业、卫生健康、节能环保、城乡社区、农林水、交通运输与债务付息。然而，上海市和重庆市目前试点采用的房产税的税收收入并没有被当作一般财政收入。《上海市开展对部分个人住房征收房产税试点的暂行办法》第七条规定：

---

① 上海市财政局：《上海市2018年一般公共预算收支情况》，http：//www.czj.sh.gov.cn/zys_8908/czsj_9054/dfczsz/201901/t20190114_179354.shtml，2019年1月14日。

② 上海市财政局：《关于上海市2018年市级一般公共预算收支决算情况的说明》，http：//www.czj.sh.gov.cn/zys_8908/czsj_9054/zfyjs/yjsbg_9056/201907/W020190731581568084672.pdf，2019年8月1日。

"对房产税试点征收的收入,用于保障性住房建设等方面的支出。"而《重庆市关于开展对部分个人住房征收房产税改革试点的暂行办法》第九条则规定:"个人住房房产税收入全部用于公共租赁房的建设和维护。"

从理论与国际经验来看,房地产税具有受益性特征,其税收收入应主要用于改善当地居民的生活条件。然而,上海市房产税改革试点的税收收入主要用于建设保障性住房,重庆市房产税改革试点的税收收入则主要用于公共租赁房的建设和维护,其受益者主要是无房的低收入群体,房产税的纳税人无法直接受益。这不仅不符合税收公平,还会在一定程度上降低居民的纳税意愿和纳税遵从度。

第九节　房地产税收入规模及用途的政策启示

房地产税在国际中是地方政府财政收入的重要组成部分,其税收收入的多少会影响到当地事权与支出责任的关系。而税收用途的确定则会影响到纳税人的纳税意愿以及纳税遵从度。如何提高房地产税收入规模以及如何明确房地产税的税收用途,是中国房地产税改革必须解决的问题。中国现行的沪渝房产税试点政策在税制设计方面存在诸多问题,导致其收入规模较小,在财政收入中所占的比重存在提升空间。同时,虽然中国现行房地产税在税收用途方面未明确规定,但根据沪渝试点的房产税相关法规,房产税的受益人与纳税人不匹配,可能会导致征管上的困难。因此,本节将结合中国实际与国际经验给出相关政策建议。

一　确定房地产税的定位及收入归属

在房地产税的定位上,中国房地产税宜定位为扩充地方财政收入的税种。首先,从国际经验来看,目前世界各国的房地产税有两个主要目的:一是作为地方政府主体税种,为地方基层政府提供稳定的财政收入;二是打击房地产投机行为,起到调节房地产市场的作用。如果将调节房地产市场当作开征房地产税的主要目的,最终产生的效果比较微弱,甚至会产生负面影响。以日本为例,日本的特别土地保有税与地价税都为抑制房价而设立,但特别土地保有税在2003年因地价长期下滑而停征,地价税也因1998年的亚洲金融危机而停征。其失败原因可能在于日本政府在增加保有环节房地产税的同时没有适度下调流转环节的房地产税，从而过度打击房地产市场，使地价过度下滑。其次，结合中国现状，目前地方政府面对的财政压力依旧较大，地方税体系需要进一步完善。而房地产税的征税对象为土地和房屋，几乎不具有流动性，可以避免政府之间的区域税收竞争，有利于收入稳定性。鉴于此，中国房地产税定位为地方政府重要收入来源为宜。

而在房地产税的税收归属方面，中国房地产税应作为县级税进行开征。首先，从世界各国的经验上分析，目前国际上大多数的国家都将房地产税的征管权赋予层级较低的地方政府，如美国的学区政府、英国的区政府、德国的市镇政府与日本的市町村政府。其次，由于中国国土面积广阔、各地经济发展状况差异较大，若以省或市为单位进行房地产税的征收及分配可能会使纳税人承担的税负与享受的服务不匹配，有损社会公平。而对于乡镇这种更低层级的地方政府，由于其自主权较低，也不宜作为征收房地产税的主体。因此，结合国际经验与中国实际，中国房地产税的征税主体以县级行政区（包括市辖区、县、自治县及县级市等）为单位较为合适。

二 保证房地产税的收入规模

中国目前房地产税的收入占比较低，一方面是由于"窄税基"的税制设计本身存在缺陷，另一方面在于中国地方政府拥有的房地产税税收权限较低。

在房地产税的税制设计方面，中国应当采用"宽税基、低税率"的模式来保证房地产税的收入规模。据上海市与重庆市房产税试点改革后的数据显示，中国现行的房地产税的税基过窄，导致其对地方财政的作用微乎其微。首先，在征税对象上，上海市房产税试点的征税对象为家庭拥有的第二套及以上的住房，而重庆市房产税试点的征税对象还包括了高档住房征税，这样不仅流失了极大一部分税源，还不利于社会公平。其次，在计税依据方面，上海市房产税的计税依据为应税住房的房产交易价，而重庆市的计税依据为住房市场交易价格的70%，这种以交易价为中心的计税依据可能会产生税负不公平的问题。因为，同样的房屋在获得时间和方式上的不同，将导致很大的价格差异，尤其是对存量房，交易价格更难以衡量房屋的现有价值。

目前国外主流的房地产税是以房屋和土地的评估价值作为税基,估值的结果主要是取决于周边房屋的价格、地块大小、房屋大小等因素。以美国为例,其房地产税本着普遍征收的原则,要求所有房屋和土地的所有权者都要缴纳房地产税,而其税率却维持在较低的水平,由各州自行确定。这种"宽税基、低税率"的模式可以在降低纳税人负担的同时保证房地产税收入,因此中国在房地产税改革中,应尽可能把更多的应税对象纳入课税范围,比如将个人非经营房产纳入征税范围,再制定合理的税收优惠政策,不采取盲目一刀切的优惠,通过税基的扩大提高房地产税的税收收入,扩大地方税收规模;与此同时稳定较低的税率,在使纳税人负担较低的同时保证税收收入,增加地方财政的收入来源,使地方政府财权与事权相匹配。

在地方政府税收决策权方面,中国应赋予地方政府一定的房地产税征管自主权,根据各地实际情况设置税率和税收优惠减免等税制要素。当前中国的房地产税由中央统一立法,各地无法自行设置税率等税制要素,在一定程度上限制了房地产税的收入规模。而从国际经验来看,各国均赋予了地方政府一定的自主权。例如,美国和英国的地方政府具有很高自治权,各地政府在一定程度上可以依据自身发展的需要制定财政预算计划,灵活调节房地产税制,并依据支出预测确定收入,使得房地产税这类地方税发挥较大的财政作用;日本地方政府的自主权虽不如美国和英国,但其为弥补地方财政收入的不足,建立了中央政府向地方政府收入转让的转移支付制度,可以将部分国税通过转移支付转让给地方政府;澳大利亚州政府拥有立法权,可以实时更新税制,健全房地产评估系统,并采用信息公示的方式向纳税人进行信息传达。

中国是单一制国家,地方的自主权由国家授予,本身不具有独立性。中国《立法法》第八条第六项规定"税种的设立、税率的确定和税收征收管理等税收基本制度必须制定法律"。暂时尚未制定法律的,全国人民代表大会及其常务委员会有权决定,授权国务院先制定行政法规,授权期限一般不超过五年。换言之,若严格依据法律的规定,中国的地方政府对房地产税不具有决策权,无法自行制定房地产税的税率、税目及税收优惠等政策,仅能依据中央税法的规定执行。然而,税收法定原则与赋予地方税收决策权并非相互排斥而无法融合。目前地方不具有设立新税种等决策权，但在中央统一设立税种和确定税率的情况下，仍可以通过特别授权等方式赋予地方较大税收决策权，以保证可以因地制宜地制定税收解释权和减免权。中国政府可以在法律规定下赋予地方政府部分具体税制要素的确定权限，比如在房地产税税率的选择上，国家可以制定一个统一的范围，使地方政府在不超过规定范围的情况下，自行制定税率，保证各地区的房地产税税收体系与当地经济发展水平相适应，增加地方政府的财政收入，提高公共服务质量，从而调动起基层人民的纳税积极性与政府经济建设的积极性。

三　明确规定房地产税的税收用途

由于房地产税的直接税的特征可能在一定程度上导致纳税人可支配收入的减少，从而使其产生抵触心理。因此，为提高纳税人的纳税遵从度，可考虑将征收的房地产税以公共服务的形式返还给纳税人，这也是目前国际上大多国家的做法。各国通常将房地产税视为地方一般财政收入来源，并将其收入用于当地政府的一般性财政支出，合理分配房地产税收入在公共福利、教育、土木工程、卫生费用及消防等公共产品及服务的支出。

当前中国上海市与重庆市房产税改革试点的税收都主要被用作保障性住房的建设和维护，使真正的房地产税纳税人未享受到因纳税而获得的公共服务，可能导致居民的房地产税纳税意愿低下甚至出现纳税不遵从行为。因此，在进行房地产税改革时，中国应结合实际状况与国际经验，将房地产税的收入用于与纳税人衣食住行关联度较高的方面，如教育、社会保障、环境保护、社区安全等。鉴于中国的行政区划不包括类似于美国的学区，因此不建议将房地产税收入用于单一的教育支出。目前中国的居民普遍需要向物业公司缴纳物业费，因此中国可以学习德国，对特定服务（净水、垃圾处理等）进行单独收费，从而可以使房地产税的用途更为具体集中。

另外，中国在严格践行税收"取之于民，用之于民"的宗旨的同时，也要注意保证房地产税信息的公开透明。建立健全房地产税税收的信息公开可以使纳税人更加便利地了解相关信息以做好详细的房地产税收入支出情况年报，同时使纳税人明确其缴纳的房地产税最终仍可以使自身获益，从而自愿自觉纳税。

本章小结

本章归纳了美国、英国、德国、澳大利亚、日本与韩国六个国家房地产税的收入规模与用途，并将中国沪渝的房产税试点与国际现行房地产税进行对比。在房地产税收入方面，大多数国家都将房地产税作为地方税征税，且赋予了地方政府一定的决策权，使各个地区可以根据当前年度的预算需求，灵活调节房地产税税制，为当地提供稳定的收入来源。在房地产税用途方面，大多国家都将房地产税作为一般财政收入，主要用于提供公共服务与产品，包括治安、社会福利、教育、公共设施建设及垃圾处理等。对于一些具有特定目的的房地产税，其收入起到专款专用的效果。而中国目前的房地产税收入在税收中占比很低，对财政收入的影响非常微弱，这一方面是由于中国当前的税收结构以流转税为主，财产税的地位较低；另一方面也说明房产税的税制设计存在税基过窄等问题，不能保证提供稳定收入来源。此外，目前试点的房产税在税收用途方面也与受益税的特征相背离，其受益者主要是无房的低收入群体，无法改善房产税纳税人的生活条件，这不仅不利于社会公平发展，也可能会在一定程度上降低居民的纳税意愿和纳税遵从度。因此，调整税制、重新规划房产税用途，是中国房地产税改革成功的关键要素之一。

第九章

总结与展望

第一节 全书总结

房地产税是完善中国财税制度不可或缺的一环，对健全地方税体系、优化税制结构、调节收入差距、促进房地产业长期健康稳定发展等具有重要意义。然而，当前中国房地产税法仍在草案起草阶段，关于房地产税"如何征收"的制度构建也仍然没有确切答案。考虑到以美国为代表的许多发达国家（地区）都已具备了较为成熟和完善的房地产税制度，因此中国可以借鉴国外长期积累的房地产税实践经验和教训来设计房地产税收制度。但是，房地产税改革牵一发而动全身，对居民行为和社会经济发展都将产生重要的影响。尤其是在当前中国房屋价值与居民收入不相称的现实国情下，根据住房评估价值计征的房地产税对许多家庭而言可能成为沉重的负担，甚至出现"收不抵税"的情况。因此，中国房地产税的税制设计不能盲目照搬发达国家模式，而应立足于中国实际，从各国（地区）房地产税制度中汲取有益经验并结合中国国情审慎设计。

为探讨中国房地产税的制度设计，本书首先对现有房地产税制度的研究成果和西方（美国、英国、德国、澳大利亚）及东亚（日本、韩国）主要代表性国家的房地产税法及相关文件进行了查阅和梳理，在此基础上深入对比分析了各国房地产税的征税对象、纳税人、计税依据、税率、税收优惠及减免、纳税信息获取、税收征管、税收收入及用途等内容并对值得中国房地产税制借鉴之要点进行了总结。其次，本书分析了中国当前沪渝房产税试点的税制设计中存在的不足，并结合中国当前的税制环境和居民税收意识等国情，在充分考虑中国居民纳税能力与纳税意愿的基础上，借鉴国外房地产税制度经验对中国房地产税的征税对象、纳税人、计税依据、税率、税收优惠及减免、税收征管及用途等方面提出了具体可行的政策建议，具体可归纳如下。

（1）在房地产税纳税人与征税对象的确定方面，由于当前中国房屋产权情况复杂，因此对于完全产权的房产应将房产所有人作为纳税人；对于非完全产权房产应将房产使用人作为纳税人；对于仅拥有使用权的房产则应按照受益原则灵活规定。对于房地产税的征税对象，中国应当尽量扩宽范围，既包括存量房，也包括增量房；既有城镇房产，也有郊区和农村房产；既对商品房征税，也对小产权房和房改房征税。

（2）在房地产税计税依据与评估方面，由于中国房产类型复杂多样，为保证计税依据公平合理，应针对不同类型住房实行不同形式的计税依据并采用不同的评估方法。例如，对于产权明晰的普通商品房以房地产市场评估价值为计税依据，选择"市场比较法"进行评估；对于房改房、棚改房和小产权房则以评估租金收益为计税依据，采用"收入分析法"或"重置成本法"进行评估。同时，中国房地产税的税基评估机构应独立于税务部门，不同地区可根据实际情况确定计税依据的评估周期，一般以1—3年较为合适。此外，中国还应完善房地产评估配套措施，如建立房地产信息平台以及建立健全房产评估争议机制。

（3）在房地产税税率设计方面，房地产税税率的决定权应由中央和地方合理分配，由中央统一立法决定税率范围，各省、自治区、直辖市政府根据本地实际情况确定具体的法定税率水平。对于税率形式，中国应配套使用差别比例税率和幅度比例税率，即对不同住房类型实行差别税率，同时针对地区差异可采用幅度比例税率，即由中央政府或者省级政府规定税率浮动范围，地方政府结合地方房地产发展程度和财政支出水平决定具体税率。税率水平则应基于地方财政预算填补和纳税能力确定，在0.5%—1.5%左右较为合理。

（4）在房地产税减免政策方面，中国可以考虑设置居民住宅减免额度，且减免额度应随房产数量增加而依次递减，增加多套房持有成本。同时，中国应基于纳税人特征、房产特征与地域特征三个方面设置多样化的减免政策，并规定地震、疫情等特殊情形下的税收减免。此外，中国还应积极建立与加强房地产税配套设施以保证减免政策的落实，如建立健全房地产产权登记制度以保证免税面积或免税金额信息的获取，以及加强建设社区人口排查制度以保障针对老年人、残疾人、退伍军人等不同纳税人群的减免政策能够顺利实行。

（5）在房地产税的纳税信息获取与税收征管方面，中国首先应在房地产税全面推行之初尽快建立高效的房地产信息收集和处理系统，从而税务部门可以更好地把握税源。其次也应发展多样化的税收申报与缴税渠道，利用互联网提高税收征管效率。最后对于房地产税申报过程中出现的瞒报和不报以及故意拖欠税款拒不缴纳的情况，应制定严格的处罚标准，并对税款的征纳和使用尽量做到公开透明，从而提高居民的房地产税纳税遵从度。

（6）在房地产税收入及用途方面，中国房地产税的征税主体以县级行政区（包括市辖区、县、自治县及县级市等）为单位较为合适，并采用"宽税基、低税率"的模式来保证房地产税的收入规模。同时，中国可以考虑将房地产税的税收收入以公共服务的形式返还给纳税人，如用于教育、社会保障、环境保护、社区安全等。此外，中国也应注意保证房地产税用途信息的公开透明，从而使纳税人明确其缴纳的房地产税最终仍可以使自身获益，从而自愿自觉纳税。

第二节　研究展望

本书是国家自然科学基金面上项目"房屋价值与居民收入不相称条件下的房地产税纳税能力评估与税制设计研究"（项目编号：71873049）、国家自然科学基金面上项目"开放性背景下房地产税改革对居民行为的影响研究"（项目编号：716730）的阶段性研究成果，在理论层面对中国房地产税制度的构建进行了探讨。今后，课题组将在此基础上运用实证方法进一步探究房地产税制设计问题，具体内容如下。

（1）基于居民纳税能力视角的房地产税税率设计研究。房地产税的税率设计是税制建设的重要环节，税率设计不仅直接关系到纳税人的税收负担，也是房地产税收收入的重要决定因素。当前中国房地产税在短期内可能还无法弥补地方财政缺口，但基于房地产税筹集地方财政收入的功能，从地方政府的财政预算缺口去考虑中国房地产税的税率设计仍是非常必要的。鉴于此，本课题组将在中国房屋价值与居民收入不相称的条件下，借鉴国外房地产税的税率设计制度，在兼顾考虑居民的纳税能力与房地产税填补地方财政预算缺口的情况下，通过数值模拟分析法测算不同税率设计下居民家庭的房地产税纳税能力与地方政府的税收收入，从而探讨符合中国国情的房地产税最优税率设计。

（2）基于居民纳税能力视角的房地产税减免政策研究。国外的房地产税制度设计充分考虑了居民的纳税能力，往往会对纳税能力较低的纳税人规定相应的税收优惠及减免政策，以体现税负公平与量能课税原则。鉴于此，课题组将在中国房屋价值与居民收入不相称的条件下，基于房地产税的纳税能力与居民住有所居的视角，全面分析影响居民家庭房地产税纳税能力的主要因素，并借鉴国外经验制定符合中国特殊国情的房地产税减免政策。此外，课题组还将进一步对比分析首套房减免、人均面积减免、人均价值减免等减免政策的优缺点，并引入"断路器"机制测算不同减免政策下居民的纳税能力与税负分布，针对房地产税的不同纳税群体，特别是弱势群体和特殊职业群体等，分别探讨与之相适应的房地产税减免政策，并运用数值模拟分析不同税收减免政策设计的效果。

（3）房地产税不同税制设计方案的纳税遵从问题研究。房地产税是直接税，由纳税人直接缴纳并负担，与纳税人财产利益密切相关，税收痛感强。特别是在中国房屋价值与居民收入不相称的现实背景下，居民对于房地产税的纳税意愿可能不高，甚至会产生抵触情绪。鉴于此，本课题组首先将借鉴国外房地产税制度经验设计不同的房地产税征收方案，其次通过情景模拟实验方法进行数据采集，并进一步利用实验数据通过计量模型实证分析不同房地产税征收方案下中国居民的房地产税纳税意愿与纳税遵从度，从而为中国房地产税的税制设计提供经验证据与政策参考。